现代应用数学

区块链金融

刘庆富　陈菁菁

中国教育出版传媒集团
高等教育出版社·北京

内容简介

2008 年比特币横空出世；2014 年开始以太坊、超级账本迅速发展，向公众展示了一种新型网络运行模式。如今，国家政策和监管部门的有效调控，为区块链产业技术升级、应用普及、价值沉淀、回归理性提供了良机。本书聚焦区块链技术及其在金融行业的应用，从技术沿革（区块链发展历史，区块链技术原理）、应用生态（比特币工作原理，以太坊工作原理）、金融案例（区块链与供应链管理，区块链与金融监管）三个方面，介绍区块链技术原理与金融应用现状。本书适合作为高年级本科生、相关专业研究生或者从业者的参考书。

图书在版编目（CIP）数据

区块链金融 / 刘庆富，陈菁菁编著. -- 北京：高等教育出版社，2024.8. -- ISBN 978-7-04-062497-7

Ⅰ. F830.49

中国国家版本馆 CIP 数据核字第 20249ZD861 号

QUKUAILIAN JINRONG

| 策划编辑 李华英 | 责任编辑 李华英 | 封面设计 张 志 | 版式设计 杨 树 |
| 责任绘图 于 博 | 责任校对 陈 杨 | 责任印制 张益豪 | |

出版发行	高等教育出版社	网　　址	http://www.hep.edu.cn
社　　址	北京市西城区德外大街 4 号		http://www.hep.com.cn
邮政编码	100120	网上订购	http://www.hepmall.com.cn
印　　刷	北京鑫海金澳胶印有限公司		http://www.hepmall.com
开　　本	787mm×1092mm　1/16		http://www.hepmall.cn
印　　张	15.5		
字　　数	220 千字	版　　次	2024 年 8 月第 1 版
购书热线	010-58581118	印　　次	2024 年 8 月第 1 次印刷
咨询电话	400-810-0598	定　　价	69.00 元

本书如有缺页、倒页、脱页等质量问题，请到所购图书销售部门联系调换
版权所有　侵权必究
物 料 号　62497-00

前　言

2008年比特币横空出世；2014年开始以太坊、超级账本迅速发展，向公众展示了一种新型网络运行模式；2016年，国务院印发《"十三五"国家信息化规划》，将区块链纳入新技术范畴，国家层面开始推动区块链技术的全面应用发展，各大金融巨头们也闻风而动，纷纷开展区块链创新项目，探讨在各种金融场景中应用区块链技术的可能性；2018年，习近平总书记在中国科学院第十九次院士大会、中国工程院第十四次院士大会上发表重要讲话，将区块链与人工智能、量子信息、物联网等作为新一代信息技术代表，这也标志着区块链成为下一代全球信用认证和价值互联网基础协议之一，区块链技术越来越受到政府机关和国际组织的重视。

区块链金融已经成为时下最时髦的词汇之一，这也表明区块链技术在国民经济各大领域已经得到了广泛应用，尤其在金融领域。传统的证券交易，需要经过中央结算机构、银行、证券公司和交易所等中间机构的协调才能完成，效率低、成本高。传统金融模式成就了强势的中介服务机构，金融消费者的权利往往得不到保障，而区块链技术的安全透明、不可篡改、易于跟踪等特点使得构建一种去中心化的交易模式成为可能，特别是在证券登记、股权管理、证券发行等方面，区块链技术大有可为。

如今，在国家政策和监管部门的有效调控下，以比特币为主的区块链应用热度转趋冷寂，这为区块链产业技术升级、应用普及、价值沉淀、回归理性提供了良机。以数字货币为代表的区块链1.0时代已经升级为以智能合约为代表的区块链2.0时代，并朝向大规模应用的区块链3.0时代快速演进。

本书聚焦区块链技术及其在金融行业的应用，从技术沿革(区块链发展历史，区块链技术原理)、应用生态(比特币工作原理，以太坊工作原理)、金融案例(区块链与供应链管理，区块链与金融监管)三个方面，介绍区块链技术原理与金融应用现状。本书适合作为高年级本科生、相关专业研究生或者从业者的参考书。由于时间有限，纰漏难免，如有不足，请批评指正。

目 录

第 1 章 区块链的发展及其演化   1
1.1 区块链的缘起 1
1.2 区块链的特性 2
1.3 区块链的分类 7
1.4 区块链的价值 9
1.5 区块链基础技术的发展历程 11
1.6 区块链的优势与挑战 18
1.7 本章小结 18
1.8 思考题 18

第 2 章 区块链的技术原理   19
2.1 密码学简史 19
2.2 加解密算法 19
2.3 数字证书 21
2.4 PKI 体系 21
2.5 布隆过滤器 22
2.6 同态加密 23
2.7 区块链的主要技术 23
2.8 其他技术 42
2.9 本章小结 43
2.10 思考题 43

第 3 章 比特币及其工作原理   45
3.1 比特币项目简介 45
3.2 工作原理 46

3.3　热点问题 59
　　3.4　相关工具 64
　　3.5　本章小结 65
　　3.6　思考题 65

第 4 章　以太坊及其工作原理 67
　　4.1　以太坊项目简介 67
　　4.2　工作原理 72
　　4.3　以太坊平台使用入门 80
　　4.4　构建智能合约 85
　　4.5　智能合约案例 92
　　4.6　本章小结 97
　　4.7　思考题 97

第 5 章　超级账本及分布式记账 99
　　5.1　超级账本项目简介 99
　　5.2　超级账本工作原理 103
　　5.3　超级账本生态圈 108
　　5.4　超级账本案例分析 117
　　5.5　本章小结 127
　　5.6　思考题 127

第 6 章　区块链与金融服务 129
　　6.1　区块链在资金清算与结算场景中的应用 129
　　6.2　区块链在票据业务中的应用 133
　　6.3　区块链在证券发行中的应用 137
　　6.4　区块链在保险服务中的应用 140
　　6.5　区块链在资产证券化中的应用 145
　　6.6　区块链在股权交易中的应用 149
　　6.7　本章小结 153

6.8 思考题 153

第 7 章　区块链与供应链管理　155
7.1 区块链在供应链金融中的应用 155
7.2 区块链在跨境贸易中的应用 159
7.3 区块链在物流业务中的应用 163
7.4 本章小结 166
7.5 思考题 167

第 8 章　区块链与金融监管　169
8.1 区块链在反欺诈业务中的应用 169
8.2 区块链在反洗钱业务中的应用 172
8.3 区块链在投行底稿业务监管中的应用 175
8.4 区块链在证券异常交易中的应用 177
8.5 区块链在保险监管中的应用 179
8.6 区块链在金融科技企业监管中的应用 183
8.7 区块链在个人征信中的应用 187
8.8 本章小结 191
8.9 思考题 191

第 9 章　区块链创新及其未来趋势　193
9.1 区块链性能 193
9.2 区块链隐私保护 202
9.3 跨链技术 206
9.4 本章小结 216
9.5 思考题 216

参考文献　217

索引　227

后记　229

插 图 目 录

图 1.1　区块链技术发展历程 11
图 1.2　Friedrich August von Hayek 12

图 2.1　典型的加密与解密过程 20
图 2.2　布隆过滤器 22
图 2.3　数字签名流程 26
图 2.4　比特币区块结构 32
图 2.5　Merkle 树结构 33
图 2.6　简化的区块结构 33
图 2.7　C/S 结构与 P2P 结构图 40

图 3.1　一个典型的比特币交易 47
图 3.2　一个典型的比特币区块 49
图 3.3　侧链 57
图 3.4　双向挂钩过程 59
图 3.5　日益增加的区块容量 63

图 4.1　以太坊区块链 67
图 4.2　状态机工作原理 68
图 4.3　以太坊 DApp 趋势图 69
图 4.4　以太坊区块链架构 72
图 4.5　以太坊虚拟机 (EVM) 架构 74
图 4.6　以太坊中的区块与交易 76
图 4.7　以太坊虚拟机 (EVM) 和燃料 77

- 图 5.1 超级账本项目 99
- 图 5.2 基于超级账本的解决方案 100
- 图 5.3 由超级账本支持的产品和服务的部分企业 101
- 图 5.4 超级账本组织管理架构 102
- 图 5.5 超级账本设计理念 103
- 图 5.6 超级账本 GREENHOUSE 架构 105
- 图 5.7 许可共识方法与标准 PoW 的比较 107
- 图 5.8 超级账本框架中的智能合约实现 107
- 图 5.9 智能合约交互图示 108
- 图 5.10 Hyperledger Fabric 项目 109
- 图 5.11 执行–排序–验证流程图 111
- 图 5.12 Hyperledger Sawtooth 项目 113
- 图 5.13 Hyperledger Iroha 项目 113
- 图 5.14 Hyperledger Burrow 项目 114
- 图 5.15 Hyperledger Indy 项目 114
- 图 5.16 Hyperledger Caliper 项目 115
- 图 5.17 Hyperledger Cello 项目 115
- 图 5.18 Hyperledger Composer 项目 116
- 图 5.19 Hyperledger Explorer 项目 116
- 图 5.20 Jira 项目管理界面 118
- 图 5.21 Jira 项目管理菜单界面 119
- 图 5.22 Fabric 典型应用架构 120

- 图 6.1 中国现代支付体系 (第一代) 130
- 图 6.2 中国现代支付体系 (第二代) 130
- 图 6.3 传统票据场景分类 134
- 图 6.4 首次公开发行股票的审核工作流程 138
- 图 6.5 保交所区块链底层 7 大特性 144
- 图 6.6 基于区块链技术的资产证券化流程 147

图 6.7	ABS 区块链解决方案	148
图 6.8	区域性股权交易平台结构图	149
图 6.9	基于联盟链的股权交易系统架构	151

图 7.1	供应链金融全景图	156
图 7.2	区块链供应链金融业务模式	158
图 7.3	基于区块链的跨境物流模式概念图	161
图 7.4	区块链溯源基本模式流程	162
图 7.5	传统的物流单据传递方式	165

图 8.1	金融数字下的反欺诈生态体系	171
图 8.2	国泰君安投行底稿系统业务流程图	177
图 8.3	保险业务平台系统架构	181
图 8.4	保险监管数据平台系统架构	182
图 8.5	区块链金融科技企业诚信数据平台架构	186
图 8.6	"区块链 + 个人征信" 解决方案场景图	190

图 9.1	Bitcoin-NG 工作示意图	195
图 9.2	侧链	196
图 9.3	区块链和 DAG	197
图 9.4	Interledger 协议	209
图 9.5	侧链/中继	211
图 9.6	哈希锁定	214

表 格 目 录

表 1.1　几个 "9" 指标表 6
表 2.1　加解密算法基本类型 20
表 2.2　区块结构 27
表 2.3　区块头结构 28
表 2.4　四种拓扑结构的性能比较 41

表 3.1　比特币示例交易过程 50

表 4.1　PoS 与 PoW 共识机制比较 79
表 4.2　Go 语言环境安装包 83

表 6.1　我国票据市场发展回顾 135
表 6.2　各类型票据比较 136

表 7.1　跨境电商与传统国际贸易的区别 159

第 1 章 区块链的发展及其演化

1.1 区块链的缘起

金融科技 (financial technology, FinTech)[1] 被形容为社会文明得以维持的重要支柱,那么记账科技 (ledger technology, 或账本科技)[2] 就可以被形容为重要支柱的基石。

从国际经济贸易,到个人日常消费,都离不开看似简单却不普通的操作——记账。不管是资产交易还是资金流转,本质上都是交易机构、银行通过账本记录来实现的。

根据科技创新的特点,可以将账本演化过程大致分为四个阶段:简单账本、复式账本、数字化账本和分布式账本。各个阶段具有不同的特点与缺陷,也正是这些特点和缺陷,使得区块链技术应运而生。

区块链金融是指区块链技术在金融领域的应用,它可以解决传统交易中的信任和安全问题。区块链技术成为金融业未来升级的一个可选方向,通过区块链,交易双方无须借助第三方信用中介即可开展经济活动,从而降低资产在全球范围内转移的成本。

提起区块链技术,人们首先想到的往往就是比特币,因为比特币的底层技术便是区块链。因此,我们在研究区块链技术之前,先简单地认识一下比特币。

每当比特币进入主流媒体的视野时,主流媒体总会请一些经济学家分析一下比特币。分析的问题也从比特币是不是骗局变为比特币是否会成为主流货币,争论的焦点往往又会集中在其通缩特性上。

比特币不能随意增发的特性,吸引了很多比特币玩家。比特币玩家与经济学家的态度完全不同,经济学家们对比特币 2100 万个固定总量的态度是两极分化的。

凯恩斯学派的经济学家们认为政府应该积极调控货币总量[1]，用货币政策的松紧来为经济适时地加油或者刹车。因此，他们认为比特币固定总量牺牲了可调控性，而且更糟糕的是将不可避免地导致通货紧缩，进而伤害整体经济。奥地利学派经济学家们的观点却截然相反，他们认为政府对货币的干预越少越好[3]，货币总量的固定导致的通缩并没什么关系，甚至是社会进步的标志。

新比特币在比特币网络中是通过"挖矿"技术生成的。所谓"挖矿"实质上是用计算机解决一项复杂的数学问题，来保证比特币网络分布式记账系统的一致性。比特币网络通过自动调整数学问题的难度，让整个网络约每10分钟得到一个合格答案。随后比特币网络会新生成一定量的比特币作为区块奖励，奖励获得答案的人。

比特币作为一种虚拟货币，虽然数量有限，但是可以用来套现，甚至可以兑换成大多数国家的流通货币。比特币可以用来购买一些虚拟的物品，比如网络游戏当中的衣服、帽子、装备等，如果有人接受，你甚至可以使用比特币购买现实生活当中的物品。

1.2 区块链的特性

什么是区块链？我们可以从不同的层面来看：从科技层面来看，区块链涉及数学、密码学、互联网和计算机编程等很多科学技术问题；从应用视角来看，简单来说，区块链是一个分布式的共享账本和数据库，具有去中心化、不可篡改、全程留痕、可以追溯、集体维护、公开透明等特点。这些特点保证了区块链的"诚实"与"透明"，为区块链创造信任奠定基础。而区块链丰富的应用场景，基本上都基于区块链能够解决信息不对称问题，实现多个主体之间的协作信任与一致行动。

区块链技术本质上是一个去中心化的数据库，它是比特币的核心技术与基础架构，是计算机技术的新型应用模式。狭义来讲，区块链是一种按照时间顺序将数据区块连接成链式数据结构，并以密码学方式保证不可篡改、不可伪

---

[1] 见国际货币基金组织网站。

1.2 区块链的特性

造的分布式账本。广义来讲,区块链技术是利用块链式数据结构来验证与存储数据、利用分布式节点共识算法来生成和更新数据、利用密码学方式保证数据传输和访问的安全、利用由自动化脚本代码组成的智能合约来编程和操作数据的一种全新的分布式基础架构与计算范式。

1.2.1 透明可信

首先,区块链主要用来储存信息。区块链可写入任何需要保存的信息,也可以读取保存的信息,所以它是数据库。

其次,服务器可以被每个人架设,加入区块链网络,成为一个节点。区块链网络中,每个节点都是平等的,都保存着整个数据库。你可以向任何一个节点,写入/读取数据。为了保证区块链一致,所有节点最后都会同步。

分布式数据库并非新发明,市场上早有此类产品。但是,区块链有一个革命性特点。那就是,区块链与其他数据库不同,它是彻底无中心的,没有管理员。如果有人想对区块链添加审核,也实现不了,因为它的设计目标就是防止出现居于中心地位的管理当局。正是因为无法管理,区块链才能做到无法被控制。否则一旦大公司或大集团控制了管理权,他们就会控制整个平台,其他使用者就必须听命于他们了。

因为人人都可以写入自己的完整信息,人人都可以获取到别人的完整信息,所以信息透明化。但是也出现了一系列的问题,人人都可以写入信息,那么写入了虚假信息或者信息被人修改了怎么办呢?所以需要介绍下一个区块链特性: 防篡改且可追溯。

1.2.2 防篡改且可追溯

数据一旦在全网范围内经过验证并添加至区块链,就很难被修改或者抹除。采用 PBFT 共识算法[4] 的系统,从设计上保证了交易一旦写入就无法被篡改;采用 PoW 共识算法[5] 的系统篡改难度及花费都是极巨大的。若要对此类系统进行篡改,攻击者需要控制全系统超过 51% 的算力节点。且一旦发生攻击,区块链网络虽然会接受攻击者计算的结果,但攻击过程仍然会被全网见证,当人们发现这个区块链系统已经被控制以后,便不会相信和使用这套系统了。

在此需要说明的是,防篡改并不等于不允许编辑区块链系统记录的内容,只是整个编辑过程被类似日志的形式完整记录下来,且这个日志是不能被修改的。

可追溯是指区块链系统上发生的任意一笔交易都是完整记录的,我们可以针对某一状态在区块链上追查与其相关的全部历史交易。防篡改特性保证了写入区块链上的状态很难被篡改,为"可追溯"提供了保证。

那么我们再提一下区块链的溯源核心技术[6],主要包括三点:

第一,在区块链技术中,数据的永久储存通过电子记录的形式实现,并根据时间顺序记录,这些电子记录就叫作区块。将区块以链的方式组合在一起就形成了区块链,这种方式形成的数据库被称为区块链数据库。区块结构有两个非常重要的特点,其一,保证数据库的完整性:每一个区块上记录的交易是上一个区块形成之后、该区块被创建前发生的所有价值交换活动;其二,保证数据库的严谨性和真实性,即无法被篡改:在绝大多数情况下,一旦新区块完成后被加入到区块链,则此区块的数据记录就再也不能被改变或删除。区块链提供了数据库内每一笔数据的查找功能。区块链上的每一条交易数据,都可以通过"区块链"的结构追本溯源,一笔一笔进行验证。区块 + 链 = 时间戳,这是区块链数据库的最大创新点。区块链数据库让全网的记录者在每一个区块中都盖上一个时间戳来记账,表示这个信息是这个时间写入的,形成了一个不可篡改、不可伪造的数据库。

第二,分布式结构,实现去中心化,信息受多方监督。现如今中心化的体系中,数据都是集中记录并存储于中央电脑上,中心节点存在篡改数据、造假的可能。但是区块链结构设计通过构建一整套协议机制,把数据存储在每一个参与数据交易的节点上,且参与节点都会记录结果并进行验证,保证了存储数据受多方监督和上链信息的真实性。

第三,非对称加密算法。非对称加密需要公钥(public key)和私钥(private key)两个密钥。公钥和私钥是一对,若用公钥对数据加密,则只能用私钥解密。若用私钥对数据加密,则只能用公钥解密。

1.2.3 隐私安全保障

区块链技术在隐私保护方面具有一些突出优势,能够解决一些中心化服务面临的隐私泄露问题。因此,已经被应用到许多需要保护隐私的场景,例如基于区块链技术的匿名投票。区块链技术在隐私保护方面的优势包括:

(1) P2P 网络[7]很难实现网络窃听。区块链网络是一种 P2P 网络,节点之间采用中继转发模式进行通信,传统网络中通过窃听网络流量发现用户之间通信关系的方法不适用。例如在区块链网络中,当节点间需要进行交易时,发送方首先将交易信息发给自己的邻居节点,收到信息的邻居节点再将信息转发给自己的邻居节点,以此类推,信息逐渐广播到整个网络。接收方节点最终从网络中收到交易信息,而不需要和发送方直接通信。因此,攻击者很难通过窃听发现网络中传播信息的真实来源和去向。

(2) 区块链技术支持匿名交易[8]。区块链交易中使用的地址 (类似于银行卡账户) 通常由用户自行创建和保存,不需要第三方参与,地址本身和用户身份信息无关。此外,区块链地址通常具有非常大的地址空间,出现碰撞的概率非常低,这使得用户可以为每次交易生成不同的地址,来增强交易的匿名性。例如比特币地址对应的私钥空间是 2^{256},用十进制表示是 10^{77},而可见宇宙被估计只含有 10^{80} 个原子,因此比特币系统有充足的地址空间支持一次性地址策略。

(3) 去中心化架构能够有效应对网络攻击。采用区块链技术的应用程序通常是去中心化架构,不需要在中心服务器上存储账户、密码等敏感信息,能够避免传统服务器被攻击而导致的数据泄露风险。

1.2.4 系统高可靠性

可靠性 (availability)[9],或者说可用性,是描述系统可以提供服务能力的重要指标。高可靠的分布式系统,往往需要各种复杂的机制来进行保障。通常情况下,服务的可用性可以用服务承诺 (service level agreement, SLA)、服务指标 (service level indicator, SLI)、服务目标 (service level objective, SLO)[10]等方面进行衡量。完美的可靠性是不存在的。很多领域里谈到服务的高可靠性，通常都会用"几个 9"的指标来进行衡量。"几个 9"的指标，其实是概率意义上粗略反映了系统能提供服务的可靠性指标，最初是电信领域提出的概念。表 1.1 给出不同指标下，每年允许服务出现不可用时间的参考值。

表 1.1 几个 "9" 指标表

指标	概率可靠性	每年允许不可用时间	典型场景
一个 9	90%	1.2 个月	简单测试
两个 9	99%	3.6 天	普通单点
三个 9	99.9%	8.6 小时	普通集群
四个 9	99.99%	51.6 分钟	高可用
五个 9	99.999%	5 分钟	电信级
六个 9	99.9999%	31 秒	极高要求
七个 9	99.99999%	3 秒	N/A

一般来说，单点的服务器系统至少应能满足两个 9；普通企业信息系统满足三个 9 肯定就足够了 (大家可以统计下自己企业内因系统维护每年要停多少时间)，系统能达到四个 9 已经是领先水平了 (参考 AWS 等云计算平台)。电信级的应用一般需要达到五个 9，这已经很厉害了，一年里面最多允许出现五分钟左右的服务不可用。六个 9 以及以上的系统，就更加少见了，要实现往往意味着极高的代价。

两个核心时间

一般来说，描述系统出现故障的可能性和故障出现后的恢复能力，有两个基础的指标：MTBF 和 MTTR。

MTBF: mean time between failures[11]，平均故障间隔时间，即系统可以无故障运行的预期时间。

MTTR: mean time to repair[12]，平均修复时间，即发生故障后，系统可以恢复到正常运行的预期时间。

MTBF 衡量了系统发生故障的频率，如果一个系统的 MTBF 很短，则往往意味着该系统可用性低；而 MTTR 则反映了系统发生故障后服务的恢复能力，如果系统的 MTTR 过长，则说明系统一旦发生故障，需要较长时间才能恢复服务。

一个高可用的系统应该具有尽量长的 MTBF 和尽量短的 MTTR。

提高可靠性

那么，可靠性该如何提升呢？有两个基本思路：一是使系统中的所有单个组件都变得更加可靠；二是彻底消灭单点。

比如普通笔记本电脑，基本上是过一阵就可能因为出现的各种问题需要重启；而运行 Linux/Unix 系统的专用服务器，可以连续运行几个月甚至几年时间都不出问题。另外，普通的家用路由器，跟生产级别路由器相比，更容易出现运行故障。这些都是单个组件可靠性不同导致的，可以通过简单升级单点的软硬件来改善可靠性。然而，依靠单点实现的可靠性毕竟是有限的。要想进一步提升，那就只好消灭单点，通过主从、多活等模式让多个节点集体完成原先单点的工作。这可以从概率意义上改善服务对外整体的可靠性，这也是分布式系统的一个重要用途。

1.2.5 去中心化

区块链技术最本质的特征就是去中心化[13]，网络信息技术在发展过程中会逐渐应用于金融领域，而区块链技术的应用不仅代表着各领域去中心化趋势，更带来了虚拟货币的广泛使用。金融领域首先应该考虑的就是安全问题，在金融交易过程当中网络用户很容易受到黑客的攻击，为了避免这种情况，区块链的去中心特性成为区块链技术的本质特征。通过加强不同区块间的连接程度，区块链中任一节点遭受攻击时另外的节点可以不受干扰，并且节点之间可相互验证从而保证用户的使用安全。

1.3 区块链的分类

1.3.1 公有链

公有链[14]，顾名思义，就是公开的区块链。公有链是全公开的，所有人都可以作为网络中的一个节点，而不需要任何人给予权限或授权。在公有链中，每个节点都可以自由选择加入或者退出网络，参与链上数据的读写与执行交易，还可以参与网络中共识达成的过程，即决定哪个区块可以添加到主链上并记录当前的网络状态。公有链是完全意义上的去中心化区块链，它借助密码学中的加密算法保证链上交易的安全。在采取共识算法达成共识时，公有链主要采取工作量证明 (PoW, proof of work) 机制[15]或权益证明 (PoS, proof of stake) 机制[16]等共识算法，将经济奖励和加密数字验证结合起来，达到去中心化和全网达成共识的目的。在这些算法共识形成的过程中，每个节点都可以为共识过程做出贡献，也是我们俗称的 "挖矿"，来获取与贡献成正比的经济奖励，也就是系统中发行的数字代币。

公有链通常也被称为公共链，它属于一种非许可链，不需要许可就可以自由参加和退出。当前最典型的代表应用有比特币、以太坊等。因其完全去中心化和面向大众的特性，公有链通常适用于 "虚拟加密货币" 和面向大众的一些金融服务以及电子商务等。

1.3.2 联盟链

联盟链[17]不是完全去中心化的，而是一种多中心化或者部分去中心化的区块链。在区块链系统运行时，它的共识过程可能会受某些指定节点的控制。例如，在一个有 15 个金融机构接入的区块链系统中，每个机构都作为链上的一个节点，每确认一笔交易，都需要至少对 10 个节点进行确认 (2/3 确认)，这笔交易或者这个区块才能被认可。联盟链账本上的数据与公有链的完全公开是不同的，只有联盟成员节点才可以访问，并且链上的读写权限、参与记账规则等操作也需要由联盟成员节点共同决定。由于联盟链场景中的参与者组成一个联盟，参与共识的节点相对公有链而言会少很多，并且一般是针对某个商业场景，所以共识协议一般不采用与工作量证明类似的挖矿机制，同时也不一定需要代币作为激励机制，而是采用 PBFT、RAFT 这类适用于多中心化且效率较高的共识算法。同时，联盟链对交易的时间、状态、每秒交易数等的要求与公有链有很大区别，所以它比公有链有更高的安全和性能要求。

联盟链属于一种许可链，意味着不是任何人都能自由加入网络中，而是需要一定的权限许可,才可以作为一个新的节点加入。当前联盟链典型的代表有 Linux 基金会支持的超级账本 (Hyperledger) 项目、R3 区块链联盟开发的 Corda,以及趣链科技推出的 Hyperchain 平台[18] 等。

1.3.3 私有链

私有链[19],是指整个区块链上的所有写入权限仅仅掌握在一个组织手里,而读取权限可以根据情况对外开放或者任意进行限制。所以,私有链的应用场景一般是单一的企业内部总公司对分公司的管理方面,如数据库管理和审计等。相比于公有链和联盟链,私有链的价值主要体现在它可以提供一个安全、可追溯且不可篡改的平台,并且可以同时防止来自内部和外部的安全攻击。目前对于私有链确实存在着一些争议,有人认为私有链的意义不大,因为它需要依赖第三方的区块链平台机构,所有的权限都被控制在一个节点中,已经违背了区块链技术的初衷,不能算一种区块链技术,而是已经存在的分布式账本技术。但是,也有人认为私有链拥有很大的潜在价值,因为它可以给当前存在的许多问题提供一个很好的解决方案,比如企业内部规章制度的遵守、金融机构的反洗钱行为以及政府部门的预算和执行,等等。

与联盟链一样,私有链也属于一种许可链,不过它的许可权掌握在单一节点中,在有些场景中,私有链还被称为专有链。当下私有链的应用不是很多,开创者还在努力探索之中。当前已经存在的应用主要有英国币科学公司 (Coin Sciences Ltd.) 推出的多链 (multichain)[20] 平台,这个平台的宗旨是希望能帮助各企业快速地部署私链环境,提供良好的隐私保护和权限控制。

1.4 区块链的价值

商业行为的典型过程为: 交易多方通过协商确定商业合约, 通过执行合约完成交易。区块链擅长的正是如何在多方之间达成合约,并确保合约的顺利执行。

根据类别和应用场景不同,区块链所体现的特点和价值也不同。

从技术角度出发，一般认为，区块链具有如下特点：

分布式容错性[21]：分布式账本网络有极强的鲁棒性，能够容忍部分节点的异常状态；

不可篡改性：共识提交后的数据会一直存在，不可被销毁或修改；

隐私保护性：密码学保证了数据隐私，即便数据泄露，也无法解析。

随之带来的业务特性将可能包括：

可信任性：区块链技术可以提供天然可信的分布式账本平台，不需要额外的第三方中介机构参与；

降低成本：跟传统技术相比，区块链技术可能通过自动化合约执行带来更快的交易，同时降低维护成本；

增强安全：区块链技术将有利于安全、可靠的审计管理和账目清算，减少犯罪风险。

区块链并非凭空诞生的新技术，是多种技术演化到一定程度后的产物，因此，其商业应用场景也跟促进其出现的环境息息相关。对于基于数字方式的交易行为，区块链技术能潜在地降低交易成本，加快交易速度，同时能提高安全性。我们认为，最终是否能够提高生产力，将是一项技术能否被实践接受的关键。

Gartner 在 2017 年的报告 *Forecast: Blockchain Business Value, Worldwide, 2017—2030*[2) 中预测："区块链带来的商业价值在 2025 年将超过 1760 亿美元，2030 年将超过 3.1 万亿美元。" IDC 在 2018 年的报告 *Worldwide Semiannual Blockchain Spending Guide* 中预测，到 2021 年全球分布式账本科技相关投资将接近百亿美元，五年内的复合增长率高达 81.2%。

目前，区块链技术已经得到了众多金融机构和商业公司的关注，例如，Visa 国际组织、美国纳斯达克证券交易所 (Nasdaq)、中国人民银行、日本三菱日联金融集团、瑞士联合银行、微软 (Microsoft)、英特尔 (Intel) 等大量金融界和信息技术界的领军性企业和团体。

实际上，所有跟信息、价值 (包括货币、证券、专利、版权、数字商品、实际

---

2) 见 Gartner 网站。

物品等)、信用等相关的交换过程,都将可能从区块链技术中得到启发或直接受益。但这个过程绝不是一蹴而就的,可能需要较长时间的探索和论证。

1.5 区块链基础技术的发展历程

区块链技术的产生是偶然也是必然。当技术达到一定的原始积累加之思想理论的迭代,在某个特定事件的推动下,会迸发出新事物的火花。

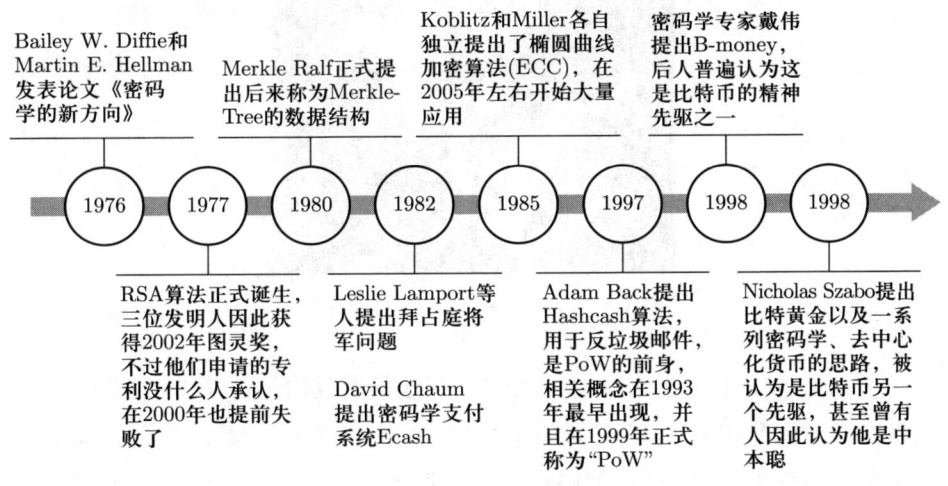

图 1.1 区块链技术发展历程

区块链的诞生最早可以追溯到密码学和分布式计算。1976 年,Bailey W. Diffie 和 Martin E. Hellman 发表了一篇开创性论文《密码学的新方向》(*New Directions in Cryptography*)[22],首次提出公共密钥加密协议与数字签名概念,构成了现代互联网中广泛使用的加密算法体系的基石,同时这也是密码货币和区块链技术诞生的技术基础。

同年,Hayek 出版了《货币的非国家化》[23],Hayek 从经济自由主义出发,认为竞争是市场机制发挥作用的关键,而政府对货币发行权的垄断对经济的均衡造成了破坏,通过研究竞争货币制度的可行性和优越性,Hayek 提出非主权货币 (货币非国家化)、竞争发行 (由私营银行发行竞争性的货币,即自由货币) 等概念,从理论层面引导去中心化密码货币技术的发展。

如果说有区块链信仰,除了中本聪,当属 Hayek 了。Friedrich August von Hayek 是奥地利出生的英国知名经济学家、政治哲学家,1974 年诺贝尔经济学奖得主,被誉为 20 世纪最具影响力的经济学家及社会思想家之一。

图 1.2　Friedrich August von Hayek

Hayek 的学术生涯主要包括任教于英国伦敦政治经济学院、美国芝加哥大学以及德国弗赖堡大学,他被视为奥地利经济学派最重要的成员之一,但与芝加哥经济学派关系密切。他坚持自由市场资本主义、自由主义,主要代表作包括《通往奴役之路》《致命的自负》《自由秩序原理》等。

1974 年 Hayek 与 Karl Gunnar Myrdal 共同获得当年的诺贝尔经济学奖,获奖理由是"他们深入研究了货币理论和经济波动,并深入分析了经济、社会和制度现象的相互依赖"。

这一结果震惊当时经济学圈,因为当时 Hayek 已经长达三十年不怎么研究经济,其最主要的影响力最大的著作也不属于传统的经济学领域,其代表的奥地利学派(自由市场)也已经被其学术对手凯恩斯主义压制了近四十年。一朝获奖,如同丑小鸭变成了白天鹅。然而 Hayek 对诺贝尔经济学奖本身却并无太多敬意。他甚至明确指出:自由世界当时所面临的、无法摆脱且不断加剧的通货膨胀威胁,正是大多数经济学家曾经推荐甚至极力促使政府采取的政策所带来的必然后果;而那些经济学家中的一部分已经获得了该奖,还有更多将在未来继续获得该奖委员会的青睐。

就是一直崇尚自由主义的 Hayek，给区块链的诞生埋下了深厚的伏笔。1977 年 4 月，Ron Rivest、Adi Shamir 和 Leonard Adleman 参加了犹太逾越节的聚会，喝了些酒。回到家后 Rivest 怎么都睡不着，于是信手翻阅起心爱的数学书，这时一个灵感从他脑海浮现出来，于是连夜整理自己的思路，一气呵成写出了论文 *A Method for Obtaining Digital Signatures and Public-Key Cryptosystems*[24]，次日 Rivest 将论文拿给 Adleman 审阅讨论，已经做好了再一次被否定的心理准备，但这一次 Adleman 却认输了，认为这个方案应该是可行的。在此之前 Adleman 已经四十多次否定 Rivest 和 Shamir 的算法。按照惯例，Rivest 按姓氏字母顺序将三人的名字署在论文上，也就是 Adleman、Rivest、Shamir。这篇论文提出了大名鼎鼎的 RSA 算法，RSA 是一种非对称加密算法，后来在数字安全领域被广泛使用，这一工作成果被认为是《密码学的新方向》的延续。

1980 年，Merkle Ralf 提出了 Merkle-Tree 数据结构[25] 和相应的算法，现在被广泛应用于校验分布式网络中数据同步的正确性，对密码学和分布式计算的发展起着重要作用，这也是比特币中用来做区块同步校验的重要手段。Merkle Ralf 是《密码学的新方向》的两位作者之一 Hellman 的博士生（另一位作者 Diffie 是 Hellman 的研究助理），实际上《密码学的新方向》就是 Merkle Ralf 读博士期间的研究方向。

1982 年，Leslie Lamport 提出拜占庭将军问题，并证明了在将军总数大于 $3f$，背叛者个数小于等于 f 时，忠诚的将军们可以达成一致，标志着分布式计算理论和实践正逐渐走向成熟。

同年，David Chaum 公布了密码学支付系统 Ecash[26]，随着密码学的发展，具有远见的密码货币先驱们开始尝试将其运用到货币、支付等相关领域，Ecash 是密码货币最早的先驱之一。

1985 年，Koblitz 和 Miller 各自独立发明了著名的椭圆曲线加密算法 (ECC)[27]。由于 RSA 的算法计算量大，实际落地时遇到困难，ECC 的提出极大地推动了非对称加密体系真正进入生产实践领域并发挥巨大作用。ECC 算法标志着现代密码学理论和技术开始走向更加普遍的应用。

1997 年，Adam Back 提出了 Hashcash 算法，用于处理垃圾邮件 (email spam) 和 DoS (denial-of-service)[28] 攻击问题，Hashcash 是一种 PoW 算法，后来被比特币系统采纳使用。

1998 年，华裔工程师戴伟和 Nicholas Szabo 各自独立提出密码货币[29] 的概念，其中戴伟的 B-money 被公认为是比特币的精神先驱，而 Nicholas Szabo 的比特黄金 (bitgold) 设想基本就是比特币的雏形，以至于至今仍有人怀疑他就是中本聪，但被 Nicholas Szabo 本人否认了。

21 世纪初，点对点分布式网络技术飞速发展，先后诞生了 Napster、Bit-Torrent 等流行应用，为密码货币的实现夯实了技术基础。

2008 年 11 月，神秘的中本聪先生发表了论文，描述了一种完全去中心化的密码货币——比特币，而区块链则作为其底层技术进入公众视野。经过十几年的发展，区块链技术正逐渐成为最有可能改变世界的技术之一。

1.5.1 区块链 1.0：加密数字货币

区块链 1.0 是与转账、汇款和数字化支付相关的加密数字货币应用。在这一层次的应用中，区块链技术在金融市场中首先起到搅动的作用。大型金融机构诸如纽约证券交易所、高盛集团、芝加哥斯权交易所、花旗集团、纳斯达克等都在过去的一年中纷纷涉足区块链领域。

区块链联盟 R3 已有全球 70 多家机构加入，其核心任务是进行区块链技术的概念验证和相关技术标准的制定。同时，证券交易也开始重视区块链在证券市场的潜力。在纳斯达克公布区块链平台 Nasdaq Linq 以后，欧洲证券市场的机构也纷纷跟进。

2015 年 11 月 17 日，伦敦证券交易所、伦敦清算所、法国兴业银行、瑞银集团 (UBS)，以及欧洲清算中心 (Euroclear) 等机构联合成立了区块链集团，探索区块链技术改变证券交易的清算和结算方式。

构建新型货币体系是这一应用带来的另一个影响。数字货币与电子货币不同。数字货币 (digital money)[30] 尚没有统一定义，反洗钱金融行动特别工

作组 (FATF) 认为数字货币是一种价值的数据表现形式，通过数据交易并发挥交易媒介、记账单位及价值存储的功能，但它并不是任何国家和地区的法定货币，也没有政府当局为它提供担保，只能通过使用者间的协议来发挥上述功能。而电子货币是将法定货币数字化后以支撑法定货币的电子化交易，因此二者并不等同。数字货币的主流是以比特币为代表的去中心化的数字货币。

基于区块链的数字货币体系可以解决传统货币体系的三大弊端：

第一，区块链体系由大家共同维护，不需专门消耗人力物力，去中心化结构使成本大幅降低，同时，数据的公开使得在其中做假账几乎不可能。

第二，区块链以数学算法为背书，其规则建立在一个公开透明的数学算法之上，能够让不同政治文化背景的人群获得共识，实现跨区域互信。

第三，区块链系统中任一节点的损坏或者失去都不会影响整个系统的运作，具有极好的稳健性。

区块链已被多家央行视为实现数字化货币的关键技术。英国央行 2016 年宣布将发布数字货币 RSCoin 代码并进行测试。这是一款完全基于央行的需求而设计的基于区块链技术的数字货币，由伦敦大学学院 (UCL) 研发并进入了初步测试阶段。同时，荷兰央行正在致力于开发一种被称为 "DNBCoin" 的数字货币，韩国和俄罗斯央行也表示密切关注区块链技术。我国央行也在 2016 年初表示将探索发行数字货币，并于 12 月 15 日完成基于区块链的数据交易平台测试工作。

1.5.2 区块链 2.0：企业应用

在比特币和其他山寨币的资源消耗严重、无法处理复杂逻辑等弊端逐渐暴露后，业界逐渐将关注点转移到了比特币的底层支撑技术区块链上，产生了运行在区块链上的模块化、可重用和自动执行脚本，即智能合约。这大大拓展了区块链的应用范围，区块链由此进入 2.0 阶段。业界慢慢地认识到区块链技术潜藏的巨大价值。区块链技术开始脱离"数字货币"领域，其应用范围延伸到金融交易、证券清算与结算、身份认证等商业领域，涌现了很多新的应用场景，如金融交易、智能资产、档案登记、司法认证，等等。

以太坊是这一阶段的代表性平台，它是一个区块链基础开发平台，提供了图灵完备的智能合约系统。通过以太坊，用户可以自己编写智能合约，构建去中心化的 DAPP[31]。基于以太坊智能合约图灵完备的性质，开发者可以编程任何去中心化应用，例如投票、域名、金融交易、众筹、知识产权、智能财产，等等。目前在以太坊平台运行着很多去中心化应用，按照其白皮书说明，它们可以分为三种。第一种是金融应用，包括"数字货币"、金融衍生品、对冲合约、储蓄钱包、遗嘱这些涉及金融交易和价值传递的应用。第二种是半金融应用，它们涉及金钱的参与，但有很大一部分是非金钱的方面。第三种则是非金融应用，如在线投票和去中心化自治组织这类不涉及金钱的应用。

在区块链 2.0 阶段，以智能合约为主导，越来越多的金融机构、初创企业和研究团体加入了区块链技术的探索队列，推动了区块链技术的迅猛发展。

1.5.3 区块链 3.0: 价值互联网

作为价值互联网内核的区块链 3.0[32]，为了实现资产在区块链上可被追踪、控制和交易，对每一个互联网中代表价值的信息和字节均进行产权确认、计量和存储。

价值互联网的核心是由区块链构造一个全球性的分布式记账系统，它不但能记录金融业的交易，还可以记录几乎任何有价值的能以代码形式进行表达的事物：共享汽车的使用权、信号灯的状态、出生和死亡证明、结婚证、教育程度、财务账目、医疗过程、保险理赔、投票、能源，等等。因此，随着区块链技术的发展，其应用能够扩展到任何有需求的领域，包括审计公证、医疗、投票、物流等领域，进而扩展到整个社会。

区块链会超越金融领域，进入社会公证和智能化领域 (区块链 3.0)。区块链 3.0 主要应用在社会治理领域，包括身份认证、公证、仲裁、审计、域名、物流、医疗、邮件、签证、投票等领域，应用范围扩大到了整个社会，区块链技术有可能成为"万物互联"的一种最底层的协议。

区块链技术不仅成功应用于数字加密货币领域，在经济、金融和社会系统中也存在广泛的应用场景。根据区块链技术可能应用的场景，将区块链的主要应用笼统地归纳为数字货币、数据存储、数据鉴证、金融交易、资产管理和选举投票共六个场景：

1. 数字货币：以比特币为代表，本质上是由分布式网络系统生成的数字货币，其发行过程不依赖特定的中心化机构。

2. 数据存储：区块链的高冗余存储、去中心化、高安全性和隐私保护等特点使其特别适合存储和保护重要隐私数据，以避免因中心化机构遭受攻击或权限管理不当而造成的大规模数据丢失或泄露。

3. 数据鉴证：区块链数据带有时间戳、由共识节点共同验证和记录、不可篡改和伪造，这些特点使得区块链可广泛应用于各类数据公证和审计场景。例如区块链可以永久地安全存储由政府机构核发的各类许可证、登记表、执照、证明、认证和记录等。

4. 金融交易：区块链技术与金融市场应用有非常高的契合度。区块链可以在去中心化系统中自发地产生信用，能够建立无中心机构信用背书的金融市场，从而在很大程度上实现了"金融脱媒"；同时利用区块链自动化智能合约和可编程的特点，能够极大地降低成本和提高效率。

5. 资产管理：区块链能实现有形和无形资产的确权、授权和实时监控。无形资产管理方面可广泛应用于知识产权保护、域名管理、积分管理等领域；有形资产管理方面可结合物联网技术形成"数字智能资产"，实现基于区块链的分布式授权与控制。

6. 选举投票：区块链可以低成本高效地实现政治选举、企业股东投票等应用，同时基于投票可广泛应用于博彩、预测市场和社会制造等领域。

未来 3 至 5 年区块链技术将在物联网、金融交易、网络安全、公共记录等多个领域大显身手，显著改进这些领域的服务流程，甚至颠覆这些领域内的传统商业模式，未来发展潜力巨大。区块链技术带来的无处不在的价值交换，使得社会形成一个多种设备的无缝对接的价值互联世界。区块链使得经济不仅仅是金钱的流通，互联网不仅仅是信息的流通，而是进一步促进信息、金钱、价值的有效配置和流通，使人力内耗降到最低，成为真正意义上的去中心化组织。

1.6 区块链的优势与挑战

区块链技术具有共识机制、不可篡改性、可追溯性、分布式账本及去中心化等特性和优势[33]，并且由于区块链技术具有广阔的应用前景，区块链数据分析也展现出了巨大的研究前景和应用价值。区块链作为数字货币的底层技术，已引起了金融界的高度重视，包括汇丰银行、花旗银行、纽约梅隆银行、巴克莱银行和摩根士丹利在内的众多金融机构，均与区块链公司进行了合作，研究区块链技术在金融市场的应用。世界经济论坛更是大胆预测，到 2027 年世界 GDP 的 10% 将被存储在区块链网络上。

然而，区块链数据具有的独特特点，使得区块链数据分析充满挑战[34]。(1) 基于区块链数据的网络分析与传统的网络分析有着明显的不同；(2) 区块链的去中心化和用户匿名特征让基于区块链数据分析的监管和价值挖掘充满挑战；(3) 如果区块链成为一种"底层设施"，数据实现了全行业流通，数据分析人员将面临全新的挑战。在证券登记发行上，区块链的应用存在法律合规、投资者匿名监管、区块链上数字证券与现实世界价值对接等问题。

1.7 本章小结

本章简单介绍了人类的记账科技的发展以及区块链的由来、区块链的特点和商业应用及在互联网中的价值，对区块链的私链、公链和联盟链之间的区别做了较为详细的讲述，并对区块链的发展历程以及目前存在的挑战进行了介绍。

1.8 思考题

1. 简述区块链的定义。
2. 区块链具有哪些特性？
3. 区块链是如何分类的？依据是什么？
4. 区块链在商业方面有哪些价值？
5. 区块链的三个阶段的发展有哪些区别？

第 2 章 区块链的技术原理

2.1 密码学简史

密码学大致包括两个部分: 古典密码学和近现代密码学。古典密码学[35]出现于数千年前。秘密的保护通过使用简单的机械工具, 放在现代严格地说, 难以被称为密码科学。

1901 年 12 月, 意大利工程师 Guglielmo Marconi[37] 完成了无线电的实验, 从而加速了无线电通信时代的来临。无线电信息的加密及破解导致了近现代密码学的出现。一战时期英国情报机构破解了德国外交部长 Arthur Zimmermann[37] 想要拉拢墨西哥为同盟的电报; 二战时期盟军破译了德国的恩尼格玛 (Enigma) 密码机, 因此二战结束的时间也被提前了不少。

1949 年 10 月, Claude Elwood Shannon 的报告以 *Communication Theory of Secrecy Systems*[38] 为题在 *The Bell System Technical Journal* 上正式发表。近现代密码学也从此正式出现。

现代密码学与计算机技术关系密切, 已发展为一个庞大领域, 并为现代信息系统尤其是互联网的发展奠定了坚实的安全基础。

2.2 加解密算法

作为现代密码学核心技术的加解密算法, 从设计理念出发可以分为两种类型, 如表 2.1 所示[1])。

现代加解密主要由算法和密钥 (包括加密密钥、解密密钥) 组成。加解密算法多为公开可见且自身固定不变; 密钥是其最重要的信息, 它的保存至关重

---

[1]) 见 54manong 网站。

要。加解密的过程如图 2.1 所示。

表 2.1 加解密算法基本类型

算法类型	特点	优势	缺陷	代表算法
对称加密	加解密的密钥相同	计算效率高，加密强度高	需提前共享密钥，易泄露	DES、3DES、AES、IDEA
非对称加密	加解密的密钥不相同	无须提前共享密钥	计算效率低，存在中间人攻击可能	RSA、ElGamal、椭圆曲线算法

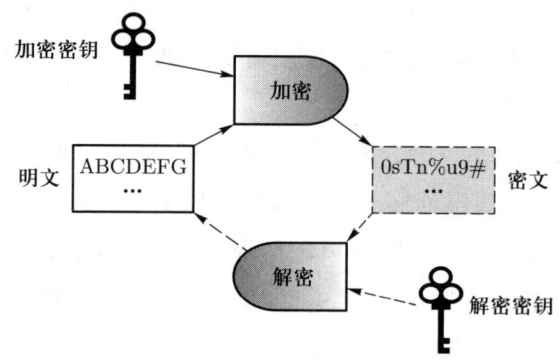

图 2.1 典型的加密与解密过程

加密算法还可以分为对称加密 (symmetric cryptography, 又称共有密钥加密, common-key cryptography) 和非对称加密 (asymmetric cryptography, 又称公钥加密, public-key cryptography)。两种模式互补并应用于不同的场景, 还可组合使用, 形成混合加密机制。加解密过程若使用相同的密钥则称为对称加密算法[22]。该类算法速度快, 空间占用小, 加密强度高。但系统安全性容易被破坏; 另外, 密钥的提前分发也很困难, 需要借助非对称加密算法或者 Diffie-Hellman 协商协议实现。

从实现原理出发对称密码可分为两种: 序列密码和分组密码。对称加密算法的密钥要提前分发, 不适合签名场景, 对于有大量数据的加解密过程的应用尤为突出。

加解密过程中使用不同密钥的方法被称为非对称加密, 它解决了对称加密密钥安全分发的问题。不同的密钥分别被称为公钥 (public key)[41] 和私钥

2.4 PKI 体系

(private key)[42]。公钥多为他人可公开获取的；私钥则是要严密保护和私人持有的，不可被他人获取。

非对称加密将公私钥分开，密钥的分发不需要安全通道。但密钥生成和解密过程比较慢，速度与加密强度均比不上对称加解密算法。混合加密机制融合了两种加密算法的优点。先通过非对称加密协商出一个临时的对称加密密钥，然后通过对称加密算法对大量的传递数据进行快速的加密处理。

2.3 数字证书

不管是非对称加密算法还是数字签名，公钥分发都是很重要的步骤。虽然公钥是公开的，但公钥文件的安全性无法保证。因此出现了数字证书机制，与其他证书一样，用于确保记录信息的合法性。根据所保护公钥的用途，可将数字证书分为加密数字证书 (encryption certificate) 和签名验证数字证书 (signature certificate)[43]。前者常用于保护加密用途的公钥；后者则用于保护签名用途的公钥。在同一证书中也可以存在两种类型的公钥。

证书中记录的最重要的就是签发的公钥和 CA 数字签名。公钥的合法性可以通过 CA 公钥的比对来证明，还可以通过更上层的 CA 颁发的证书来进行认证。例如某些网页被浏览时出现的是否信任该网站的证书；这说明在该系统中当前网站证书没有办法被网站验证，需要额外的检查。另外，如果存在某一证书不可被信任，后续所有依赖它的证书都无法保障安全性。可见，作为公钥信任基础的证书，安全管理它的生命周期十分关键。

2.4 PKI 体系

证书的安全管理、分发要遵循 PKI (public key infrastructure)[36] 体系。该体系解决了证书生命周期相关的认证和管理问题。但是，PKI 作为一个建立在公私钥基础上的通用框架，并不代表某个特定的密码学技术和流程。PKI 基本包括 CA (certification authority)、RA (registration authority) 和证书数据库，其中，CA 作为核心组件，主要用于证书信息的维护。

CA 用于给用户签发证书，并使用 CA 的私钥对其进行签名。每个人都可以对证书进行合法性验证。若私钥由用户自行生成，当文件丢失后，由于仅用户拥有私钥信息，丢失的文件无法恢复，则公钥加密内容无法被破解。超过有效期的证书会作废。CA 通过吊销证书列表记录已作废的证书序号。

为了方便查看吊销列表信息，IETF 提出了在线证书状态协议 (online certificate status protocol[2)]，或 OCSP)，支持该协议的服务可以实时在线查询吊销的证书列表信息。

2.5 布隆过滤器

布隆过滤器 (Bloom filter)[46] 是根据哈希的设计思想提出的，是一种高效的查找结构，常被应用于安全领域。

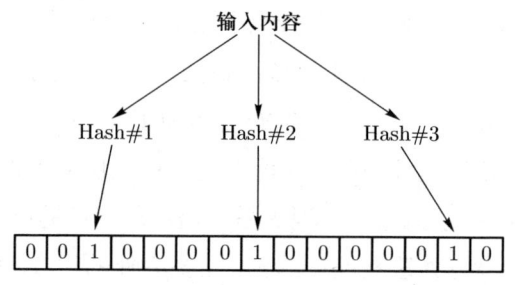

图 2.2 布隆过滤器

布隆过滤器[3)] 对空间利用率的提高通过使用多个哈希函数来实现，多个哈希函数针对某一给定输入，可计算出很多个地址，并在相应地址上记为 1，查找时，若该位为 1，可能已存在该输入。

布隆过滤器与哈希的基本思想一致。虽然两者都会发生误报 (false positive) 的情况，但绝对不会漏报 (false negative)，并且布隆过滤器的误报率一般也很低，低于哈希的误报率。

[2)] 见 Myers M, Ankney R, Malpani A, et al. Online Certificate Status Protocol-OCSP, 1999。

[3)] 见 54manong 网站。

2.6 同态加密

同态加密 (homomorphic encryption)[47] 与其他加密算法不同，它对密文进行处理后会得到加密结果。同态加密处理的数据，即便是处理者也无法直接访问到数据的信息。

同态性的类型一般有四种：加、减、乘、除。全同态 (full homomorphic) 就是同时满足加法和乘法同态。算数同态就是同时满足加、减、乘、除四种同态。

同态加密在很多方面都有重要应用。例如解决云计算用户不会在第三方云上处理敏感信息的问题，在充分保证用户隐私的情况下，使用户可以随意使用云服务，经同态加密后的数据除了用户自身，均不可解密，所以第三方平台无法获取任何用户的保密信息。对区块链技术来说，同态加密技术可以用于密文处理，隐私安全性被极大提高。

同态加密除了上述优点外，也存在一些缺点，比如计算复杂度较高、需要较高的存储成本、性能较差等。

2.7 区块链的主要技术

2.7.1 哈希算法与数字摘要

哈希 (或散列) 算法是计算机算法中非常基础也非常重要的，任意长度的二进制明文串都能被它映射为较短的 (通常是固定长度的) 二进制串 (哈希值)，并且相同的哈希值很难由不同的明文映射。

哈希 (Hash) 函数的公式表达式：$h = H(m)$，其中 m 为任意长度的消息，H 为哈希函数，h 为固定长度的哈希值。作为一类数学函数的哈希函数，在有限合理的时间内，可以将任意长度的消息压缩为固定长度的二进制串，其输出也为哈希值，也称为散列值。

哈希算法的基础是哈希函数，数据完整性和实体认证常由其实现。一个优秀的哈希算法，能实现以下功能：

正向快速：在有限时间和有限资源内，根据给定明文和哈希算法能计算出哈希值。

逆向困难: 给定 (若干) 哈希值, 在有限时间内逆推出明文很难 (基本不可能)。

输入敏感: 原始输入信息修改一点, 产生的哈希值看起来应该都有很大不同。

冲突避免: 很难找到两段内容不同的明文, 使得它们的哈希值一致 (发生冲突)。

MD5 和 SHA 系列算法是目前常见的哈希算法。

MD4 (RFC 1320) 是 MIT 的 Ronald L.Rivest 在 1990 年设计的, MD 是 Message Digest 的缩写, 其输出为 128 位。MD4 已被证明不够安全。

MD5 (RFC 1321) 是 Rivest 于 1991 年对 MD4 的改进版本。它对输入仍以 512 位进行分组, 其输出是 128 位。MD5 比 MD4 更加安全, 但过程更加复杂, 计算速度要慢一点。MD5 已被证明不具备 "强抗碰撞性"。

SHA (secure Hash algorithm)[48] 并非一个算法, 而是一个哈希函数族。NIST (National Institute of Standards and Technology)[49] 于 1993 年发布其首个实现。目前知名的 SHA-1 算法在 1995 年面世, 它的输出为长度 160 位的哈希值, 抗穷举性更好。

SHA-1 设计时模仿了 MD4 算法, 采用了类似原理。SHA-1 已被证明不具备 "强抗碰撞性"。为了提高安全性, NIST 还设计出了 SHA224、SHA256、SHA384 和 SHA512 算法 (统称为 SHA-2), 跟 SHA-1 算法原理类似。SHA-3 相关算法也已被提出。目前, MD5 和 SHA-1 已经被破解, 一般推荐至少使用 SHA256 或更安全的算法。

哈希算法是计算敏感型的。这意味着计算资源是瓶颈, 哈希算法的速度越快, 越需要主频高的 CPU 运行。因此, 哈希计算的吞吐量可以通过硬件加速来提升。例如采用 FPGA 来计算 MD5 值, 可以轻易达到数十 Gbps 的吞吐量。

也有一些不是计算敏感型的哈希算法。例如 scrypt 算法, 计算过程需要大量的内存资源, 节点不能通过简单地增加更多 CPU 来获得哈希性能的提升。这样的哈希算法经常用在避免算力攻击的场景。

2.7 区块链的主要技术

数字摘要是将任意长度的消息变成固定长度的短消息,它类似于哈希函数,一个自变量是消息的函数。数字摘要就是采用单项哈希函数将需要加密的明文"摘要"成一串固定长度 (128 位) 的密文,这一串密文又称为数字指纹,它有固定的长度,而且不同的明文摘要成密文,其结果总是不同的,而同样的明文其摘要必定一致。

一般来说,短消息的处理可以用非对称加密,而对于较长的消息则不太适用。当然,可以将长的消息分成若干小段,然后再分别签名。不过,这样做非常麻烦,而且会导致数据完整性出现问题。比较合理的做法是在数字签名前先对消息进行数字摘要。

一个哈希函数的好坏是由碰撞发生的概率决定的。如果攻击者能够轻易地构造出两个消息且具有相同的哈希值,那么这样的哈希函数是很危险的。一般来说,安全哈希函数标准的输出长度为 160 位,这样才能保证它足够安全。数字摘要加密方法亦称安全哈希编码法 (SHA) 或 MD5 (MD standards for message digest[50]),由 Ron Rivest 所设计。

数字摘要使用:

(1) 被发送文件用 SHA 编码加密产生 128 位的数字摘要。

(2) 发送方用自己的私钥对摘要再加密,这就形成了数字签名。

(3) 将原文和加密的摘要同时传给对方。

(4) 对方用发送方的公钥对摘要解密,同时对收到的文件用 SHA 编码加密产生又一摘要。

(5) 将解密后的摘要和收到的文件与接收方重新加密产生的摘要相互对比。如两者一致,则说明传送过程中信息没有被破坏或篡改过。

2.7.2 数字签名

在现实社会中,签名是签名者身份的一种证明,对文件签名便代表认可,且不可抵赖,理论上签名是可信、不可伪造的。比如刷卡消费后,在消费回执上进行签名,这就是对消费交易的一种认可,而在比特币转账过程中,用只有比特币转出人才能生成的一段防伪造的字符串作为数字签名。验证该字符串,一方面证明交易是转出人本人发起的,另一方面证明交易信息在传输过程中没有被篡改。

数字签名由两部分组成,分别是数字摘要和非对称加密技术。首先通过数字摘要技术把交易信息缩短成固定长度的字符串,然后用非对称加密技术对摘要进行加密,进而形成数字签名。签名完成后需要将完整的交易信息和数字签名一起广播给矿工,矿工用转出人的公钥进行验证 (公钥是公开的, 用来做解密操作), 如果验证成功说明该笔交易确实是转出人本人发起的且信息未被篡改。数字签名具体的原理流程如图 2.3 所示[4]。

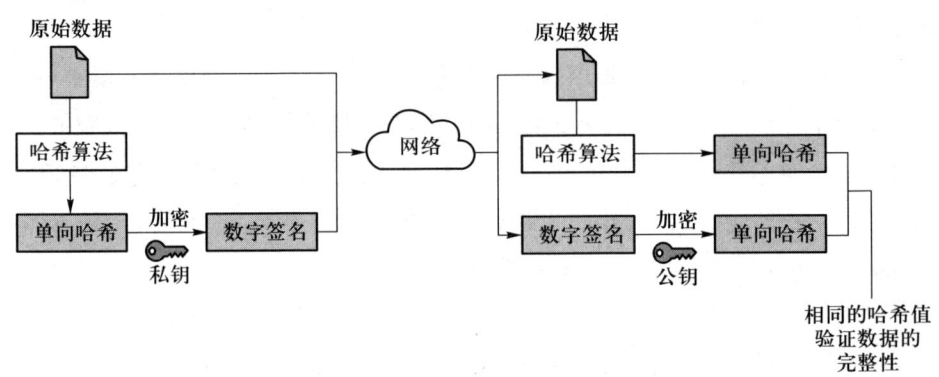

图 2.3 数字签名流程

对称加密算法在加密和解密时使用同一个密钥; 而非对称加密算法需要两个密钥, 这两个密钥分别是公开密钥[51] (简称公钥) 和私有密钥[52] (简称私钥)。由于公钥与私钥是一对, 如果用公钥对数据进行加密, 只有用对应的私钥才能解密; 如果用私钥对数据进行加密, 只有用对应的公钥才能解密, 因为加密和解密使用的是两个不同的密钥, 所以这种算法叫作非对称加密算法。在比特币转账的过程中数字签名使用的就是非对称加密算法。

数字签名还有以下作用:

防篡改: 通过对数字签名的验证, 可以保证信息在传输过程中不被篡改。

验证数据的完整性: 与防篡改同理, 如果信息发生丢失, 签名将不完整, 解开数字签名和之前的比较就会出现不一致, 因而可保证文件的完整性。

[4)]见知乎数字签名专栏。

2.7 区块链的主要技术

仲裁机制: 数字签名也可以认为是一个数字身份,通过唯一私钥生成,在网络上交易时要求收到一个数字签名的回文,以保证过程的完整。如果对交易过程出现抵赖,那么用数字便于仲裁。

保密性: 对于安全级别要求较高的数据,数字签名加密后传输,保证数据在被中途截取后无法获得其真实内容;有利于保证数据的安全性。

防重放: 在数字签名中,如果采用了对签名报文添加流水号、时戳等技术,可以有效防止重放攻击。

2.7.3 区块结构

在比特币网络中,数据通过文件的形式被永久记录,这些文件被称为区块。区块是一些或所有最新比特币交易的记录集,且未被其他先前的区块记录。可以将区块想象为一个城市记录者其记录本上单独的一页纸 (对房地产产权的变更记录),或者是股票交易所的总账本。在绝大多数情况下,新区块会被加入到记录的最后 (在比特币中的名称为区块链),一旦写上,就再也不能改变和删除。每个区块记录了它被创建之前发生的所有事件。

表 2.2 区 块 结 构

数据项	描述	长度
Magic No (魔法数)	常数 0xD9B4BEF9	4 字节
Blocksize (区块大小)	用字节表示的该字段之后的区块大小	4 字节
Blockheader (区块头)	组成区块头的几个字段	80 字节
Transaction Counter (交易计数器)	交易的数量	1—9 字节
Transactions (交易)	记录在区块里的交易信息	可变

区块头

每个区块都包括了被称为魔法数的常数、区块大小、区块头、区块所包含的交易数量及部分或所有的近期新交易。在每个区块中,对整个区块链起决定作用的是区块头,区块头结构如表 2.3 所示。

时间戳

区块链中的时间戳从区块生成那一刻起就存在于区块中,它对应的是每

表 2.3 区块头结构

数据项	描述	长度
Version (版本)	版本号,表示本区块遵守的验证规则	4 字节
Pre-block (父区块哈希值)	引用区块链中父区块的哈希值	32 字节
Targer (难度目标)	该区块工作量证明算法的难度目标	4 字节
Nonce (随机数)	用于工作量证明算法的计数器	4 字节
Timestamp (时间戳)	该区块产生的近似时间	4 字节
Merkle-root (Merkle 根)	该区块交易中的 Merkle 树根的哈希值	32 字节

一次交易记录的认证,证明交易记录的真实性。

Merkle 树结构

Merkle 树[53] 的数据结构存放所有叶子节点的值,并以此为基础生成一个哈希值。Merkle 的叶子节点存储的是数据信息的哈希值,非叶子节点存储的是对其下面所有叶子节点的组合进行哈希计算后得出的哈希值。区块中任意一个数据的变更都会导致 Merkle 树结构发生变化,在交易信息验证对比的过程中,Merkle 树结构能够大大减少数据的计算量,毕竟,我们只需验证 Merkle 树结构生成的统一哈希值就可以了。

区块标识符

区块主标识符是它的加密哈希值,第一种识别区块的方式是通过 SHA256 算法对区块头进行二次哈希计算而得到的数字指纹。产生的 32 字节哈希值被称为区块哈希值,但是更准确的名称是区块头哈希值,因为只有区块头被用于计算。区块哈希值可以唯一、明确地标识一个区块,并且任何节点通过简单地对区块头进行哈希计算都可以独立地获取该区块哈希值。

区块哈希值实际上并不包含在区块的数据结构里,不管是该区块在网络上传输时,抑或是它作为区块链的一部分被存储在某节点的永久性存储设备上时。相反,区块哈希值是当该区块从网络被接收时由每个节点计算出来的。区块的哈希值可能会作为区块元数据的一部分被存储在一个独立的数据库表中,以便于索引和更快地从磁盘检索区块。

第二种识别区块的方式是通过该区块在区块链中的位置,即 "区块高度" (block height)[54]。第一个区块,其区块高度为 0, 和之前哈希值所引用的区块为同一个区块。

因此，识别区块的方式有两种：区块哈希值或者区块高度。每一个被存储在第一个区块之上的区块在区块链中都比前一区块"高"出一个位置，就像箱子一个接一个堆叠在其他箱子之上。

区块高度不是区块数据结构的一部分，它并不被存储在区块里。当节点接收来自比特币网络的区块时，会动态地识别该区块在区块链里的位置（区块高度）。区块高度也可作为元数据存储在一个索引数据库表中以便快速检索。

一个区块的区块哈希值总是能唯一地识别出一个特定区块。一个区块也总是有特定的区块高度。但是，一个特定的区块高度并不一定总是能唯一地识别出一个特定区块。更确切地说，两个或者更多数量的区块也许会为了区块链中的一个位置而竞争。

创世区块

区块链里的第一个区块创建于 2009 年，被称为创世区块。它是区块链里面所有区块的共同祖先，这意味着你从任一区块循链向后回溯，最终都将到达创世区块。

创世区块被编入到比特币客户端软件里，每一个节点都始于至少包含一个区块的区块链，这能确保创世区块不会被改变。每一个节点都"知道"创世区块的哈希值、结构、被创建的时间和里面的一个交易。因此，每个节点都把该区块作为区块链的首区块，从而构建了一个安全的可信的区块链的根。

创世区块的哈希值为：

```
000000000019d6689c085ae165831e934ff763ae46a2a6c172b3f1b60a8ce26f
```

比特币的节点完整保存了区块链从创世区块起的一个本地副本。随着新的区块的产生，该区块链的本地副本会不断地更新用于扩展这个链条。当一个节点从网络接收传入的区块时，它会验证这些区块，然后链接到现有的区块链上。为建立一个连接，一个节点将检查传入的区块头并寻找该区块的"父区块哈希值"。

假设一个节点在区块链的本地副本中有 277314 个区块。该节点知道最后

一个区块为第 277314 个区块,这个区块的区块头哈希值为:

```
0000000000000000027e7ba6fe7bad39faf3b5a83daed765f05f7d1b71a1632249
```

然后,该比特币节点从网络上接收到一个新的区块。对于这一新的区块,节点会在"父区块哈希值"字段里找出包含它的父区块的哈希值。这是节点已知的哈希值,也就是第 277314 个区块的哈希值。故这个区块是这个链条里的最后一个区块的子区块,因此现有的区块链得以扩展。节点将新的区块添加至链条的尾端,使区块链变长到一个新的高度 277315。

2.7.4 共识算法

在分布式系统中,多个主机通过异步通信方式组成网络集群。在这样的异步系统中,为了保证每个主机达成一致的状态,需要主机之间进行状态复制。然而在异步系统中,可能出现无法通信的主机故障,导致主机的性能下降,网络拥塞等情况,这可能会导致错误信息在系统内传播。因此,需要在默认不可靠的异步网络中定义容错协议,以确保各主机达成安全可靠的状态共识。

在区块链系统中,如何实现不同节点上账本数据的一致性和正确性?我们可以借鉴在分布式系统中已有的实现状态共识的算法,确定网络中选择记账节点的机制,从而保障账本数据在全网中保持正确和一致。

共识算法[55] 作为一个规则,要求每个节点都按照这个规则去确认各自的数据。我们需要通过一种机制筛选出最有代表性的人,相当于在共识算法中筛选出最有代表性的节点。如何筛选呢?其实就是设置一组条件,给一组指标让大家来完成,谁能更好地完成指标,谁就有机会被选上。在区块链系统中,存在着多种这样的筛选方案,即各种共识算法。

工作量证明 (PoW)

从去中心化账本系统的角度看,加入这个系统的每个节点都需要保存一份完整的账本,但不能使每个节点同时记账。因为处于不同环境的节点,会接收到不同的信息,如果同时记账的话,必然会导致账本的不一致,造成混乱。因此,需要有共识来达成有权记账的是哪个节点。比特币区块链通过竞争记账的

2.7 区块链的主要技术

方式解决去中心化记账系统的一致性问题,即以每个节点的计算能力也就是"算力"来竞争记账权的机制。

在比特币系统中,大约每 10 分钟进行一轮算力竞赛,竞赛的胜利者就获得一次记账的权力,并向其他节点同步新增账本信息。然而,在一个去中心化的系统中,谁有权判定竞争的结果呢? 比特币系统是通过一个称为"工作量证明"(proof of work[56], PoW) 的机制完成的。

简单地说,PoW 就是一份确认工作端做过一定量工作的证明。PoW 系统的主要特征是计算的不对称性——工作端需要做一定难度的工作得出一个结果,验证方却很容易通过结果来检查工作端是不是做了相应的工作。

举个例子,给定字符串 "blockchain",我们给出的工作量要求是,可以在这个字符串后面连接一个称为 nonce 的整数值串,对连接后的字符串进行 SHA256 哈希计算,若得到的哈希结果 (以十六进制的形式表示) 是以若干个 0 开头的,则验证通过。为了达到这个工作量证明的目标,我们需要不停地递增 nonce 值,对得到的新字符串进行 SHA256 哈希计算。按照这个规则,需要经过 2688 次计算才能找到前 3 位均为 0 的哈希值,而要找到前 6 位均为 0 的哈希值,则需进行 620969 次计算。

通过上面的例子,我们对 PoW 机制有了一个初步的理解。对于特定字符串后接随机 nonce 值所构成的串,要找到这样的 nonce 值,满足前 n 位均为 0 的 SHA256 值,需要多次进行哈希值的计算。一般来说,n 值越大,需要完成的哈希计算量也越大。由于哈希值的伪随机特性,要寻找 4 个前导 0 的哈希值,预期大概要进行 216 次尝试,这个数学期望的计算次数,就是所要求的"工作量"。

比特币网络中任何一个节点,如果想生成一个新的区块并写入区块链,必须解决比特币网络中的 PoW 问题。这道题关键的 3 个要素是工作量证明函数、区块及难度值。工作量证明函数是这道题的计算方法,区块决定了这道题的输入数据,难度值决定了这道题所需要的计算量。

工作量证明函数及区块数据计算过程

比特币系统中使用的工作量证明函数就是 SHA256。比特币区块结构如

图 2.4 所示[5]。比特币的区块由区块头及该区块所包含的交易列表组成。区块头的大小为 80 字节，由 4 字节的版本号、32 字节的上一个区块的哈希值、32 字节的 Merkle 根哈希值、4 字节的时间戳 (当前时间)、4 字节的当前难度值、4 字节的随机数组成。区块包含的交易列表则附加在区块头后面，其中的第一笔交易是 Coinbase 交易，这是一笔为了让矿工获得奖励及手续费的特殊交易。

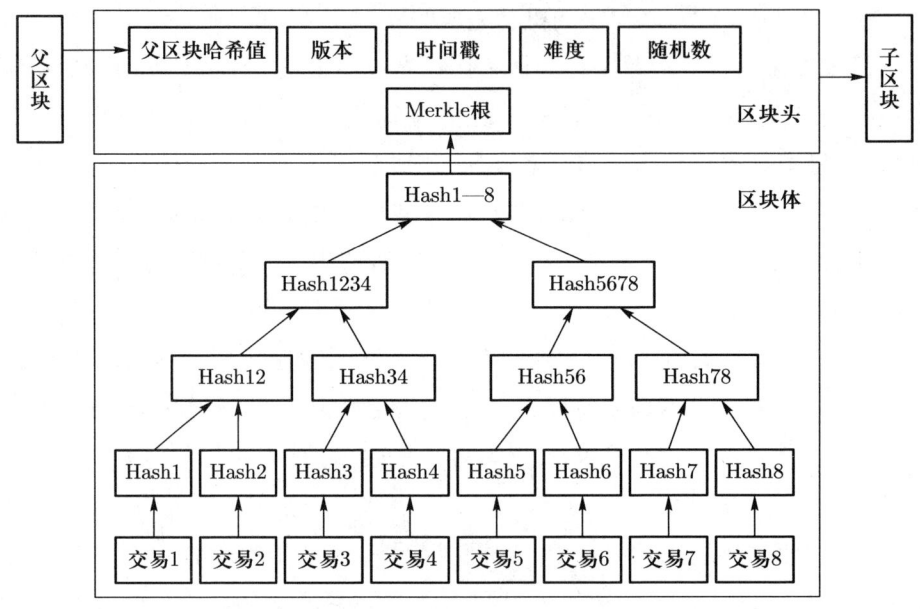

图 2.4　比特币区块结构

拥有 80 字节固定长度的区块头，就是用于比特币工作量证明的输入字符串。因此，为了使区块头能体现区块所包含的所有交易，在区块的构造过程中，需要将该区块要包含的交易列表，通过 Merkle 树算法生成 Merkle 根哈希值，并以此作为交易列表的哈希值存到区块头中。

图 2.5[6] 展示了一个具有 4 个交易记录的 Merkle 树的根哈希值的计算过程。首先以这 4 个交易作为叶子节点构造一棵完全二叉树，然后通过哈希值的计算，将这棵二叉树转化为 Merkle 树。

---

[5] 见登链社区网站。
[6] 见图灵社区网站。

2.7 区块链的主要技术

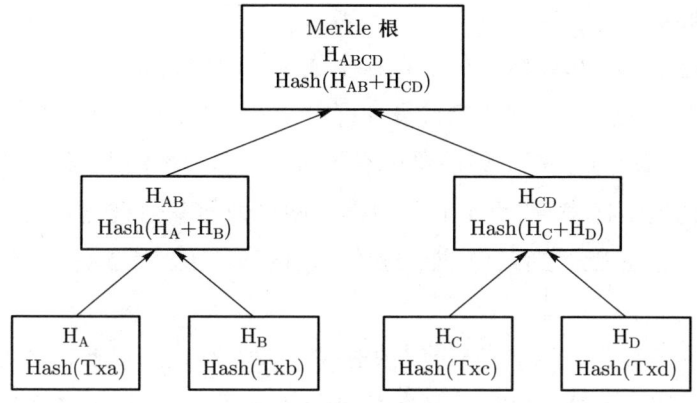

图 2.5 Merkle 树结构

首先对 4 个交易记录 Txa—Txd 分别计算各自的哈希值 H_A—H_D，然后计算两个中间节点的哈希值 H_{AB}=Hash(H_A+H_B) 和 H_{CD}=Hash(H_C+H_D)，最后计算出根节点的哈希值 H_{ABCD}=Hash(H_{AB}+H_{CD})。

构造出来的简化的区块链结构如图 2.6 所示[58]。所有在给定时间范围内需要记录的交易信息被构造成一个 Merkle 树，区块中包含了指向这个 Merkle 树的哈希指针，关联了与该区块相关的交易数据。同时，区块中也包含了指向前一区块的哈希指针，使得记录了不同交易的单个区块被关联起来，形成区块链。

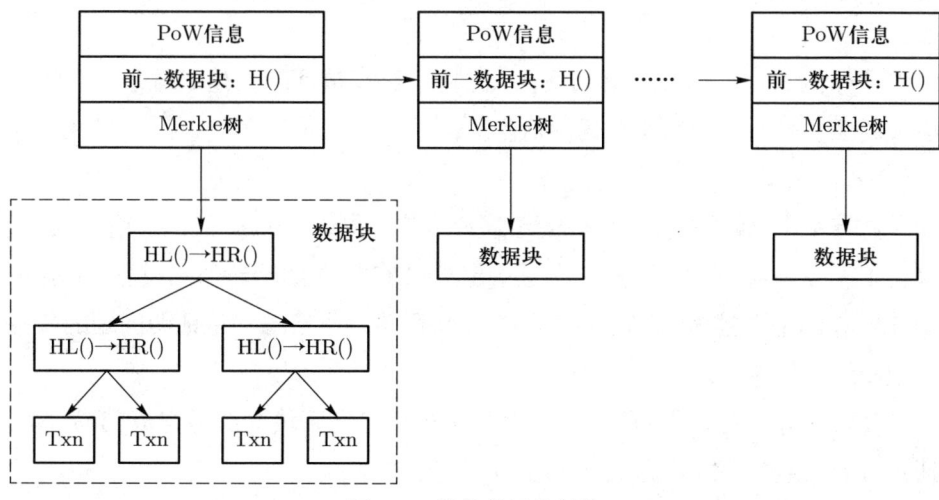

图 2.6 简化的区块结构

挖矿难度

难度值是比特币系统中的节点在生成区块时的重要参考指标,它大概决定了节点需要经过多少次哈希计算才能产生一个合法的区块。比特币的区块大约每 10 分钟生成一个,如果要在不同的全网算力条件下,将新区块的产生都基本保持这个速率,难度值必须根据全网算力的变化进行调整。简单地说,难度值被设定在无论节点计算能力如何,新区块产生速率都保持在每 10 分钟一个。

难度的调整是在每个完整节点中独立自动发生的。每 2016 个区块,所有节点都会按统一的公式自动调整难度,这个公式是由最新 2016 个区块的花费时长与期望时长 (期望时长为 20160 分钟,即两周,是按每 10 分钟产生一个区块的速率计算出的总时长) 比较得出的,根据实际时长与期望时长的比值,进行相应调整 (或变难或变易)。也就是说,如果区块产生的速率比 10 分钟快则增加难度,比 10 分钟慢则降低难度。

这个公式可以总结为: 新难度值=旧难度值×(过去 2016 个区块花费时长/20160 分钟),比特币工作量证明的目标值 (target) 的计算公式: 目标值=最大目标值/难度值,其中最大目标值为一个恒定值:

```
0x00000000FFFFFFFFFFFFFFFFFFFFFFFFFFFFFFFFFFFFFFFFFFFFFFFF
```

目标值的大小与难度值成反比。比特币工作量证明的达成就是矿工计算出来的区块哈希值必须小于目标值。

PoW 过程

比特币 PoW 的过程,可以简单理解成将不同的 nonce 值作为输入,尝试进行 SHA256 哈希计算,找出满足给定数量前导 0 的哈希值的过程。而要求的前导 0 的个数越多,代表难度越大。比特币节点求解工作量证明问题的步骤大致归纳如下:

(1) 生成铸币交易,并与其他所有准备打包进区块的交易组成交易列表,通过 Merkle 树算法生成 Merkle 根哈希值;

(2) 把 Merkle 根哈希值及其他相关字段组装成区块头,将区块头的 80 字

节数据作为工作量证明的输入;

(3) 不停地变更区块头中的随机数, 即 nonce 的数值, 并对每次变更后的区块头做双重 SHA256 计算[59], 将结果值与当前网络的目标值做对比, 若小于目标值, 则解题成功, 工作量证明完成。

比特币的工作量证明, 就是俗称 "挖矿" 所做的主要工作。

PoW 能否解决拜占庭将军问题

关于比特币 PoW 共识机制能否解决拜占庭将军问题在业界一直有争议。2015 年, Juan Garay 对比特币的 PoW 共识算法进行了正式的分析, 得出的结论是比特币的 PoW 共识算法是一种概率性的拜占庭协议 (Probabilistic BA)[60]。Garay 对比特币共识协议的两个重要属性分析如下:

(1) 一致性 (agreement)

在不诚实节点总算力小于 50% 的情况下, 同时在每轮同步区块生成的概率很少的情况下, 诚实的节点具有相同的区块的概率很高。用严格的数学语言表述应该是: 当任意两个诚实节点的本地链条截取 K 个节点, 两条剩下的链条的区块头不相同的概率随着 K 的增加呈指数型递减。

(2) 正确性 (validity)

大多数的区块必须由诚实节点提供。严格地说, 当不诚实算力非常小的时候, 才能使大多数区块由诚实节点提供。因此可以看到, 当不诚实的算力小于网络总算力的 50% 时, 同时挖矿难度比较高, 在大约 10 分钟出一个区块的情况下, 比特币网络达到一致性的概率会随确认区块的数目增多而呈指数型增加。但当不诚实算力具有一定规模, 甚至不用接近 50% 的时候, 比特币的共识算法并不能保证正确性, 也就是, 不能保证大多数的区块由诚实节点来提供。

因此, 比特币的共识算法不适合于私有链和联盟链。第一个原因是它是一个最终一致性共识算法, 不是一个强一致性共识算法。第二个原因是其共识效率低, 提高共识效率又会牺牲共识协议的安全性。另外, 比特币通过巧妙的矿工奖励机制来提升网络的安全性。矿工挖矿获得比特币奖励以及记账所得的交易费用使得矿工更希望维护网络正常运行, 而任何破坏网络的非诚信行为都会损害矿工自身利益。因此, 即使有些比特币矿池具备强大算力, 但它们都没有作恶的动机，反而有动力维护比特币的正常运行，因为这和它们的切实利益相关。

PoW 机制存在明显的弊端。一方面，PoW 的前提是，节点和算力是均匀分布的，因为通过 CPU 的计算能力来进行投票，拥有钱包 (节点) 数和算力值应该是大致匹配的，然而随着人们将 CPU 挖矿逐渐升级到 GPU、FPGA，直至 ASIC 矿机挖矿，节点数和算力值也渐渐失配。另一方面，PoW 太浪费了。比特币网络每秒可完成数百万亿次 SHA256 计算，但这些计算除了使恶意攻击者不能轻易地伪装成几百万个节点和打垮比特币网络，并没有更多实际的科学价值。当然，相对于允许世界上任何一个人在瞬间就能通过去中心化和半匿名的全球货币网络，给其他人几乎没有手续费地转账所带来的巨大好处，它的浪费也许只算是很小的代价。有鉴于此，人们提出了权益证明 (proof of stake[61], PoS)。

权益证明 (PoS)

PoS 股权证明类似于在银行的财产储存，持币有利息。点点币 (peercoin) 是最先采用权益证明的货币，在 SHA256 的哈希计算难度方面引入了币龄的概念，使得难度与交易输入的币龄成反比。在点点币中，币龄被定义为币的数量与币所拥有的天数的乘积，这使得币龄能够反映交易时刻用户所拥有的货币数量。实际上，点点币的权益证明机制结合了随机化与币龄的概念，最少 30 天未使用的币可以参与竞争下一区块，越久和越大的币集有更大的可能去签名下一区块。

权益证明必须采用某种方法定义任意区块链中的下一合法区块，依据账户结余来选择将导致中心化，例如单个首富成员可能会拥有长久的优势。为此，人们还设计了其他不同的方法来选择下一合法区块。

PoS 机制虽然考虑到了 PoW 的不足，但依据权益结余来选择，会导致首富账户的权力更大，有可能支配记账权。

股份授权证明 (DPoS)

DPoS[62] 由比特股 (Bitshares) 项目组发明。从股权拥有者中选举代表来进行区块的生成和验证。DPoS 与现代企业董事会制度类似，代币持有者称为比特股系统股东，由股东投票选出 101 名代表，然后由这些代表负责生成和验证区块。持币者想成为一名代表，首先要去区块链用自己的公钥注册，可获得一个长度为 32 位的特有身份标识符，股东对这个标识符以交易的形式进行投票，得票总数前 101 位被选为代表。代表们轮流产生区块，收益 (交易手续费) 平分。如果有的代表产生区块不认真，很容易被其他代表和股东发现，并立即被踢出 "董事会"，空缺位置由票数排名 102 的代表自动填补。DPoS 的优点在于大幅减少了参与区块验证和记账的节点数量，从而缩短了共识验证所需要的时间，大幅提高了交易效率。从某种角度来说，DPoS 可以理解为多中心系统，兼具去中心化和中心化优势。

实用拜占庭容错算法 (PBFT)

这个算法最初出现在 MIT 的 Miguel 和 Barbara Liskov[63] 的学术论文中，是为改善一个低延迟存储系统所设计，降低算法的复杂度，该算法适用于吞吐量不大但需要处理大量事件的数字资产平台。它允许每个节点发布公钥，任何通过节点的消息都由节点签名，以验证其格式。验证过程分为三个阶段：预备、准备和落实。如果已经收到超过 1/3 不同节点的批准，服务操作将是有效的。使用 PBFT，区块链网络 N 个节点中可以包含 f 个拜占庭恶意节点，其中 $f = (N - 1)/3$。换句话说，PBFT 确保至少 $2f + 1$ 个节点在将信息添加到分布式共享账簿之前达成共识。目前，HyperLedger 联盟[64]、中国 ChinaLedger 联盟等诸多区块链联盟都在研究和验证这个算法的实际部署和应用。

2.7.5 智能合约

1994 年，计算机科学家和密码学家 Nick Szabo 首次提出 "智能合约"[65] 的概念。它早于区块链概念的诞生。Szabo 描述了什么是 "以数字形式指定的一系列承诺，包括各方履行这些承诺的协议"。但智能合约的想法一直未取得进展——主要是缺乏可以让它发挥出作用的区块链。

直到 2008 年，第一个加密货币——比特币才出现，同时引入了现代区块链技术。区块链最初是作为比特币底层技术出现的，各种区块链分叉引起了很大的变化。智能合约在 2008 年依然无法融入比特币区块链网络，但在 2013

年，以太坊让它浮出水面。从此，涌现出了各种不同形式的智能合约，其中使用最广的就是以太坊智能合约。

智能合约作为一种特殊协议，旨在提供、验证及执行合约。具体来说，智能合约是区块链被称为"去中心化的"重要原因，它允许我们在不使用第三方的情况下，执行可追溯、不可逆转和安全的交易。

智能合约包含了有关交易的所有信息，只有在满足要求后才会执行结果操作。智能合约和传统纸质合约的区别在于智能合约是由计算机生成的。因此，代码本身解释了参与方的相关义务。

事实上，智能合约的参与方通常是互联网上的陌生人，受制于有约束力的数字化协议。本质上，智能合约是一个数字合约，除非满足要求，否则不会产生结果。

智能合约如何运作

很多区块链网络使用的智能合约功能与自动售货机类似。智能合约与自动售货机类比：如果你向自动售货机（类比分类账本）转入比特币或其他加密货币，一旦输入满足智能合约代码要求，它会自动执行双方约定的义务。

义务以"if then"形式写入代码，例如，"如果 A 完成任务 1，那么来自 B 的付款会转给 A"。通过这样的协议，智能合约允许各种资产交易，每个合约被复制和存储在分布式账本中。这样，所有信息都不能被篡改或破坏，数据加密确保参与者之间完全匿名。

虽然智能合约只能与数字生态系统的资产一起使用，不过，很多应用程序正在积极探索数字货币之外的世界，试图连接"真实"世界和"数字"世界。智能合约根据逻辑来编写和运作。只要满足输入要求，也就是说只要代码编写的要求被满足，合约中的义务将在安全和去信任的网络中得到执行。

智能合约的优缺点

与其他新的系统协议一样，智能合约并不完美。智能合约有几个优点和缺点，其中包括更高的效率和缺乏监管。

具体来说，使用智能合约的优势包括在处理文档时的高效率。因为它是完全自动化的流程，不需要任何人为参与，只要满足智能合约代码所列出的要求

2.7 区块链的主要技术

即可。这使得时间缩短,成本降低,交易更准确,且无法更改。此外,智能合约不受任何第三方干扰,这进一步增强了网络的去中心化。

另一方面,智能合约的使用也会存在不少问题。例如,人为错误、完全实施有困难、不确定的法律状态。有一些人把智能合约的不可逆转特性看作它的优势,但也有人认为这是它的缺点,因为一旦出现问题无法修改。因为人类会犯错误,在创建智能合约时也一样,一些绑定协议包含错误,导致它们无法逆转。

此外,智能合约只能使用数字资产,在连接现实资产和数字世界时会出现问题。最后也是最重要的,智能合约缺乏法律监管,只受制于代码约定的义务。缺乏法律监管可能会导致一些用户对网络交易持谨慎态度,尤其是在它很重要的情况下。

智能合约的应用

智能合约在各种区块链网络中的实施,最重要和最受欢迎的依然是比特币和以太坊。虽然比特币网络以比特币交易闻名,但它的协议也可以用来创建智能合约。比特币实际上提供的是一种编程语言,允许创建自定义智能合约,比如支付通道。

以太坊则是目前为止最引人注目的智能合约框架,它是专门为支持智能合约的使用创建的。用 Solidity 语言[7] 编程,以太坊智能合约框架有助于促进去中心化网络,便于用智能合约处理交易。

除了加密货币之外,在不同行业也有用户使用场景,例如在选举、供应链优化、电子商务中可有效利用智能合约。因此,加密爱好者看到了最近智能合约的发展,它与区块链技术携手合作,致力于改变数字化世界。各行各业可以从智能合约发展中受益。

2.7.6 P2P 网络

区块链 P2P 网络是一个去中心化的点对点网络,这意味着跟传统网络 C/S 结构模式不一样,它没有服务端和客户端的概念,它是由多个节点成员组成的网络结构,每个节点都是安全的网络成员,节点彼此之间处于对等的

---

[7] 见 Bauer D P. Solidity. In: Getting Started with Ethereum. Apress, Berkeley, CA, 2022。

地位，节点之间共享资源，它既是资源的提供者（服务端），也是资源的接受者（客户端），节点之间一般采用 Socket 编程方式进行通信。

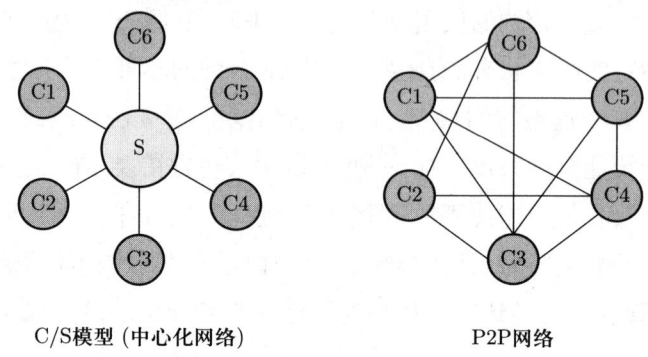

图 2.7 C/S 结构与 P2P 结构图

P2P 网络如何工作

P2P 系统的本质是由一个分布式的用户网络来维护。通常，它们没有中央管理员或服务器，因为每个节点都持有一份文件副本——既是客户，也是其他节点的服务器。在这种情况下，每个节点都可以从其他节点下载文件或上传文件给其他节点。这就是 P2P 网络与传统的客户端–服务器系统的不同之处，在传统的客户端系统中，客户端设备从中央服务器下载文件。

在 P2P 网络中，连接的设备共享存储在其硬盘上的文件，用户可以使用旨在调解数据共享的软件应用程序，查询网络上的其他设备以查找和下载文件。一旦用户下载了某个文件，就可以作为该文件的来源。由于每个节点都会存储、传输和接收文件，所以 P2P 网络往往随着用户群的扩大而变得更快、更高效（网络效应）。

根据结构关系可以将 P2P 系统细分为四种拓扑形式：

中心化拓扑：即存在一个中心节点保存了其他所有节点的索引信息，索引信息一般包括节点 IP 地址、端口、节点资源等。

全分布式非结构化拓扑：当移除了中心节点后，在 P2P 节点之间建立随机网络，就是在一个新加入节点和 P2P 网络中的某个节点间随机建立连接通道，从而形成一个随机拓扑结构。比特币采用的便是该网络结构。

全分布式结构化拓扑: 将所有节点按照某种结构进行有序组织, 比如形成一个环状网络或树状网络。而结构化网络在具体实现上, 普遍都是基于 DHT (distributed Hash table[8], 分布式哈希表) 算法思想, 例如以太坊网络的实现算法 Kademlia。

半分布式拓扑: 它吸取了中心化拓扑和全分布式非结构化拓扑的优点, 选择 (处理、存储、带宽等方面) 性能较高的节点作为超级节点 (英文表达为 SuperNodes[70] 或者 Hubs), 在各个超级节点上存储了系统中其他部分节点的信息, 发现算法仅在超级节点之间转发, 超级节点再将查询请求转发给适当的叶子节点。半分布式结构也是一个层次式结构, 超级节点之间构成一个高速转发层, 超级节点和所负责的普通节点构成若干层次。EOS 采用的就是该网络结构。

在实际应用中, 每种拓扑结构的 P2P 网络都有其优缺点, 表 2.4 从可扩展性、可靠性、可维护性、发现算法的效率、复杂查询等方面比较了这四种拓扑结构的综合性能。

表 2.4 四种拓扑结构的性能比较

比较标准	中心化拓扑	全分布式非结构化拓扑	全分布式结构化拓扑	半分布式拓扑
可扩展性	差	差	好	中
可靠性	差	好	好	中
可维护性	最好	最好	好	中
发现算法效率	最高	中	高	中
复杂查询	支持	支持	不支持	支持

区块链 P2P 网络的节点

全节点: 全节点需要参与区块的校验, 对交易进行确认, 以及交易信息的广播, 因此全节点必须包含完整的区块链数据库副本, 包括所有交易的数据信息。另外, 全节点也必须具备执行路由的操作, 帮助节点与节点之间的连接发现, 全节点的数量直接影响整个网络交易的效率, 因为它们执行决策功能, 决

---

[8] 见 Flynn M. Flynn's Taxonomy. In: Encyclopedia of Parallel Computing. Springer, Boston, MA, 2011.

定了一个区块和一笔交易是否具备有效性。

矿工节点：矿工节点一般是运行在性能比较高的硬件上，目标是通过解决工作量证明 (PoW) 算法问题，与其他矿工节点抢夺记账权。如果矿工节点同时也存储了完整的区块链数据库，它就是全节点，这种节点也称为独立矿工 (solo miner)。另外，有一部分矿工节点是由多个单独节点联合连接到矿池，参与集体挖矿的，这种节点叫作矿池矿工 (pool miner)。这种矿池矿工节点一般是由一个内部矿池网络搭建，中心节点是矿池服务器，由分散的矿工通过矿池内部协议连接到矿池服务器，然后再由矿池服务器作为一个全节点与其他区块链节点通过主网方式进行通信连接。

SPV (simplified payment verification) 节点：也叫轻节点，简单支付验证，这类节点不会存储完整的区块链数据库，只存储其中一部分而不会存储所有交易数据，例如它只存储区块头的哈希数据。SPV 节点主要完成支付交易的校验，不过它不是验证所有的交易，而只是一个交易子集，例如转账到某个指定地址的交易。一个 SPV 节点依赖于全节点来获得数据，允许多个 SPV 节点连接到一个全节点。钱包应用就是采用 SPV 节点方式，个人不需要下载完整的区块链数据库也可以完成交易验证。

2.8 其他技术

密码学领域还有一些正在发展和探讨中的技术，下面做一下简短的介绍。

零知识证明 (zero knowledge proof) 要求证明者为验证者证明某个论断是正确的时候，证明者只提供必要的信息，不提供任何其他信息。证明过程可分为两种——交互式 (interactive) 和非交互式 (non-interactive)。交互式证明容易构造，证明者回答一系列由验证者提出的问题，如果全部回答正确，则该论断被知晓的概率较大。非交互式证明 (NIZK) 较为复杂。虽然具有广泛的应用价值，但完美的非交互式系统并不存在。零知识证明的普及，除了要接受实践的检验之外，还要考虑可扩展性的提高、预备时期计算的减少以及量子计算攻击的抵御。

可验证随机函数 (verifiable random function, VRF)[73] 讨论的是结果的验证可在某些场景下实现的一类特殊的伪随机函数，它的构建可以通过签名和哈希操作实现。

安全多方计算 (secure multi-party computation, SMPC 或 SMC)[74] 是在保护自己数据的前提下，保证参与方均可拥有些许数据，计算利用多方数据实现的技术。在参与多方之间互不信任的情况下进行合作时，这一技术十分有用。

不经意传输 (oblivious transfer, OT) 协议[75] 用在安全多方计算的情况下。在保护双方隐私的情况下，发送方将信息传给接收方，接收方只能获取传递的信息。

差分隐私 (differential privacy)[76] 是一种保护隐私机制，是为了解决共享同一个数据集时如何保护个体的隐私在 2006 年被提出的。近年，由于其较好的应用前景而成为研究热点。

量子密码学 (quantum cryptography)[78] 因为量子计算和量子通信的发展而受到了越来越多的关注。量子通信非常有希望实现"一次性密码"。

针对工业界和学术界一直关心的隐私保护问题，不断发展的技术却并不完美。有很多理论上十分完美的系统，在实验阶段并不能达到理想效果，而涉及的问题往往出现在浅显的方面。

2.9 本章小结

本章主要介绍了密码学的发展、加解密算法、数字证书、PKI 体系、布隆过滤器、同态加密以及区块链的主要技术。通过对本章的学习，相信各位读者对密码学尤其是区块链技术中应用的密码学已经有了初步了解。

2.10 思考题

1. 密码学都经历了哪些发展阶段?

2. 加解密算法分为哪两类，各有什么特点？
3. 数字证书的出现是为了解决什么问题？
4. 简单叙述 PKI 体系的基本组件和常规流程。
5. 布隆过滤器结构根据其拥有的特性常被应用于哪些方面？
6. 同态加密技术有哪几种方式？分别有什么优势与缺陷？
7. 区块链有哪几种主要技术？分别有什么特点？

第 3 章 比特币及其工作原理

3.1 比特币项目简介

比特币 (Bitcoin, BTC) 是基于区块链技术的一种加密数字货币实现,是一种基于密码学的货币,由计算 (挖矿) 产生,交易过程具有安全性、隐私性、可追溯、不可篡改等特性,可以防止主权危机、信用风险。比特币网络是历史上首个经过大规模、长时间检验的数字货币系统。自 2009 年正式上线以来,比特币价格经历了数次的震荡,目前每个比特币市场价格超过 20000 美元,比特币网络中总区块数接近 48 万个。

比特币网络在功能上具有如下特点:

去中心化: 意味着没有任何独立个体可以对网络中的交易进行破坏,任何交易请求都需要大多数参与者的共识;

匿名性: 比特币网络中账户地址是匿名的,无法从交易信息关联到具体的个体,但这也意味着很难进行审计;

通胀预防: 比特币的发行需要通过挖矿计算来进行,发行量每四年减半,总量上限为 2100 万个,无法超发。

比特币基于 P2P 技术运作,无须中央管理机构或银行;其发行和交易管理由比特币网络统一进行。它的设计是公开的,任何人都无法拥有或控制比特币网络,人人都可参与其中。基于其独有的特性,比特币使之前任何支付系统都无法实现的用途成为可能。

比特币交易具有不可逆性,一旦交易得到确认,任何人都无法撤销;比特币交易具有匿名性,交易过程和账户地址均无法显示用户的物理身份;比特币交易安全性高,用户的所有资金都在加密系统中加密,只能使用私钥和签名发送它们,只要用户安全储存自己的私钥,就能保证资金足够安全;比特币交易无须授权,用户可以随时随地通过区块链网络处理个人资金,没有任何限制,资金无法被冻结。

3.2 工作原理

从分布式系统角度看,比特币网络是一个典型的分布式点对点网络,网络中的矿工通过"挖矿"来完成对交易记录的记账过程,维护网络的正常运行。

区块链网络提供一个公共可见的记账本,该记账本记录网络中所有的交易历史,而并非记录各个账户的余额。该设计可以避免重放攻击,即某个交易被多次重复提交。

3.2.1 基本概念

账户/地址

比特币采用了非对称的加密算法,用户将公钥公开,在进行交易时使用非公开的私钥进行签名确认。比特币的账户地址其实就是用户公钥经过一系列哈希 (HASH160,或先进行 SHA256,然后进行 RIPEMD160) 及编码计算后生成的 160 位 (20 字节) 的字符串。一般常对账户地址串进行 Base58Check 编码,并添加前导字节 (表明支持的脚本类型) 和 4 字节的校验字节,以提高可读性和准确性。

交易

交易是比特币功能的核心概念,一条交易可能包括如下信息: (1) 付款人地址; (2) 付款人对交易的签字确认; (3) 付款人资金的来源交易 ID; (4) 交易金额; (5) 收款人地址; (6) 交易时间戳。

网络节点收到交易信息后,将检查交易是否已经处理过,交易是否合法 (包括地址是否合法、发起交易者是否是输入地址的合法拥有者、是否是 UTXO、交易的输入之和是否大于输出之和)。如果检查结果通过,则将交易标记为合法的未确认交易,并在网络内进行广播。一般用户可以从 blockchain.info 网站查看实时的区块链网络的交易信息。

3.2 工作原理

Summary		Inputs and Outputs	
Size	374 (bytes)	Total Input	28.83346565 BTC
Received Time	2017-05-13 04:06:28	Total Output	28.83265792 BTC
Relayed by IP	213.239.212.239 (whois)	Fees	0.00080773 BTC
Visualize	View Tree Chart	Fee per byte	215.971 sat/B
		Estimated BTC Transacted	28.40924148 BTC
		Scripts	Hide scripts & coinbase

Input Scripts

3045022100 9aeaf87995574318a7eee49953a3d4b5e0f8662cf73a96e7641128a7260a9d27022010e3c25eba08c7b8351d592786f5cd5d0086185748679ab6b2be86e3d4b7 0367414e7cf55ec4df3662bdcdc643d8ce0dbae79faeb790bbfc3fe4d7133b82a3

3045022100abfc2ba18e65247989f452e50167c5784ce46bed18f56d063dd10591edce411402200aa50ecd4ca5c7ae22c4623d3818ec395454d887a267c821422134f85e68 03c7e3363b35d1f378eebf02f5420bc51061a51dc6497ee368d388a55c6a639d8f

Output Scripts

| OP_DUP OP_HASH160 08c50e880c3500d19687b74298f7cf238de17895 OP_EQUALVERIFY OP_CHECKSIG | OK |
| OP_DUP OP_HASH160 539c066fec9e9b6ecd7dd2d23c98a6d947e8c268 OP_EQUALVERIFY OP_CHECKSIG | OK |

图 3.1 一个典型的比特币交易

交易脚本

脚本 (script) 是保障交易完成 (主要用于检验交易是否合法) 的核心机制，当所依附的交易发生时被触发。比特币网络通过脚本机制而非写死交易过程实现了一定的可扩展性。比特币脚本语言是一种非图灵完备的语言，类似 Forth 语言。

一般每个交易都会包括两个脚本：负责输入的解锁脚本 (scriptSig) 和负责输出的锁定脚本 (scriptPubKey)。输出脚本一般由付款方对交易设置锁定，用来对能动用这笔交易的输出 (例如，要花费该交易的输出) 的对象 (收款方) 进行权限控制，例如限制必须是某个公钥的拥有者才能花费这笔交易。认领脚本则用来证明自己可以满足交易输出脚本的锁定条件，即对某个交易的输出 (比特币) 的拥有权。

输出脚本目前支持两种类型：

P2PKH: pay-to-public-key-Hash，允许用户将比特币发送到一个或多个典型的比特币地址上 (证明拥有该公钥)，前导字节一般为 0x00；

P2SH: pay-to-script-Hash，支付者创建一个输出脚本，里面包含另一个

脚本 (认领脚本) 的哈希值, 一般用于需要多人签名的场景, 前导字节一般为 0x05。

以 P2PKH 为例, 输出脚本的格式为:

```
scriptPubKey: OP_DUP OP_HASH160 <pubKeyHash>
OP_EQUALVERIFY OP_CHECKSIG
```

其中, OP_DUP 是复制栈顶元素; OP_HASH160 是计算哈希值; OP_EQUALVERIFY 判断栈顶两元素是否相等; OP_CHECKSIG 判断签名是否合法, 这条指令实际上保证了只有 pubKey 的拥有者才能合法引用这个输出。

另外一个交易如果要花费这个输出, 在引用这个输出的时候, 需要提供认领脚本格式为:

```
scriptSig: <sig> <pubKey>
```

其中, sig 是拿 pubKey 对应的私钥对交易 (全部交易的输出、输入和脚本) 哈希值进行签名, pubKey 的哈希值需要等于 pubKeyHash。

进行交易验证时, 按照先 scriptSig 后 scriptPubKey 的顺序依次进行入栈处理, 即完整指令为:

```
<sig> <pubKey> OP_DUP OP_HASH160 <pubKeyHash>
OP_EQUALVERIFY OP_CHECKSIG
```

读者可以按照栈的过程来进行推算, 理解整个脚本的验证过程。

比特币脚本支持的指令集十分简单, 基于栈的处理方式, 并且非图灵完备, 此外还添加了额外的一些限制 (例如大小限制等)。所以引入脚本机制在增加灵活性的同时, 也引入了更多的安全风险。

区块

比特币区块链的区块结构在 2.7.3 节提到过, 读者可自行查看。

通过对区块结构的分析可见[1], 要检查区块链的完整性, 只需要检验各个

---

[1] 见 Github 网站。

区块头部信息即可，无须获取具体的交易内容，这也是简单交易验证 (simple payment verification, SPV) 的基本原理。另外，通过头部的链接，不仅能够提供时序关系，同时还能加大篡改区块中数据的难度。

Block #466150	
Summary	
Number Of Transactions	3189
Output Total	4,355.14636223 BTC
Estimated Transaction Volume	581.83177764 BTC
Transaction Fees	1.22474892 BTC
Height	466150 (Main Chain)
Timestamp	2017-05-13 04:35:04
Received Time	2017-05-13 04:35:04
Relayed By	SlushPool
Difficulty	559,970,892,890.84
Bits	402781863
Size	998.171 KB
Version	0x20000002
Nonce	509067181
Block Reward	12.5 BTC

Hashes	
Hash	0000000000000000001cfb77a1a792497664d8ed12058f52c55214abad07e1724
Previous Block	0000000000000000000b43c30612a3368310824e2101e79ad8498a8e6bf41d4fc
Next Block(s)	
Merkle Root	a26cff904e6f73806f2ed18e1abb89c21ba426cfc41495a92313cb4a24b4032f

图 3.2 一个典型的比特币区块

3.2.2 交易过程

比特币中没有账户的概念。因此，每次发生交易，用户需要将交易记录写到比特币网络账本中，等网络确认后即可认为交易完成。

除了挖矿获得奖励的 coinbase 交易只有输出的特殊情况之外，正常情况下，每个交易需要包括若干输入和输出，未经使用 (引用) 的交易的输出 (unspent transaction outputs, UTXO) 可以被新的交易引用作为其合法的输入，被使用过的交易的输出 (spent transaction outputs, STXO)，则无法被引用。

因此，比特币网络中一笔合法的交易，必须引用某些已存在交易的 UTXO (必须属于付款方才能合法引用) 作为新交易的输入，并生成新的 UTXO (将属于收款方)。

在比特币交易过程中，付款方通过"签名脚本"来证明自己所引用的 UTXO

合法,并且指定"输出脚本"来限制将来能使用新 UTXO 者只能为指定收款方,对每笔交易,付款方需要进行签名确认。并且,对每一笔交易来说,总输出必须高于总输入,且二者之差称为交易费用 (transaction fee),由该交易区块的矿工所获得。目前规定每笔交易的交易费用不能小于 0.0001BTC,交易费用越高,越多矿工愿意处理该交易,该交易也就越早被放到网络中。交易费用在奖励矿工的同时,也保护比特币网络免于受到大量攻击。表 3.1 展示了一些简单的示例交易。更一般情况下,交易的输入、输出可以为多方。

表 3.1 比特币示例交易过程

交易	目的	输入	输出	签名	差额
T0	A 转给 B	他人向 A 交易的输出	B 账户可以使用该交易	A 签名确认	输入减输出,为交易服务费
T1	B 转给 C	T0 的输出	C 账户可以使用该交易	B 签名确认	输入减输出,为交易服务费
…	X 转给 Y	他人向 X 交易的输出	Y 账户可以使用该交易	X 签名确认	输入减输出,为交易服务费

需要注意,刚进入网络中的交易 (深度为 0) 无法得到实时确认,且存在被推翻的可能性。一般要在生成几个新的区块后 (深度大于 0) 该交易才会被确认。

比特币采用了 UTXO 模型,相对账户模型,UTXO 模型能够更好地实现并行处理和隐私保护,并追踪完整交易路径; 但由于需要存储和检索所有交易记录,对节点存储压力较大。

3.2.3 核心设计

比特币在设计上提出了很多创新点,主要考虑了避免作恶、采用负反馈调节和基于概率的共识机制三个方面。

如何避免作恶

要基于经济博弈原理。在一个开放的网络中,无法通过技术手段来保证每个人都是合作的,但可以通过经济博弈来让合作者得到利益,让非合作者遭受损失和风险。

实际上,博弈论早已被广泛应用到众多领域。一个经典的例子是两个人来分一个蛋糕,如果都想拿到较大的一块,在没有第三方的前提下,怎么制定规则才公平?最简单的一个方案是任意一个人负责切蛋糕,并且这个人后挑选。

如果推广到 N 个人呢?所有试图参与比特币网络的矿工首先都要付出挖矿的代价,即进行算力消耗。越想拿到新区块的决定权,意味着需抵押的算力越多。一旦失败,则被抵押的算力均被没收,成为沉没成本。由于网络中存在着众多参与者,个体试图拿到新区块决定权需要付出巨大的算力成本,意味着进行一次作恶付出的代价已经超过可能带来的好处,这能在很大程度上避免作恶情况的出现。

负反馈调节

比特币网络在设计上很好地体现了负反馈的控制论基本原理。网络中矿工越多,系统就越稳定,比特币价值就越高,但挖到矿的概率会降低。反之,网络中矿工越少,会让系统更容易被攻击,比特币价值越低,但挖到矿的概率会提高。因此,比特币的价格理论上应该稳定在一个合适的值(网络稳定性也会稳定在相应的值),这个价格乘以挖到矿的概率,恰好达到矿工的收益预期。

从长远角度看,比特币网络的硬件成本是逐渐降低的,但每个区块的比特币奖励每四年减半,最终将在 2140 年稳定在 2100 万个,之后将完全依靠交易的服务费来鼓励矿工对网络进行维护。

比特币最小单位是"聪",即 10^{-8} 比特币,总"聪"数为 2.1×10^{15}。对于 64 位处理器来说,高精度浮点计数的限制导致单个数值不能超过 2^{53},约等于 9×10^{15}。

共识机制

传统共识问题往往是考虑在一个相对封闭的分布式系统中,同时存在的正常节点和故障节点如何快速达成一致。对于比特币网络来说,它是完全开放的,可能受到各种攻击,同时基于 Internet 的网络质量不能保证绝对安全,导致问题更加复杂,传统的一致性算法在这种场景下难以使用。因此,比特币网络不得不对共识的目标和过程都进行了一系列限制,提出了基于 PoW 的共识机制。

首先是不实现面向最终确认的共识,而是基于概率、随时间逐步增强确认的共识。现有达成的结果在理论上都可能被推翻,只是攻击者要付出的代价随时间而指数级上升,被推翻的可能性随之指数级下降。

此外,考虑到 Internet 的尺度,达成共识的时间相对比较长。按照区块(一组交易)来进行阶段性的确认 (快照),提高网络整体的可用性。

最后,限制网络中共识的噪声。通过大量的哈希计算和少数的合法结果来限制合法提案的个数,进一步提高网络中共识的稳定性。

3.2.4 挖矿过程

基本原理

比特币中最独特的一个概念就是 "挖矿"。挖矿是指网络中的维护节点,通过协助生成和确认新区块来获取一定量新增比特币的过程。当用户向比特币网络中发布交易后,需要有人对交易进行记录和确认,形成新的区块,并串联到区块链中。在一个相互不信任的分布式系统中,比特币网络采用了 "挖矿" 的方式来完成这件事情。

目前,比特币网络中每 10 分钟左右生成一个不超过 1MB 大小的区块,用来记录这 10 分钟内发生的验证过的交易内容,并串联到最长的链尾部,每个区块的成功提交者可以得到系统 12.5 个比特币的奖励以及用户附加到交易上的支付服务费用,其中系统奖励作为区块内的第一个交易,达到一定区块数后才能使用。即便没有任何用户交易,矿工也可以自行产生合法的区块并获得奖励。每个区块的奖励最初是 50 个比特币,每隔 21 万个区块,即四年时间自动减半,最终比特币总量稳定在 2100 万个。因此,比特币是一种通缩的货币。

挖矿过程

挖矿的具体过程为: 参与者综合上一个区块的哈希值、上一个区块生成之后的新的验证过的交易内容,再加上自己猜测的一个随机数 X,一起打包到一个候选新区块,让新区块的哈希值小于比特币网络中给定的一个数。这是一道面向全体矿工的"计算题",这个数越小,计算出来就越难。

系统每隔两周(即经过 2016 个区块)会根据上一周期的挖矿时间,通过调整限制数的大小来调整挖矿难度,使生成区块的时间稳定在 10 分钟左右。为了避免震荡,每次调整的最大幅度为 4 倍。历史上最快的出块时间小于 10 秒,最慢的出块时间超过 1 个小时。

为了挖到矿,参与处理区块的客户端往往需要付出大量的时间和算力。算力一般以每秒进行多少次哈希计算为单位,记为 h/s。目前,比特币网络算力峰值已经达到了每秒数百亿亿次。

汇丰银行分析师 Anton Tonev 和 Davy Jose 在 2016 年一份客户报告中曾表示,比特币区块链(通过挖矿)提供了一个局部的、迄今为止最优的解决方案:如何在分散的系统中验证信任。这就意味着,区块链本质上解决了传统依赖于第三方的问题,因为这个协议不只满足了中心化机构追踪交易的需求,还使得陌生人之间产生信任。区块链的技术和安全的过程使得陌生人之间在没有被信任的第三方时产生信任。

如何看待挖矿

2010 年以前,挖矿还是一个非常热门的营利行业。但是随着相关技术和设备的发展,现在个人挖矿的收益已经降得很低。从概率上说,由于当前参与挖矿的算力实在过于庞大,已经超出了大部分的超算中心,一般的算力已经不可能挖到比特币。特别是利用虚拟机来挖矿的想法,已经基本不可能了。

从 2009 年的普通 CPU、到 2010 年的 GPU 和 2011 年末的 FPGA、到后来 2013 年初的 ASIC 矿机、再到现在众多矿机联合组成矿池,如 F2Pool、BitFury 等。短短数年间,受益于高回报率,比特币矿机的技术走完了集成电路需要几十年的进化道路,甚至还颇有创新之处。目前,矿机主要集中在少数矿池手中,全网的算力已超过每秒 10^{20} 次哈希计算。如果简单认为一次哈希计算等同于一次浮点计算,那么比特币全网算力将等同于 500 台目前最快的 Summit 超级计算机。

很自然地,读者可能会想到,如果有人掌握了强大的算力,计算出所有的新区块,并且拒不承认他人的交易内容,那么是不是就能破坏掉比特币网络。

确实如此,如果个体达到 1/3 的算力,比特币网络就存在被破坏的风险;达到 1/2 的算力,从概率上就掌控了整个网络。但是要实现这么大的算力首先需要雄厚的经济支撑。以目前的技术手段,除了尽量避免算力的过度集中,还没有有效的方法来避免此类情况的发生,这是目前 PoW 机制自身造成的。

也有人认为,为了生成共识区块,大部分算力都浪费了,特别是最终未能算出区块的算力。有人提出用 PoS 和 DPoS 等协议,利用权益证明 (例如持有货币的币龄) 作为衡量指标进行投票,相对 PoW 可以节约大量的能耗。但是 PoS 可能会带来囤积货币的问题。除此之外,还有活跃度证明 (proof of activity, PoA)、消耗证明 (proof of burn, PoB)、能力证明 (proof of capacity, PoC)、消逝时间证明 (proof of elapsed time, PoET)、股权速率证明 (proof of stake velocity, PoSV) 等,都采用了不同的衡量指标。

当然没有一种机制能够解决所有问题。一种可能的优化思路是引入随机代理人制度,通过算法在某段时间内确保只让部分节点参加共识的提案,并且要发放一部分 "奖励" 给所有在线贡献的节点。

3.2.5 共识机制

共识,简而言之就是系统中所有正确节点都同意某个决定,达成共识。我们都知道比特币系统实际上是一个去中心化的分布式账本,那么账本就要保证一致性,也就是要保证每一笔交易在所有记账节点上的一致性,让全网都达成共识。

比特币系统就是在全网中维护一个长度随时间的增加而增加的区块链,每个区块需要得到全网节点的共识才能添加到区块链中,所以共识机制的根本问题是某个节点如何得到全网的同意 (共识),将一个区块添加到区块链中。

共识机制主要用来解决谁来构造区块,以及如何维护全网数据一致性的问题。最常见的共识机制为 PoW 机制,用工作结果来证明记账权归属,每个区块都有对应的哈希值,通过计算哈希值来决定记账权归属。哈希值的计算是一个概率事件,因此取得记账权的方法就是加强算力,使得自己有更大可能性计算出正确的哈希值。

比特币采用的就是 SHA256 算法，共识机制比较高，容错性好，但达成共识要全网参与计算，效率较低，资源消耗也大。我们在 2.7.4 节中介绍过各个算法，这里不再赘述。

3.2.6 闪电网络

比特币的交易网络最为人诟病的一点便是交易性能：全网每秒 7 笔左右的交易速度，远低于传统的金融交易系统；同时，等待 6 个块的可信确认会花费约 1 个小时的时间。比特币的区块链机制自身已经提供了很好的可信保障，但是相对较慢；从另一方面考虑，对于大量的小额交易来说，是否真需要这么高的可信性？为了提升性能，社区提出了闪电网络等创新的设计。

闪电网络的主要思路十分简单——将大量交易放到比特币区块链之外进行，只把关键环节放到链上进行确认。该设计最早于 2015 年 2 月在论文 *The Bitcoin Lightning Network: Scalable Off-Chain Instant Payments* 中提出。闪电网络主要通过引入智能合约的思想来完善链下的交易渠道。核心的概念主要有两个：RSMC (Recoverable Sequence Maturity Contract) 和 HTLC (Hashed Timelock Contract)。前者解决了链下交易的确认问题，后者解决了支付通道的问题。

RSMC

Recoverable Sequence Maturity Contract，即 "可撤销的顺序成熟度合同"。这个词很绕，其实主要原理很简单，类似资金池机制。

首先假定交易双方之间存在一个 "微支付通道" (资金池)。交易双方先预存一部分资金到 "微支付通道" 里，初始情况下双方的分配方案等于预存的金额。每次发生交易，需要双方共同对交易后产生资金分配结果进行确认，同时签字将旧版本的分配方案作废。任何一方需要提现时，可以将他手里双方签署过的交易结果写到区块链网络中，从而被确认。从这个过程中可以看到，只有在提现时候才需要通过区块链。

任何一个版本的方案都需要经过双方的签名认证才合法。任何一方在任何时候都可以提出提现，提现时需要提供一个双方都签名过的资金分配方案，意味着肯定是某次交易后的结果，但未必是最新的结果。在一定时间内，如果另外一方拿出证明表明这个方案并非最新的交易结果，则资金罚没给质疑方；否则按照提出方的结果进行分配。罚没机制可以避免用户通过旧交易结果来提现的情况发生。另外，即使双方都确认了某次提现，先提出提现一方的资金到账时间要晚于对方，这就鼓励大家尽量都在链外完成交易。通过 RSMC，可以使大量中间交易在链外完成。

HTLC

微支付通道是通过 Hashed Timelock Contract 来实现的，即"哈希的带时钟的合约"，意为限时转账。理解起来也很简单，通过智能合约，双方约定转账方先冻结一笔钱，并提供一个哈希值，如果在一定时间内有人能提出一个字符串，使得它哈希后的值跟已知值匹配，意味着转账方授权了接收方来提现，则这笔钱转给接收方。举一个不太恰当的例子，约定一定时间内，有人知道了某个暗语，可以生成匹配的哈希值，就可以拿到这个指定的资金。

推广一步，HTLC 机制可以扩展到多个人的场景。甲想转账给丙，丙先发给甲一个哈希值。甲可以先跟乙签订一个合同，如果乙在一定时间内能告诉甲一个暗语，甲就给乙多少钱。乙于是和丙签订一个合同，如果丙告诉乙那个暗语，乙就给丙多少钱。丙于是告诉乙暗语，拿到乙的钱，乙又从甲拿到钱。最终达到甲转账给丙的目的。这样甲和丙之间似乎构成了一条完整的虚拟的"支付通道"。

闪电网络

RSMC 保障了两个人之间的直接交易可以在链外完成，HTLC 保障了任意两个人之间的转账都可以通过一条"支付通道"来完成。闪电网络整合这两种机制，就可以实现任意两个人之间的交易都在链外完成了。在整个交易中，智能合约起到了中介的重要作用，而区块链网络则确保最终的交易结果被确认。

3.2.7 侧链

侧链 (sidechain) 协议允许资产在比特币区块链和其他区块链之间互转。这一项目也来自比特币社区，最早是在 2013 年 12 月提出，于 2014 年 4 月

3.2 工作原理

立项,由比特币核心开发者 Adam Back、Matt Corallo 等共同发起成立的 Blockstream 公司主导研发。侧链协议于 2014 年 10 月在白皮书 *Enabling Blockchain Innovations with Pegged Sidechains* 中公开。侧链诞生前,众多"山寨币"的出现正在碎片化整个数字货币市场,再加上以太坊等项目的竞争,一些比特币开发者希望能借助侧链的形式扩展比特币的底层协议。

简单来讲,以比特币区块链作为主链 (parent chain),其他区块链作为侧链,二者通过双向挂钩 (two-way peg) 可实现比特币从主链转移到侧链的流通。

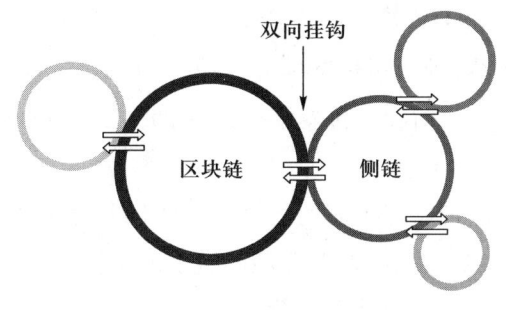

图 3.3 侧链

侧链可以是一个独立的区块链,有自己按需定制的账本、共识机制、交易类型、脚本和合约的支持等。侧链不能发行比特币,但可以通过与比特币区块链挂钩来引入和流通一定数量的比特币。当比特币在侧链流通时,主链上对应的比特币会被锁定,直到比特币从侧链回到主链。可以看到,侧链机制可将一些定制化或高频的交易放到比特币主链之外进行,实现了比特币区块链的扩展。

侧链的核心原理在于能够冻结一条链上的资产,然后在另一条链上产生,可以通过多种方式来实现。这里将讲解 Blockstream 提出的基于简单支付验证 (simplified payment verification, SPV) 证明的方法。

SPV 证明

在比特币系统中验证交易时,涉及交易合法性检查、双重花费检查、脚本检查等。由于验证过程需要完整的 UTXO 记录,通常要由运行着完整功能节点的矿工来完成。而很多时候,用户只关心与自己相关的那些交易,比如当用户收到其他人发来的比特币时,只希望能够知道交易是否合法,是否已在区块链中存在了足够的时间、获得了足够的确认,而不需要自己成为完整节点做出完整验证。

中本聪设计的简单支付验证 (SPV) 可以实现这一点。SPV 能够以较小的代价判断某个支付交易是否已经被验证过 (存在于区块链中),以及得到了多少算力保护。SPV 客户端只需要下载所有区块的区块头 (block header),并进行简单的定位和计算工作就可以给出验证结论。

侧链协议中,用 SPV 来证明一个交易确实已经在区块链中发生过,称为 SPV 证明。一个 SPV 证明包括两部分内容: 一组区块头的列表,表示工作量证明; 一个特定输出 (output) 确实存在于某个区块中的密码学证明。

双向挂钩

侧链协议的设计难点在于如何让资产在主链和侧链之间安全流转。简而言之, 接受资产的链必须确保发送资产的链上的币被可靠锁定。具体来说, 协议采用双向挂钩机制实现比特币向侧链的转移和返回。主链和侧链需要对对方的特定交易做 SPV 验证。完整过程如下:

- 当用户要向侧链转移比特币时,首先在主链创建交易,待转移的比特币被发往一个特殊的输出。这些比特币在主链上被锁定。
- 等待一段确认期,使得上述交易获得足够的工作量确认。
- 用户在侧链创建交易提取比特币,需要在这笔交易的输入指明上述主链被锁定的输出,并提供足够的 SPV 证明。
- 等待一段竞争期,防止双重花费攻击。
- 比特币在侧链上自由流通。
- 当用户想让比特币返回主链时,采取类似的反向操作。首先在侧链创建交易,待返回的比特币被发往一个特殊的输出。先等待一段确认期后,在主链用足够的对侧链输出的 SPV 证明来解锁最早被锁定的输出。竞争期过后,主链比特币恢复流通。

3.3 热点问题

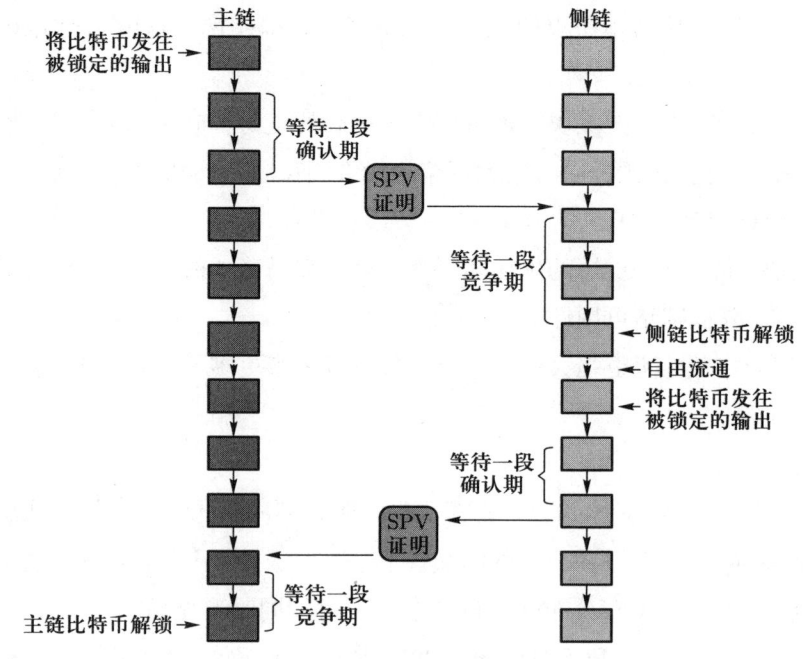

图 3.4 双向挂钩过程

最新进展

侧链技术最早由 Blockstream 公司进行探索，于 2015 年 10 月联合合作伙伴发布了基于侧链的商业化应用 Liquid。

基于一年多的探索，Blockstream 于 2017 年 1 月发表文章 *Strong Federations: An Interoperable Blockchain Solution to Centralized Third Party Risks*，被称为对侧链早期白皮书的补充和改良。白皮书中着重描述了联合挂钩 (federated pegs) 的相关概念和应用。

此外，还有一些其他公司或组织也在探索如何合理地应用侧链技术，包括 ConsenSys、Rootstock、Lisk 等。

3.3 热点问题

设计中的权衡

比特币的设计目标在于支持一套安全、开放、分布式的数字货币系统。

围绕这一目标,比特币协议的设计中在很多地方都体现了权衡 (trade-off) 的思想。

区块容量: 更大的区块容量可以带来更高的交易吞吐率,但会增加挖矿成本,带来中心化的风险,同时增大存储的代价。兼顾多方面的考虑,当前的区块容量上限设定为 1MB。

出块间隔时间: 更短的出块间隔可以缩短交易确认的时间,但也可能导致分叉增多,降低网络可用性。

脚本支持程度: 更强大的脚本指令集可以带来更多灵活性,但也会引入更多安全风险。

分叉

比特币协议会根据实际交易情况进行改变。当需要修复漏洞、扩展功能或调整结构时,比特币需要在全网的配合下进行升级。升级通常涉及更改交易或区块的数据结构。由于分布在全球的节点不可能同时遵循新的协议完成升级,因此比特币区块链在升级时可能发生分叉 (fork)。网络中升级的节点称为新节点,未升级的节点称为旧节点,根据新旧节点相互兼容性上的区别,可分为软分叉 (soft fork) 和硬分叉 (hard fork)。

如果旧节点仍然能够验证接受新节点产生的交易和区块,则称为软分叉。旧节点可能不理解新节点产生的一部分数据,但不会拒绝。网络既向后也向前兼容,因此这类升级可以平稳进行。

如果旧节点不接受新节点产生的交易和区块,则称为硬分叉。网络只向后兼容,不向前兼容。这类升级往往引起一段时间内新旧节点所认可的区块不同,分出两条链,直到旧节点升级完成。

尽管通过硬分叉升级区块链协议的难度大于软分叉,但软分叉能做的事情毕竟有限,一些大胆的改动只能通过硬分叉完成。

交易延展性

交易延展性 (transaction malleablility) 是比特币的一个设计缺陷。简单来讲,是指当交易发起者对交易签名 (sign) 之后,交易 ID 仍然可能被改变。

```
{
  "txid":
"f200c37aa171e9687452a2c78f2537f134c307087001745edacb58304053db20",
  "version": 1,
  "locktime": 0,
  "vin": [
  {
  "txid":
"21f10dbfb0ff49e2853629517fa176dc00d943f203aae3511288a7dd89280ac2",
  "vout": 0,
  "scriptSig": {
  "asm":
"304402204f7fb0b1e0d154db27dbdeeeb8db7b7d3b887a33e7128705
    03438d8be2d66a0102204782a2714215dc0d581e1d435b41bc6eced2c
    213c9ba0f993e7fcf468bb5d311[ALL]
    025840d511c4bc6690916270a54a6e9290fab687f512c18eb2df0428fa69a26299",
  "hex":
"47304402204f7fb0b1e0d154db27dbdeeeb8db7b7d3b887a33e
    712870503438d8be2d66a0102204782a2714215dc0d581e1d435b41
    bc6eced2c213c9ba0f993e7fcf468bb5d3110121025840d511c4bc
    6690916270a54a6e9290fab687f512c18eb2df0428fa69a26299"
}, "sequence": 4294967295
}
],
  "vout": [
  {
  "value": 0.00167995,
  "n": 0,
  "scriptPubKey": {
  "asm": "OP_DUP OP_HASH160
    7c4338dea7964947b3f0954f61ef40502fe8f791
    OP_EQUALVERIFY OP_CHECKSIG", "hex":
```

```
            "76a9147c4338dea7964947b3f0954f61ef40502fe8f79188ac",
            "reqSigs": 1,
            "type": "pubkeyhash",
            "addresses": [
                "1CL3KTtkN8KgHAeWMMWfG9CPL3o5FSMU4P"
            ]
        }
    }
    ]
}
```

发起者对交易的签名 (scriptSig) 位于交易的输入 (vin) 当中, 属于交易内容的一部分。交易 ID (txid) 是整个交易内容的哈希值。这就造成了一个问题: 攻击者 (尤其是签名方) 可以通过改变 scriptSig 来改变 txid, 而交易仍旧保持合法。例如, 反转 ECDSA 签名过程中的 S 值, 签名仍然合法, 交易仍然能够被传播。这种延展性攻击能改变交易 ID, 但交易的输入和输出不会被改变, 所以攻击者不会直接盗取比特币。这也是为什么这一问题能在比特币网络中存在如此之久, 而仍未被根治。

然而, 延展性攻击仍然会带来一些问题。比如, 在原始交易未被确认之前, 广播 ID 改变了的交易可能误导相关方判断交易状态, 甚至发动拒绝服务攻击; 多重签名场景下, 一个签名者有能力改变交易 ID, 给其他签名者的资产带来潜在风险。同时, 延展性问题也会阻碍闪电网络等比特币扩展方案的实施。

扩容之争

比特币当前将区块容量限制在 1MB 以下。如图 3.5 所示, 随着用户和交易量增加, 这一限制已逐渐不能满足比特币交易需求, 使得交易日益拥堵、交易手续费不断上涨。

关于比特币扩容的持续争论从 2015 年便已开始, 期间有一系列方案被提出, 包括各种链上扩容提议、用侧链或闪电网络扩展比特币等。考虑到比特币复杂的社区环境, 其扩容方案早已不是一方能说了算的; 而任何一个方案想要达成广泛共识都比较困难, 不同的方案之间也很难调和。

3.3 热点问题

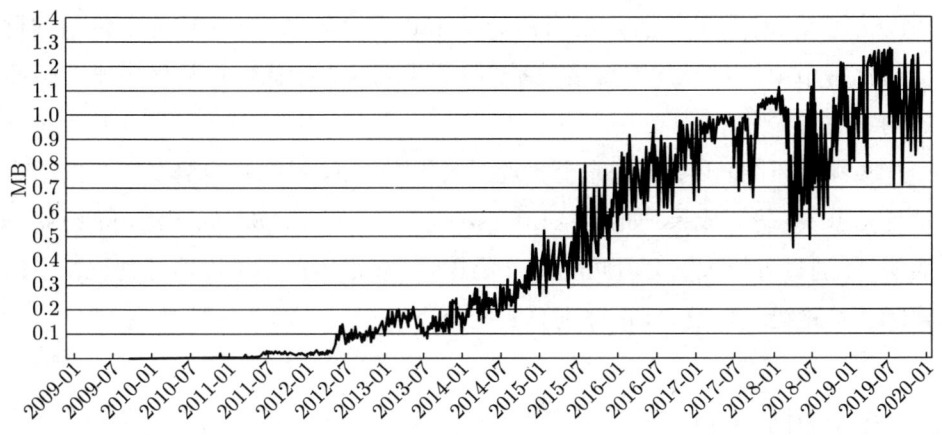

图 3.5 日益增加的区块容量

当前,扩容之争主要集中为两派的方案:代表核心开发者的 Bitcoin Core 团队主推的隔离见证方案和 Bitcoin Unlimited 团队推出的方案。

(1) 隔离见证方案

隔离见证 (segregated witness, 简称 SegWit) 是指将交易中的签名部分从交易的输入中隔离出来, 放到交易末尾的被称为见证 (witness) 的字段当中。对交易 ID 的计算将不再包含这一签名部分,所以这也是延展性问题的一种解决方法,给引入闪电网络等第二层协议增强了安全性。同时,隔离见证会将区块容量上限理论上提高到 4MB。对隔离见证的描述可详见五个比特币改进协议 (Bitcoin Improvement Proposal): BIP 141 — BIP 145。

(2) Bitcoin Unlimited 方案

Bitcoin Unlimited 方案 (简称 BU) 是指扩展比特币客户端, 使矿工可以自由配置他们想要生成和验证的区块的容量。根据方案的设想,区块容量的上限会根据众多节点和矿工的配置进行自然收敛。Bitcoin Unlimited Improvement Proposal (BUIP) 001 中表述了这一对比特币客户端的拓展提议, 该方案已获得一些大型矿池的支持和部署。

比特币的监管和追踪

比特币的匿名特性使得对其交易进行监管并不容易。不少不法分子利用这一点,通过比特币转移资金。例如, WannaCry 网络病毒向受害者勒索比特币，短短三天时间里传播并影响到全球 150 多个国家。尽管这些不恰当的行为与比特币项目自身并无直接关系，但都或多或少给比特币社区带来了负面影响。

实际上，比特币不可能完全实现匿名化。虽然交易账户自身是匿名的哈希地址，但一些研究成果，如 *An Analysis of Anonymity in the Bitcoin System* 表明[2]，通过分析大量公开可得的交易记录，有很大概率可以追踪到比特币的实际转移路线，甚至可以追踪到真实用户。

3.4 相关工具

比特币相关工具包括客户端、钱包和矿机等。

客户端

比特币客户端用于和比特币网络进行交互，同时可以参与网络维护。客户端分为三种：完整客户端、轻量级客户端和在线客户端。完整客户端存储所有的交易历史记录，功能完备；轻量级客户端不保存交易副本，需要向别人查询交易；在线客户端通过网页模式来浏览第三方服务器提供的服务。基于比特币客户端，可以很容易实现用户钱包功能。

钱包

比特币钱包存储和保护用户的私钥，并具有查询比特币余额、收发比特币等功能。根据私钥存储方式不同，钱包主要分为以下几种：

离线钱包：离线存储私钥，也称为"冷钱包"。安全性相对最强，但无法直接发送交易，便利性差。

本地钱包：用本地设备存储私钥。可直接向比特币网络发送交易，易用性强，但本地设备存在被攻击风险。

在线钱包：用钱包服务器存储经用户口令加密过的私钥。易用性强，但钱包服务器同样可能被攻击。

---

[2] 见 Reid F, Harrigan M. An Analysis of Anonymity in the Bitcoin System. In: Security and Privacy in Social Networks. Springer, New York, NY, 2013。

多重签名钱包: 由多方共同管理一个钱包地址, 比如 2 of 3 模式下, 集合三位管理者中的两位的私钥便可以发送交易。

矿机

比特币矿机是专门为"挖矿"设计的硬件设备, 目前主要包括基于 GPU 和 ASIC 芯片的专用矿机。这些矿机往往采用特殊的设计来加速挖矿过程中的计算处理。矿机最重要的属性是可提供的算力 (通常以每秒可进行哈希计算的次数来表示) 和所需要的功耗。当算力足够大, 可以在概率意义上挖到足够多的新区块来弥补电力费用时, 该矿机是可以营利的; 当单位电力产生的算力不足以支付电力费用时, 该矿机无法营利, 意味着只能被淘汰。目前, 比特币网络中的全网算力仍然在快速增长中, 矿工要综合考虑算力变化、比特币价格、功耗带来的电费等许多问题, 要算好"经济账"。

3.5 本章小结

本章介绍了比特币项目的相关知识, 包括起源、核心原理和设计、重要机制, 以及最新的闪电网络、侧链和扩容讨论等进展。

比特币自身作为数字货币领域的重大突破, 对分布式记账领域有着很深远的影响。尤其是其底层的区块链技术, 已经受到金融和信息行业的重视, 在许多场景下都得到应用。

通过本章的介绍, 可以看出, 比特币并不是全新出现的技术, 而是有机地组合了密码学、博弈论、记账技术、分布式系统和网络、控制论等领域的已有成果。比特币发明者能从如此广博的多个领域进行恰当的选取, 有效吸收前人的研究成果, 这是真正的大师境界。正是如此巧妙的组合, 让比特币项目产生了广泛且深远的影响。

3.6 思考题

1. 比特币是什么? 有什么特点和属性?

2. 比特币如何完成支付?
3. 如何缩减比特币交易时间?
4. 如何避免比特币现金遭到恶意延展性攻击?
5. 当所有比特币都被挖出后, 矿工如何获得报酬?

第 4 章 以太坊及其工作原理

除了前文介绍的比特币,另一个流行的区块链应用是以太坊。比特币通常被视为第一代区块链技术 (下称区块链 1.0),只提供支付服务[79]。而作为第二代区块链技术 (下称区块链 2.0) 的代表,以太坊克服了比特币的部分局限性,在几乎专注于加密货币的第一代区块链技术上进行拓展,面向更复杂、更灵活的应用场景,其图灵完备的编程语言使用户能够在区块链上开发智能合约 (smart contract),可被视为 "世界计算机"。

以太坊是由社区驱动的项目,其开发者构建了一个庞大的开发者社区,容纳不同于比特币的开发文化,是学习区块链的绝佳平台之一。在这一章中,我们将了解以太坊项目及其工作原理等基础知识,同时入门以太坊的使用,包括客户端的安装、相关工具的使用等。

图 4.1 以太坊区块链[1]

4.1 以太坊项目简介

以太坊是什么

以太坊 (Ethereum) 是一个开源的公共区块链平台,以账户为中心并支持智能合约功能,通过其固有的加密货币——以太币 (Ether, ETH) 提供去中

---

[1]图片来源: Ethereum 网站。

心化的以太虚拟机 (Ethereum virtual machine, EVM) 来处理点对点合约，允许任何人在平台中建立与使用通过区块链技术运行的去中心化应用，在人工智能、物联网和数字资产等领域中有着广泛应用。以太坊由称为"黄皮书"的正式规范定义，随着以太坊发生重大变化，黄皮书会定期更新。

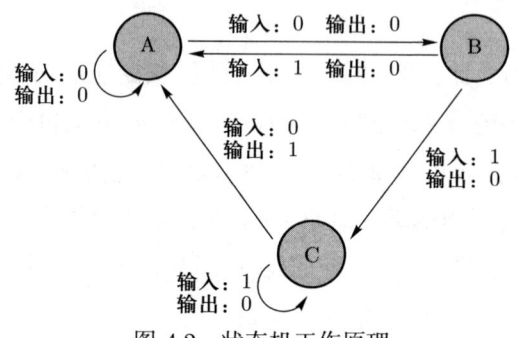

图 4.2　状态机工作原理

在进一步了解以太坊之前，我们先回顾一下"区块链"的概念。我们可以将区块链理解为一个由网络中的许多计算机更新和共享的公共数据库。"区块"指的是数据和状态按顺序批量打包并存储。在以太坊系统中，发送交易[2] 时需要将交易数据添加到一个区块中才算成功。"链"指的是每个区块加密引用其父块，这意味着区块被链接在一起。在不改变所有后续区块的情况下，区块内数据是无法改变的，而改变后续区块则需要整个网络的共识。"节点"指的是网络中的每台计算机。节点须就每个新区块和链达成一致，保证与区块链交互的人都有相同的数据。

在此基础上，以太坊本质是一个基于交易的状态机[3]。根据以太坊核心人员 Gavin Wood[80] 的描述，从计算机科学的角度来看，以太坊是一个确定性但实际上无界的状态机，由一个全局可访问的单例状态和一个将更改应用于该状态的虚拟机组成；从更实际的角度来看，以太坊是一个开源的、全球分散并可执行智能合约的计算基础设施，使用区块链来同步和存储系统的状态变化，并使用以太币来计量和限制执行资源成本。

以太坊及其社区拥抱开源，客户端有多个版本，目前支持 Java、Go、C++、

---

[2] 交易 (transaction)，下文有时也称为"事务"。

[3] 在计算机科学中，状态机是指可以读取一系列的输入，并将这些输入转换成一个新状态的东西。

Python 等多种语言。其中，最常见的是基于 Go 语言实现的客户端 geth 以及基于 Rust 语言实现的客户端 Parity。用户使用官方工具和以太坊专用应用开发语言 Solidity，能够构建出运行在以太坊虚拟机中的去中心化应用程序 (decentralized application, DApp)。同时，用户通过以太币来购买燃料 (gas) 以维持所部署应用的运行。

截至 2021 年 4 月，以太坊是最流行和使用最广泛的智能合约平台之一，并已成为 DApp 事实上的标准平台，交易吞吐量排名第一，日交易量高达 100 余万，节点数有 2300 余个，去中心化金融 (DeFi) 应用程序中锁定价值高达 1149 亿美元，为以太坊合约设计的 Solidity 是使用最广泛的区块链编程语言。此外，以太币是市值第二高的加密货币，仅次于比特币。

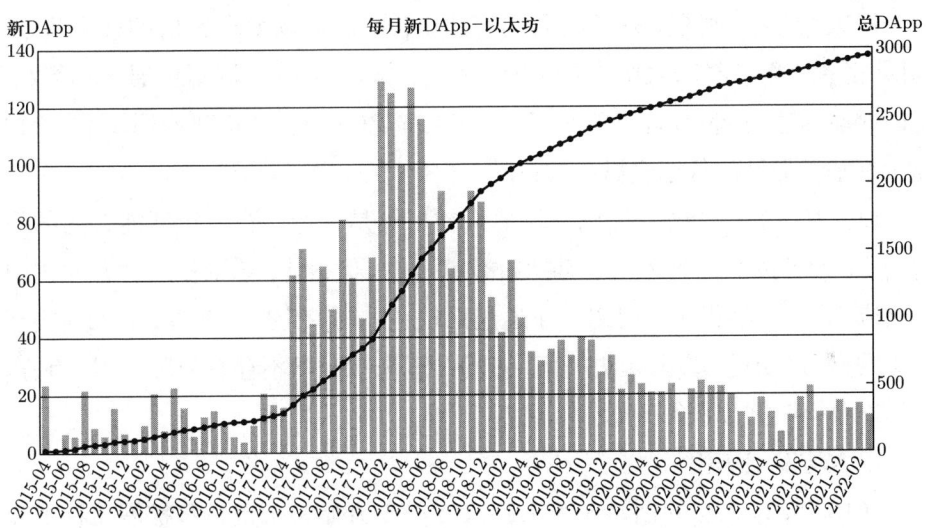

图 4.3 以太坊 DApp 趋势图

为什么提出以太坊

以太坊的概念首次于 2013 年由 Vitalik Buterin 提出。所有伟大的创新往往是为了解决实际问题，以太坊也不例外。也许是认识到比特币的力量，为了突破加密货币应用程序功能的局限性，支持除支付外功能更丰富的应用程序，在区块链发展的大背景下，以太坊背后的理念和想法开始萌发。以太坊的创始人试图考虑一个没有特定目的的通用区块链，通过编程来支持各种各样的应用程序。他们以新颖的方式将新发明与现有技术相结合,并提供原型代码向世界证明他们的想法。

以太坊的特征

以太坊以比特币带来的创新为基础,同时做出了很多改进。其中,与比特币网络最大的不同是,以太坊打破了比特币作为简单账本的局限性,引入智能合约从而实现了复杂的价值传递。具体地,与具有高限制性脚本语言的比特币不同,以太坊被设计为一个通用的可编程区块链,运行一个能够执行任意且无限复杂代码的虚拟机,具有图灵完备特性。这意味着以太坊并不仅仅支持支付,还是一个聚集各种金融服务、游戏等应用的自由平台。需要注意的是,这种灵活性也带来了一些安全和资源管理问题。

以太坊是一种图灵完备的通用区块链,这也是以太坊背后的核心理念,"图灵完备"意味着以太坊支持所有类型的计算,可以直接用作通用计算机,也因此被描述为"世界计算机";"通用"意味着以太坊尝试构建通用技术,即构建所有基于交易的状态机概念的技术。

以太坊支持智能合约。以太坊的最初目标是打造一个运行智能合约的平台,该平台可按照约定逻辑自动执行智能合约。但很快,愿景扩展为开发去中心化应用平台,使得用户可以基于通用区块链编写特定应用程序,而无须实现对等网络、区块链、共识算法等底层机制,理想情况下不存在故障停机、审查、欺诈以及第三方干预等问题。

以太坊发展历程

2013年,以太坊的创始人 Vitalik Buterin 开始考虑进一步扩展比特币和 Mastercoin[4] 的功能,并向 Mastercoin 团队提交提案[5]。虽然 Mastercoin 团队对这份提案印象深刻,但暂未采用。同年11月,Vitalik Buterin 发表了关于以太坊的介绍性文章,并称为"白皮书"。Vitalik Buterin 和 Gavin Wood 博士完善并发展了这个想法,共同构建了成为以太坊的协议层。

2014年4月,Gavin Wood 博士撰写关于以太坊协议的技术定义,并称为黄皮书。该黄皮书目前由 Nick Savers 维护,并得益于世界各地社员的贡献。同

---

[4] 一种扩展比特币以提供基本智能合约的覆盖协议。
[5] 提案为早期想法,与目前以太坊的想法有一定区别。

4.1 以太坊项目简介

年 7 月，以太坊项目公开募资以开发一个运行智能合约的信任平台，为期 42 天，共筹集到价值超过 1800 万美元的比特币。

2015 年 7 月，以太坊第一阶段 Frontier (Block#0) 正式发布，这也是以太坊的初始阶段。从 2015 年 7 月 30 日持续到 2016 年 3 月，Frontier 版本仅实现了计划的基本功能，能做的事情较少，仅包括支持上传智能合约等，主要面向技术用户，特别是开发者。随着第一个以太坊区块被挖出，世界计算机开始为世界服务。此后，以太坊的发展分为四个不同的阶段。需要注意的是，一个阶段可能包括子版本，称为"硬分叉"，以不向后兼容的方式更改功能。

2016 年 3 月，以太坊第二阶段 Homestead (Block #1150000) 发布，不仅改善安全性，同时提升易用性，提供了图形界面客户端。

2016 年 6 月，基于以太坊平台的 DAO 合约被黑客攻击，造成 3600000ETH 的损失，价值超过 5000 万美元。为了解决 DAO 攻击，一个硬分叉 DAO (Block #1192000) 被推出，将资金从有问题的合约转移到一个新的合约，并仅支持提款功能。由于一些矿工拒绝分叉，导致以太坊和以太坊经典 (Ethereum classic) 分裂成两个相互竞争的系统。

2017 年 10 月，以太坊第三阶段 Metropolis Byzantium (Block #4370000) 发布。Byzantium 是 Metropolis 的两个硬分叉中的第一个，区别包括将减少区块挖矿奖励、推迟"难度炸弹" (difficulty bomb) 等。在 Byzantium 之后，Metropolis 于 2019 年 2 月再进行一次硬分叉，即 Constantinople。后续按照计划将发布第四阶段 Serenity。

2020 年 12 月，以太坊信标链 (beacon chain) 发布，将权益证明引入以太坊生态系统，这是实现以太坊愿景的重要一步。

截至 2021 年 12 月，以太坊最新升级为 Arrow Glacier (Block #13773000)。

此外，作为一个新的但复杂的系统，支持 DApp 丰富的应用程序和语义使得以太坊不可避免地引入了一些安全漏洞。在以太坊的发展历程中，遭到过数次高调的漏洞攻击，其中包括 2016 年的 DAO 攻击，攻击者利用重入漏洞窃取了约 6000 万美元；2017 年 7 月，Parity 钱包合约中的一个漏洞造成了 3100 万美元的损失；2018 年 4 月，MyEtherWallet 钱包被 BGP 和 DNS 劫持攻击，窃取金额约 1700 万美元。

4.2 工作原理

以太坊是一个去中心化的可编码区块链平台,包括与应用程序交互的 Web 用户界面、用于存储区块链数据的数据库、用于支持共识协议的加密机制以及网络层的 Internet 服务。该环境服务于以太坊架构的四层,如图 4.4 所示。在应用层,以太坊客户端在以太坊虚拟机 (EVM) 中执行智能合约,其中智能合约与以太坊账户相关联。数据层包含交易、区块等区块链数据结构。共识层确保区块链的一致状态。网络层管理节点或客户端的以太坊对等网络 (P2P),以便节点始终可以从某些活动节点获取区块链的更新状态。需要注意的是,以太坊计划用权益证明 (PoS) 取代目前使用的工作量证明 (PoW)。

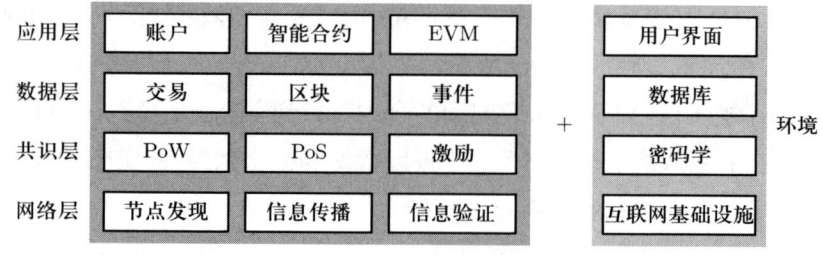

图 4.4 以太坊区块链架构[6]

在本节中,我们将进一步了解以太坊的核心概念、相关机制及核心设计。

4.2.1 核心概念

以太坊与其他开放区块链 (例如比特币) 共享许多通用概念和机制,包括连接参与者的对等网络 (P2P)、共识算法、数字货币 (以太币) 和全局账本 (区块链) 等。同时,以太坊也提出了许多创新的技术概念,包括智能合约和账户等。接下来,我们将了解以太坊的一些核心概念。

智能合约

智能合约[81] 是以太坊中最重要的概念之一,是指在以太坊计算基础设施上执行的计算机程序,即位于以太坊区块链上一个特定地址的一系列代码 (函

---

[6]图片来源: A Survey on Ethereum Systems Security: Vulnerabilities, Attacks, and Defenses。

4.2 工作原理

数) 和数据 (状态)。虽然智能合约本质上只是计算机程序,"合约" 一词没有法律意义,但一旦部署就无法修改,因此可以理解为一种数字化合约,满足一定条件后程序自动执行,是实现不同上层应用程序的基础。

总的来说,智能合约是自动执行的代码行,买方和卖方之间的协议条款通过计算机网络自动验证和执行。部署在区块链上的智能合约使交易可追踪、透明和不可逆。

账户

不同于比特币采用 UTXO 模型记录整个系统的状态,以太坊直接用账户来记录系统状态,采用类似于传统银行系统的账户管理模式。以太坊支持两种类型的账户: 外部拥有账户 (externally owned accounts, EOA) 和合约账户 (contracts accounts)。这两种账户类型都由一个 20 字节的地址唯一标识,即它们在以太坊网络中的身份。

EOA 由公钥/私钥对控制,与公钥相关联并由公钥寻址,通过显示相应私钥的所有权来验证对 EOA 的访问,主要用于管理以太币并通过发送交易与合约交互。而合约账户由无密钥的代码控制,与一段可执行字节码 (即智能合约) 相关联,主要用于实现多样化的功能需求和记录合约状态变化,例如执行交易和余额修改等。EOA 和合约账户均由四个字段组成,包括 nonce、balance、storageRoot 和 codeHash。

(1) nonce (账户随机数),即特定地址的交易数量或账户创建的合约数量,用作保证每笔交易只能处理一次。

(2) balance (余额),即该地址拥有的 Wei (即 10^{-18} ETH) 数量。

(3) storageRoot (存储根),即账户存储数据结构的树的根的哈希值,具体代表账户内容的 Merkle Patricia 树的根节点的 256 位哈希值,记录了与相应字节码相关联的合约状态变量。Merkle Patricia 树 (尝试) 用于存储以太坊生态系统中的所有 (键、值) 绑定。

(4) codeHash (合约代码哈希),即账户的以太坊虚拟机 (EVM) 代码的 Keccak-256 哈希值,如果地址收到消息调用则执行,不适用于 EOA。

当合约账户被调用时,存储在其中的智能合约会在矿工的虚拟机中自动执行,并消耗一定的燃料,燃料通过外部账户中的以太币进行购买。

以太坊虚拟机

以太坊虚拟机是执行字节码的基于堆栈的虚拟机,也是以太坊协议和操作的核心。在以太坊中,执行模型指定如何在给定一系列字节码指令和一小部分环境数据的情况下更改系统状态,图 4.5 为以太坊虚拟机 (EVM) 架构和执行内容。

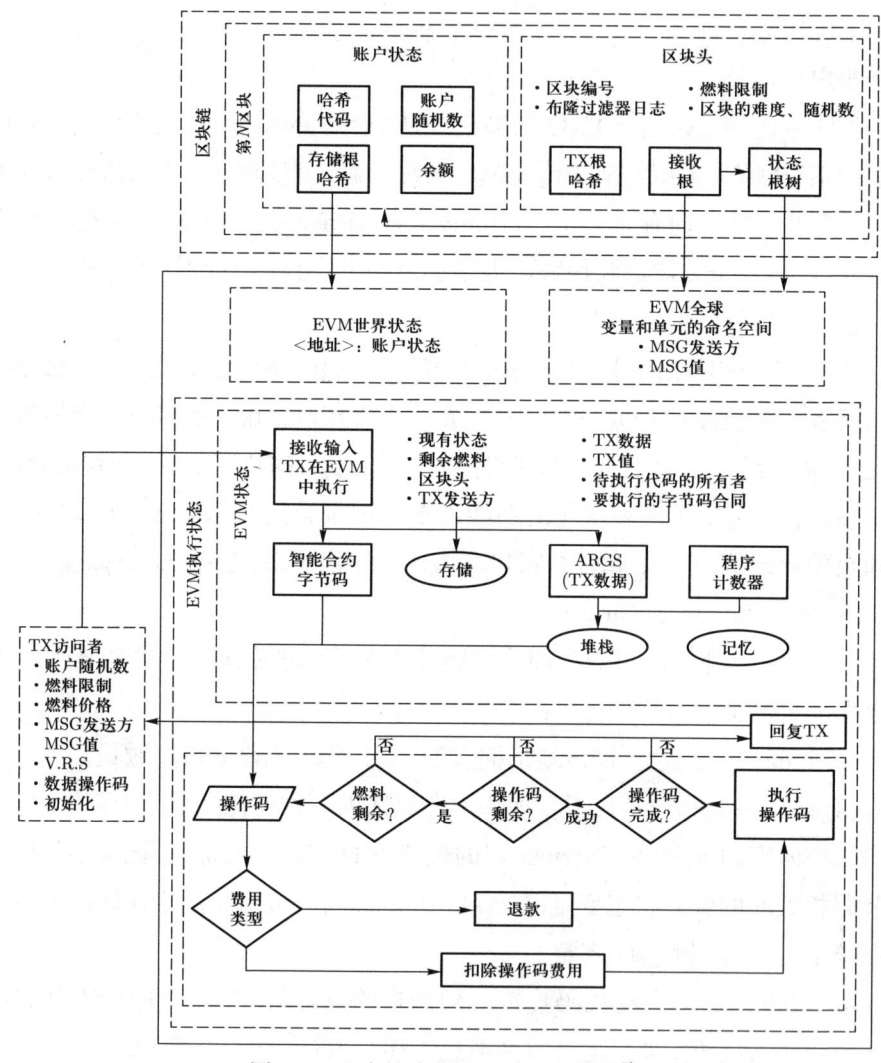

图 4.5 以太坊虚拟机 (EVM) 架构[7]

---

[7] 图片来源: Mastering Ethereum: Building Smart Contracts and Dapps。

为了促进本机散列和椭圆曲线操作，以太坊虚拟机将所有内存中的值存储在堆栈上并使用 256 位字长。几乎一切交易都由 EVM 计算并更新状态。基于区块链的视角，运行在以太坊区块链上的 EVM 可以被认为是一个全球分散的计算机，包含数百万个可执行对象，每个对象都有自己的永久数据存储。

去中心化应用 DApp

去中心化应用是在去中心化网络上构建的应用程序，通常有一个用户界面作为其前端，一些智能合约作为其后端。从更广义的角度，去中心化应用是一个建在开放、去中心化、点对点的基础设施服务上的网络应用。

去中心化应用的后端代码 (智能合约) 运行在一个去中心化的网络而非中心化的服务器上。它们使用以太坊区块链网络作为数据存储端，并且用智能合约实现 App 的业务逻辑。一旦去中心化应用部署到以太坊网络，将无法更改。去中心化应用可以被去中心化就是因为它们被合约中的逻辑所控制，而不是公司或者个人。截至 2022 年 4 月，在 2900 余个[8] DApp 以太坊上运行，包括金融、治理、交易所和钱包应用程序等多个领域。

交易

交易是 EOA (称为发送者) 和另一个 EOA 或合约账户 (称为接收者) 之间的交互，通过广播给每个矿工执行，并在达成共识后改变区块链存储状态。

每笔交易都将指定其账户随机数 (nonce)、每笔燃料的价格 (gasPrice)、该特定交易的最大燃料费支付 (gasLimit)、转移价值 (value)、接收者 (to)、输入数据 (data) 和签名 (signature)。其中，gas charging mechanism 在许多方面都起着关键作用，例如，对执行和存储交易的矿工的补偿和激励，防止拒绝服务 (DoS) 攻击的对策等。

与其他区块链类似，用户在发送交易时需要通过以太币缴纳一定的交易费用，由于矿工在处理 gasPrice 更高的交易时会获得更多奖励，因此如果发送者想要矿工处理他的交易，则必须仔细选择 gasPrice 值。

交易的执行会更新所涉及账户的状态，从而更新区块链。通常，首先验证交易的正确性 (签名有效且随机数与发送者账户中的随机数匹配)。若正确，则

---

[8]数据来源: stateofthedapps 网站。

计算交易费并将其从发送者的账户余额 (balance) 中减去,增加账户随机数 (nonce) 并将请求的以太币数量转移给接收者。若接收账户不存在,则创建接收账户;若交易内容为合约,则执行合约代码。需要注意的是,若发送者没有足够数量的以太币进行交易或代码执行花费了所有燃料,状态转换函数将恢复除支付给矿工的费用以外的所有状态变化。

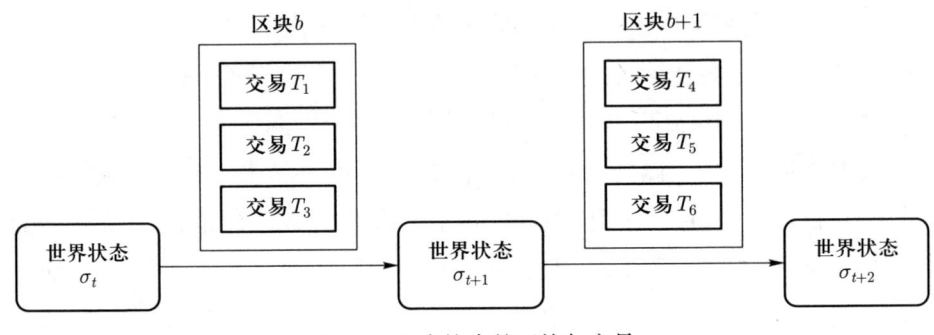

图 4.6　以太坊中的区块与交易

以太币

以太币是以太坊的原生加密货币,也是以太坊的生命血液。它不仅可在许多加密货币的外汇市场上进行交易,也是以太坊上用来支付交易手续费和计算服务费的媒介。

当执行智能合约时,用户需用以太币支付少量 gas 作为使用以太坊网络的代价,用来激励矿工。此外,与比特币类似,以太币同样可以通过挖矿来生成,也可以通过交易市场来直接购买。

需要注意的是,以太币并不是以太坊上唯一的加密货币。"代币" (tokens) 也是内置在以太坊区块链上的数字资产,任何人都可以创建新类型的资产并在以太坊交易它们。

燃料

燃料是以太坊中用于执行智能合约的虚拟燃料,是以太坊用来允许图灵完备计算同时限制任何程序可以消耗的资源的机制。

EVM 使用一种记账机制来衡量燃料的消耗并限制计算资源的消耗。在执行智能合约时,EVM 会仔细考虑每条指令 (计算和数据访问等),同时每条指

4.2 工作原理

令都有一个以 gas 为单位的预定成本。

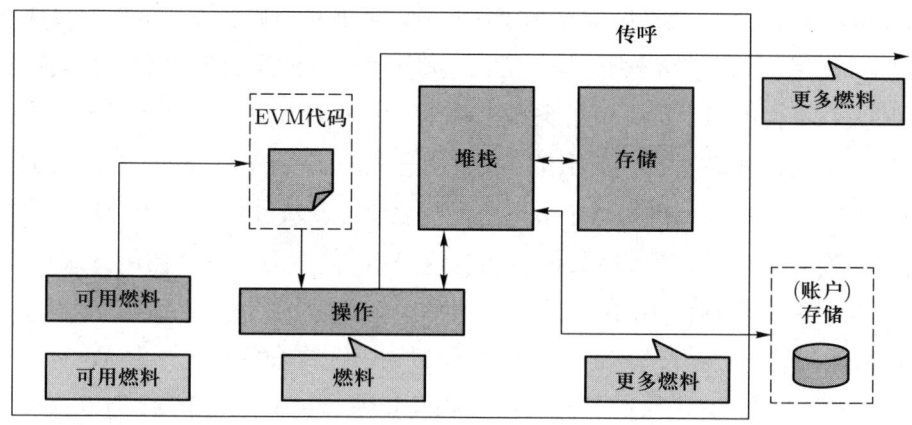

图 4.7 以太坊虚拟机 (EVM) 和燃料

本质上，燃料费用是用以太坊的货币以太币 (ETH) 支付的。燃料价格以 Gwei 标明，Gwei 本身就是以太币的一个单位——每个 Gwei 等于 10^{-9}ETH。"gwei"一词本身表示"giga-wei"，等于 10^9Wei。Wei 是以太币中最小的单位，以 B-money 的发明者戴伟 (Wei Dai) 命名。

4.2.2 核心设计

正如前文所说，以太坊是区块链 2.0 的代表。在以太坊出现之前，已经有一些其他数字货币项目陆续发展，但这些项目大多仅可以支持少数特定应用。由于对设计的改进和机制的创新，以太坊一定程度上突破了以往这些项目的局限性，实现了复杂的价值传递，不再仅专注于数字货币交易。

在本节中，我们将了解以太坊的一些核心设计机制，更全面地学习以太坊工作原理，包括智能合约机制、账户机制、Gas 计量机制、共识机制等。

智能合约机制

智能合约是以太坊与比特币最重要的区别之一，也是区块链 2.0 阶段的典型技术特征。Nick Szabo 等人于 20 世纪 90 年代提出过类似概念，并提出自执行、透明性、灵活性等特性，但由于技术问题而仅被作为一种理论设计。随着区块链技术的发展，智能合约得以实现并且应用到实践中。

智能合约的生命周期包括创建、部署、执行等核心环节。智能合约通常用 Solidity 等高级语言编写，但是为了运行，必须通过 EVM 编译器被编译成在 EVM 中运行的低级字节码。编译后，一般使用特殊的合约创建交易将其部署在以太坊平台上，以字节码的形式在 EVM 中调用和运行。部署在以太坊中的智能合约无法主动执行。需要由事务或消息调用 (message invocation) 触发，并由 EVM 在参与网络的每个节点上运行以验证新块。因此，智能合约要么被外部拥有账户调用，要么被其他智能合约调用，但它们的具体调用方式不同。在被其他智能合约调用的执行链中，第一个智能合约总是由 EOA 的事务调用。虽然智能合约在部署后无法修改，但以太坊允许合约自毁，可停止有缺陷的合约等。当合约自毁时，其地址中代码及其内部状态会被删除，但以这种方式删除合约不会删除合约的交易历史，因为区块链本身是不可变的。

账户机制

比特币作为最早出现的加密货币，采用了 UTXO 模型作为其底层存储的数据结构，即"未被使用的交易输出"。UTXO 类似于通过满足当前支出标准来转移的一堆"硬币"，可以拆分或组合以创建特定交易所需的面额，每次交易都消耗现有的 UTXO 并在其位置产生新的 UTXO。因此，严格地说，比特币这种模式没有账户或钱包的概念，这也导致其没有办法执行复杂的智能合约。

而以太坊则拥有类似于传统银行系统的账户管理模式。正如前文所说，以太坊直接用账户来记录系统状态且有外部拥有账户和合约账户两类账户，其中合约账户关联代码和数据存储，由以太坊虚拟机确定性地运行的不可变计算机程序即智能合约控制。这种基于账户余额模型的应用包含了一个包含所有账户余额的全局状态，在进行转账时，需要由节点对账户的余额进行验证，判断当前账户是否有足够的以太币进行转账。

Gas 计量机制

不同于比特币的交易费用仅考虑以千字节为单位的交易大小，以太坊的 Gas 计量机制则考虑得更加细致。交易和智能合约执行的每个步骤都会消耗固定数量的燃料。例如，添加两个数字需要 3 gas，发送一笔交易需要 21000 gas[80] [9]。

---

[9] 数据来源：以太坊黄皮书。

4.2 工作原理

可以将该制度形象地理解为,假设我们要完成一次公路旅行,则需至少以下步骤:去加油站并指定加油量;车里加满了汽油;以及付给加油站钱。其中,"公路旅行"相当于智能合约的总目标,"驾驶"则是其中的每一步,"汽油"可以理解为 gas,而"加油站"则是计算的矿工,需要支付矿工费用。

那么,为什么需要 Gas 计量机制呢? 以太坊 Gas 计量机制是以太坊生态系统的基础,以确保交易的安全、验证和正确处理。此外,燃料用于补偿在以太坊区块链上处理和验证交易所需的计算能量,用以激励矿工。同时,Gas 计量机制可以减轻以太币的波动性。以太币可公开交易,直接受到市场波动的影响,而燃料并未在任何交易所上市,避免市场波动的直接影响。

在交易过程中,矿工根据处理智能合约和其他交易所需的网络计算能力的供需情况来设定燃料价格。EVM 首先会为其提供与交易中燃料限制(gasLimit)指定的数量相等的燃料供应。由于执行的每个操作码都有燃料成本,EVM 的燃料供应量会随着 EVM 逐步执行程序而减少。在每次操作之前,EVM 会检查是否有足够的燃料来支付操作的执行费用。如果没有足够的燃料,执行将停止。如果 EVM 成功执行完程序并且没有用完燃料,则未使用的燃料成本作为交易费用支付给矿工。

共识机制

共识机制是一种容错机制。在去中心化的区块链上工作意味着没有中央机构来监督交易过程,然而必须要求网络上的所有计算机都同意交易的合法性,以确保没有人"双花"或防止某些类型的经济攻击,因此需要"共识机制"帮助支持[10]。

表 4.1 PoS 与 PoW 共识机制比较

共识机制	优势	劣势
PoW	实现简单,安全可靠	资源消耗量大,共识确认时间长,网络可扩展性较差
PoS	能耗大幅降低,网络确认时间短,链上流量负荷力强,可扩展性强	具有一定的垄断性挖矿,门槛较高

---

[10]数据来源:东吴证券研究所。

与比特币一样，以太坊目前[11]使用一种称为工作量证明 (PoW) 的共识机制。这种共识机制要求区块链网络上的所有计算机执行复杂的数学计算来解密安全交易，因此需要大量的计算能力来维持运营。而权益证明 (PoS) 则是以太坊在 "The Merge" 后将使用的共识机制。在 PoS 机制中，加密用户可以通过抵押虚拟货币成为区块链网络中合法的验证者。作为回报，当向区块链添加新区块时，验证者将依照持有的货币数量来计算奖励，持有的量越多获得的奖励也越高，可以理解为加密资产的 "质押"。这种机制不需要强大的处理能力，能耗低，交易速度更快。以太坊联合创始人 Vitalik Buterin 认为，在相同成本条件下，PoS 提供了更好的安全性，遭受攻击后更容易恢复，更去中心化，这也是从 PoW 转向 PoS 的原因。

4.3 以太坊平台使用入门

在本节中，我们将继续探索以太坊，了解如何进行以太坊开发，从安装客户端到构建简单的智能合约。首先，我们了解一些与以太坊相关的基础工具。

4.3.1 工具

以太坊客户端

在以太坊平台中，以太坊客户端是一种符合以太坊规范的软件应用程序，通过对等网络与其他以太坊客户端进行通信。以太坊客户端除了挖矿，还可以进行交易验证、账户管理和智能合约编写等操作。以太坊客户端的版本有很多，也支持大部分主流编程语言。虽然不同的客户端由不同的团队使用不同的编程语言实现，但只要使用标准的 JSON-RPC 协议即可进行标准化通信，操作同一个以太坊网络并与之交互。用户可根据自己熟悉的开发语言进行选择，以下为较主流的以太坊客户端及其编程语言：

Geth (Go-Ethereum)：Go 语言实现；

Parity：Rust 语言实现；

---

[11] 时间截至 2022 年 4 月。

4.3 以太坊平台使用入门

Cpp-ethereum：C++ 语言实现；

Harmony：Java 语言实现；

Mantis：Scala 语言实现；

Pyethereum：Python 语言实现。

其中，使用编程语言 Go 编写的客户端 Geth 由以太坊基金会开发，被认为是以太坊 "官方" 客户端，通常每个区块链都有自己的 Geth 版本。通过安装 Geth，用户可以建立一个以太坊全节点并连接进入以太坊网络，或者仅作为一个轻节点对其他客户端开放 JSON-RPC 接口。

后续将进一步介绍实践操作。需要注意的是，在以太坊开发中，运行在活跃网络（主网）上的完整节点不是必需的；为了更好地下载、编译和运行客户端，读者应熟悉在操作系统上使用命令行界面。

以太坊钱包

轻量级客户端仅提供完整客户端的一部分功能，无须存储所有信息，启动速度更快，所需的数据存储量更少，适用于只需进行账户管理、以太坊转账、DApp 使用等基本操作的用户。

轻量级客户端主要分为浏览器钱包 (browser wallets)、手机钱包 (mobile wallets) 等，具体可根据需求在以太坊网站搜索安装。

较为流行的浏览器钱包有 MetaMask、Jaxx、MyEtherWallet 等。其中，用户使用 Chrome、Brave 和 Firefox 浏览器安装 MetaMask 插件可以很容易建立一个以太坊钱包，并创建一个新的公私钥和地址。用户可以自行建立以太坊网络，通过 MetaMask 可以连接到不同的以太坊网络，包括以太坊主网、Ropsten 测试网络、Kovan 测试网络、Rinkeby 测试网络、本地测试网络或者任意一个实现 RPC 接口的 Geth 节点。

较为流行的手机钱包主要有 Jaxx, Status 和 Trust Wallet 等。此外，Mist 是第一款由以太坊官方创建的可视化、易于交互的钱包客户端，用户可以使用 Mac 安装 Mist 创建和发布智能合约，但目前已停止维护。

集成开发环境 (integrated development environment, IDE)

与其他软件开发类似，使用集成开发环境可以提高以太坊编程效率。目前以太坊社区已经提供很多 IDE 来编写以太坊智能合约和 DApp，例如 Remix、EthFiddle、Truffle 和 Embark 等。

Remix 和 EthFiddle 是基于网页的 IDE，开发人员可以使用 Remix 开发 Solidity 智能合约，并通过内置的虚拟机进行静态分析和调试。

Truffle 是一个高度集成各种功能的开发环境和测试框架，且支持多种操作系统。开发人员通过 Truffle 可以使用命令控制台直接和智能合约进行交互，并支持 NPM (node package manager，一个 JavaScript 的包管理工具)，从而快速进行脚本化和可拓展化部署。

Embark 和 Truffle 类似，是一个功能强大的 DApp 集成开发环境，并且支持 IPFS (interplanetary file system) 和 Swarm 去中心化存储。

当然，开发者也可使用 Visual Studio Code、Atom 等文本编辑器进行代码编写。

4.3.2 安装客户端

相关工具小节已对客户端相关理论进行简单介绍，下面我们将以 Geth 为例，了解如何安装、使用 Geth 客户端，以及探索它们的一些命令行选项和应用程序编程接口。Geth 支持多种操作系统，本节将以 Linux 发行版本 Ubuntu 16.04 为例，分别通过 PRA 仓库和源码编译两种方法来安装 Geth 客户端。

从 PRA 直接安装

首先使用 apt-get 命令安装软件 software-properties-common，安装后可以轻松管理各种软件提供者的软件源。

```
$ apt-get install software-properties-common
```

使用 add-apt-repository 命令添加 ethereum 的源。

```
$ add-apt-repository -y ppa:ethereum/ethereum
$ apt-get update
```

使用 apt-get 命令安装 ethereum。

4.3 以太坊平台使用入门

```
$ apt-get install ethereum
```

等待下载和安装完成后,使用 geth version 命令查看 Geth 的版本及其他信息,如果 Geth 安装成功则可以看到以下类似信息。

```
$ geth version
Geth
Version: 1.6.1-stable
Git Commit: 021c3c281629baf2eae967dc2f0a7532ddfdc1fb
Architecture: amd64
Protocol Versions: [63 62]
Network Id: 1
Go Version: go1.8.1
Operating System: linux
GOPATH=
GOROOT=/usr/lib/go-1.8
```

从源码安装

除了使用 apt-get 等相关命令从软件源获取并安装 Geth 外,还可以通过源码编译的方式进行安装。

安装 Go 语言环境

在下载和编译 Geth 前,需配置 Go 语言的编程环境。Go 语言支持 Linux、FreeBSD、Mac OS X 及 Windows 系统,可以访问 Golang 的网站下载二进制压缩包进行安装。

表 4.2　Go 语言环境安装包[12]

操作系统	包名
Windows	go1.4.windows-amd64.msi
Linux	go1.4.linux-amd64.tar.gz
Mac	go1.4.darwin-amd64-osx10.8.pkg
FreeBSD	go1.4.freebsd-amd64.tar.gz

---

[12]表格来源: runoob 网站。

对于 Linux 系统用户，可使用以下安装方法：

(1) 下载二进制包：go1.4.linux-amd64.tar.gz；

(2) 将下载的二进制包解压至 /usr/local 目录；

```
tar -C /usr/local -xzf go1.4.linux-amd64.tar.gz
```

(3) 编辑 /.bash_profile 或者 /etc/profile，将以下命令添加到该文件的末尾 (永久生效)：

```
export PATH=$PATH:/usr/local/go/bin
```

添加后需要执行：

```
source /etc/profile
```

对于 Windows 系统用户，默认情况下 .msi 文件会安装在 c:/Go 目录下，可以将 c:/Go/bin 目录添加到 Path 环境变量中。需要注意的是，添加后需要重启命令窗口才能生效。

下载和编译 Geth

Ubuntu 在默认情况下并不会提供 C/C++ 的编译环境，而编译 Go 语言的源码需要相关环境，因此需用使用以下命令安装相关编译环境。

```
$ apt-get install -y build-essential
```

使用以下 git 命令可以下载 github 上存储的 go-ethereum 最新社区版本的源码：

```
$ git clone https://github.com/ethereum/go-ethereum
```

下载完成后，使用 cd 命令进入下载的文件夹，并使用 make 命令进行编译并安装 Geth。

4.4 构建智能合约

```
$ cd go-ethereum
$ make geth
```

安装成功后，可以使用以下命令查看并验证 Geth 客户端是否安装正确。

```
$ build/bin/geth version
```

执行命令后显示以下类似版本信息则为成功[13]。

```
Geth
Version: 1.6.6-unstable
Git Commit: 58a1e13e6dd7f52a1d5e67bee47d23fd6cfdee5c
Architecture: amd64
Protocol Versions: [63 62]
Network Id: 1
Go Version: go1.8.3
Operating System: linux
[...]
```

4.4 构建智能合约

智能合约是以太坊的主要贡献之一，也是 DApp 的"后端"，截至 2022 年 4 月，7.2 千[14] 个智能合约在以太坊区块链上执行。如相关工具章节所介绍，以太坊社区提供了多种开发环境，开发者可以任意选择合适的工具开发智能合约。

在本节中，我们将了解如何使用 Geth 客户端并建立本地的以太坊测试网络，以及如何在测试网络上部署和调用一个简单的智能合约。

4.4.1 以太坊测试网络

测试网络，即一种用于模拟以太坊主网络行为的网络。以太坊主网上部署

---

[13] 见 Mastering Ethereum: Building Smart Contracts and DApps。
[14] 数据来源: stateofthedapps 网站。

智能合约需要耗费以太币，因此大多数开发者进行智能合约开发时，会先在测试网络上进行部署和测试，后续只需修改一些配置文件即可将智能合约部署到以太坊主网上。

在本小节中，我们将了解如何在本地搭建以太坊测试网络并生成创世区块。

配置初始状态

在创建以太坊测试链的时候，需要先编辑测试网络的配置文件，先创建 json 文件 genesis.json，如下所示。

```
{
 "config": {
 "chainId": 22,
 "homesteadBlock": 0,
 "eip155Block": 0,
 "eip158Block": 0
 },
 "alloc": {},
 "coinbase": "0x0000000000000000000000000000000000000000",
 "difficulty": "0x400",
 "extraData": "",
 "gasLimit": "0x2fefd8",
 "nonce": "0x0000000000000038",
 "mixhash":
 "0x0000000000000000000000000000000000000000000000000000000000000000",
 "parentHash":
 "0x0000000000000000000000000000000000000000000000000000000000000000",
 "timestamp": "0x00"
}
```

genesis.json 文件中配置了网络的基本参数，具体地，chainId 规定了该网络的 ID，只有配置相同 ID 的节点才能相互连接；difficulty 配置了当前挖矿的难度，难度越高产生新区块所需的时间越长；gasLimit 限制了一个区块所能打包的最大燃料 (gas) 数。需要注意的是，在以太坊中有两个地方会使用 nonce，

4.4 构建智能合约

在区块中的 nonce 是随机数,用来计算哈希值,而在交易中的 nonce 是连续的整数,其目的为防止 "双花" (double-spending)。

启动区块链

编辑完成初始配置文件后,使用以下命令指定数据存储目录、生成创世区块并初始化测试网络。

```
$ geth -datadir /path/to/datadir init /path/to/genesis.json
$ geth -identity "TestNode" -rpc -rpcport "8545" -datadir /path/to/datadir -port "30303" -nodiscover console
```

各参数指定内容如下:

–identity: 设置节点的 ID;

–rpc: 指令带有该选项则代表开启 HTTP-RPC;

–rpcport: 设置 HTTP-RPC 服务的监听端口,不指定时为 8545;

–datadir: 数据存储路径;

–port: 设置和该网络下其他节点通信的连接的端口,不指定时为 30303;

–nodiscover: 关闭节点发现机制,防止加入有同样初始配置的陌生节点。

创建账户

创建账户时,大多数库将生成一个随机的私钥。私钥由 64 个十六进制字符组成,可以用密码加密保存,例如

```
ffffffffffffffffffffffffffffffffebaaedce6af48a03bbfd25e8cd036415f
```

进入 Geth 客户端控制台后,可以使用 personal.newAccount 函数[15] 创建一个新的账号。

```
> personal.newAccount()
Passphrase:
Repeat passphrase:
"0x5e97870f263700f46aa00d967821199b9bc5a120"
```

---

[15]代码来源: Ethereum 网站。

```
> personal.newAccount("h4ck3r")
"0x3d80b31a78c30fc628f20b2c89d7ddbf6e53cedc"
```

根据提示输入两次密码 (命令行不会显示密码) 后, 生成新的账号。

设置 myAddress 为账号地址后, 使用 eth.getBalance 函数即可获取测试网络下该账号内以太币余额。

```
> myAddress = "0x1b6eaa5c016af9a3d7549c8679966311183f129e"
> eth.getBalance(myAddress)
0
```

当创建并设置好账户后, 可以使用 miner.start() 开始挖矿, 生成新的区块后, 该账号会得到一定以太币作为激励, 当需要停止挖矿时则可以使用 miner.stop() 命令。

4.4.2 创建和编译智能合约

智能合约支持多种开发编程语言, 其中最受欢迎和维护得最好的两种语言是 Solidity 和 Vyper。在本节中, 我们将了解 Solidity, 以及如何使用 Solidity 语言创建、编译智能合约等。

在正式开始之前, 我们先了解一下 Solidity。Solidity 是用于编写智能合约的语言, 由 Gavin Wood[16] 创建。目前, Solidity 作为 GitHub 上的一个独立项目进行开发和维护。Solidity 编译器 solc 将 Solidity 语言编写的程序转换为 EVM 字节码。此外, Solidity 可以包含一个 pragma 指令, 指定兼容的 Solidity 的最小和最大版本, 并用来编译合约。一般可以使用多种方法下载和安装 Solidity, 例如二进制版本或由源代码编译而成[17]。由于 Solidity 正在迅速发展, 通常最好安装最新版本。

---

[16] 由 Christian Reitiwessner、Alex Beregszaszi、Liana Husikyan、Yoichi Hirai 和几位前以太坊核心贡献者开发。

[17] 具体可见 the Solidity documentation。

4.4 构建智能合约

下载并安装

在这里，我们首先需要使用 apt 下载需要的编译器 solc。

```
$ sudo apt install solc
$ solc -version
```

编写一个简单的 Solidity 程序

以下为一个简单的智能合约，其作用是将输入的数乘以 7 并返回，将其文件名设为 testContract.sol。

```
pragma solidity 0.4.2;
// the name of contract is testContract
contract testContract {
 function multiply(uint a) returns(uint d) {
 d = a * 7;
 }
}
```

使用 solc 编译器编译

编写结束后，可以使用 Solidity 编译器直接编译合约，Solidity 编译器 solc 提供了多种选项，这里使用 solc 的 –bin 和 –optimize 方法，可以得到如下所示 EVM 二进制编码。

```
$ solc -optimize -bin testContract.sol
======= testContract.sol:testContract =======
Binary:
6060604052341561000c57fe5b5b60a58061001b6000396000f300606
06040526000357c010000000000000000000000000000000000000000
00000000000000000900463ffffffff168063c6888fa114603a575bfe5b
3415604157fe5b605560048080359060200190919050506006b565b60405
180828152602001915050604051809103905b60006007820290505b91
90505600a165627a7a72305820748467daab52f2f1a63180df2c4926f3431a
2aa82dcdfbcbde5e7d036742a94b0029
```

以太坊合约 ABI

编译结束后,需要生成以太坊合约 ABI[18]。这里使用 solc 命令并加上 –abi 选项,生成智能合约的接口文档,其中包括了合约调用方法、变量内容和方法定义等。

```
$ solc -abi testContract.sol
======= testContract.sol:testContract =======
Contract JSON ABI
[{"constant":false,"inputs":[{"name":"a","type":"uint256"}],"name":
  "multiply","outputs":[{"name":"d","type":"uint256"}],"payable":
  false,"type":"function"}]
```

再进入到 Geth 的控制台中,将之前生成的二进制编码和 ABI 文档分别记录到 code 和 abi 变量中,需要注意的是,在二进制编码前需要加上 0x 表示该编码现在为十六进制。

```
> code =
"0x6060604052341561000c57fe5b5b60a58061001b6000396000f3006
0606040526000357c0100000000000000000000000000000000000000
00000000000000000000900463ffffffff168063c6888fa114603a575b
fe5b3415604157fe5b6055600480803590602001909190505060b565b
6040518082815260200191505060405180910390f35b6000600782029
0505b9190505600a165627a7a72305820748467daab52f2f1a63180
df2c4926f3431a2aa82dcdfbcbde5e7d036742a94b0029"
> abi =
[{"constant":false,"inputs":[{"name":"a","type":"uint256"}],
  "name":"multiply","outputs":[{"name":"d","type":"uint256"}],
  "payable":false,"type":"function"}]
```

---

[18] 在计算机软件中,应用二进制接口 (application binary interface, ABI) 是两个程序模块之间的接口。在以太坊中,ABI 用于对 EVM 的合约调用进行编码并从交易中读取数据,可理解为接口说明。

4.4.3 部署智能合约

部署智能合约之前，需要在 Geth 的控制台中通过 personal.unlockAccount 函数解锁自己的用户。

```
> personal.unlockAccount(myAddress)
Unlock account 0x1b6eaa5c016af9a3d7549c8679966311183f129e
Passphrase:
True
```

解锁账户后，将 abi 传入 eth.contract 函数，并使用 new 函数创建新合约。

```
> myContract = eth.contract(abi)
> contract = myContract.new(from:myAddress,data:code,gas:1000000)
```

在新的区块生成之前，可通过 txpool.status 命令查看本地交易池中待确认的交易，也可用以下命令查看当前待确认的交易。

```
> eth.getBlock("pending",true).transactions
[{blockHash:
  "0xbf0619ca48d9e3cc27cd0ab0b433a49a2b1bed90ab57c0357071b033aca1f2cf",
 blockNumber: 17,
 from: "0x1b6eaa5c016af9a3d7549c8679966311183f129e",
 gas: 90000,
 gasPrice: 20000000000,
 hash: "0xa019c2e5367b3ad2bbfa427b046ab65c81ce2590672a512cc973
        b84610eee53e",
 input: "0x6060604052341561000c57fe5b5b60a58061001b600039600
         0f30060606040526000357c010000000000000000000000000
         0000000000000000000000000000900463ffffffff168063c6888fa1146
         03a575bfe5b3415604157fe5b60556004808035906020019091905050506
         06b565b60405180828152602001915050604051809103f35b600060
         07820290505b9190505600a165627a7a72305820748467daab52f2f1a
```

```
            63180df2c4926f3431a2aa82dcdfbcbde5e7d036742a94b0029",
    nonce: 1,
    r: "0xbcb2ba94f45dfb900a0533be3c2c603c2b358774e5fe89f3344031
        b202995a41",
    s: "0x5f55fb1f76aa11953e12746bc2d19fbea6aeb1b9f9f1c53a2eefab
        7058515d99",
    to: null,
    transactionIndex: 0,
    v: "0x4f",
    value: 0
}]
```

当新区块产生后,该笔交易则会被确认,即信息记录至新区块中,并增加至区块链中。

4.4.4 调用智能合约

使用以下命令并输入智能合约对应参数,可以将交易发送到测试网络中,交易可以被记录到新的区块中,状态变化也可以获得整个测试网络节点的共识。

```
> contract.multiply.sendTransaction(10, from:myAddress)
```

也可以使用 call 函数在本地调用该智能合约获取执行结果。

```
> contract.multiply.call(10)
70
```

4.5 智能合约案例

本节将介绍一个典型的智能合约案例,帮助读者进一步了解智能合约的概念和开发。通过该智能合约,投票人可以自己发起投票,也可以委托他人发起投票,结果将会自动、透明地展示给任何人,投票结果将不可篡改,以此体现

4.5 智能合约案例

智能合约的自动化、不可篡改、公开透明和去中心化等特点。

4.5.1 核心问题

在本节中，我们将使用智能合约构建一个游戏[19]。在该游戏中，每个玩家将选取一个数字并抵押一定的以太币。当达到最大玩家人数时，合约会随机抽取一个数字，选对的玩家则获得胜利，每个获胜者赢得的金额将与他们下注的金额成比例。合同自动将支出转移给获胜者，如果游戏没有获胜者，所有以太币将转移给合约所有者。

具体地，在本案例中共有 5 名玩家，玩家 1 使用 2 个以太币押注数字 1，玩家 2 使用 4 个以太币押注数字 2，玩家 3 使用 2 个以太币押注数字 3，玩家 4 使用 1 个以太币押注数字 2，玩家 5 使用 1 个以太币押注数字 5。合约将在第五位玩家下注后抽取中奖数字。

实现上述功能的合约代码如下所示，语法与 JavaScript 类似。

4.5.2 代码及其解析

指定版本

```
pragma solidity 0.5;
```

在第一行，pragma 关键字指定了和该合约兼容的编译器版本，并指定不兼容比 0.5 更旧的编译器版本。

定义智能合约 Game

```
contract Game {
  address payable owner;
  uint minWager = 1;
  uint totalWager = 0;
  uint numberOfWagers = 0;
```

---

[19] 见 Lee W M. Beginning Ethereum Smart Contracts Programming. With Examples in Python, Solidity and JavaScript, Apress Berkeley, CA, 2019。

```
    uint constant MAX_NUMBER_OF_WAGERS = 2;
    uint winningNumber = 999;
    uint constant MAX_WINNING_NUMBER = 3;
    address payable [] playerAddresses;
    mapping (address => bool) playerAddressesMapping;
    struct Player {
      uint amountWagered;
      uint numberWagered;
    }
    mapping(address => Player) playerDetails;
}
constructor(uint _minWager) public {
    owner = msg.sender;
    if (_minWager >0) minWager = _minWager;
}
```

Solidity 中的合约 (contract) 类似面向对象编程语言中的类。每个合约可以包含状态变量、函数、事件、结构体类型和枚举类型等。一个合约也可以继承另一个合约，合约中的状态变量会长期保存在区块链中。通过调用合约中的函数，这些状态变量可以被读取和改写。

在本例合约中声明了 address、uint、mapping 等一系列变量。minWager、totalWager、numberOfWagers 分别表示玩家需要下注的最低以太币数量、以太币总量以及玩家总数；MAX_NUMBER_OF_WAGERS 为允许的最大玩家人数；winningNumber 存储中奖数字；MAX_WINNING_NUMBER 则定义游戏的最大中奖数字。以上均为 uint 整型。

owner 用于存储部署合约的账户地址；playerAddresses 是存储每个玩家的账户地址的一个数组，以上为 address 类型。address 类型记录了一个以太坊账户的地址。address 可看作一个数值类型，但也包括一些与以太币相关的方法，如查询余额 <address>.balance、向该地址转账 <address>.transfer(uint 256 amount) 等。payable 关键字表示每个玩家都可以发送/接收以太币。

playerAddressesMapping 也可以存储玩家账户地址，为映射对象。playerDetails 是另一个映射对象，用于存储每个玩家的细节。此外，Player 表示一个包含两个成员的结构体。

需要注意的是，智能合约中状态变量的可见性可以分为 public、private、internal 和 external，状态变量的默认可见性是 internal。internal 的状态变量只能被该合约和继承该合约的子合约访问，private 的状态变量只能被该合约访问。

在游戏中需要设置每次投注所需的最低金额。为了使合约具有通用性，可以允许在部署合约时设置此值并通过合约的构造函数 constructor 传入值。正如案例中的最低以太币数量。

游戏逻辑

合约中的函数用于处理业务逻辑。函数的可见性默认为 public，即可以从内部或外部调用，是合约的对外接口。函数可见性也可设置为 external、internal 和 private。

(1) 初始设定

```
function bet(uint number) public payable {
require(playerAddressesMapping[msg.sender] == false);
require(number >=1 & & number <= MAX_WINNING_NUMBER);
require( (msg.value / (1 ether)) >= minWager);
playerDetails[msg.sender].amountWagered = msg.value;
playerDetails[msg.sender].numberWagered = number;
playerAddresses.push(msg.sender);
playerAddressesMapping[msg.sender] = true;
numberOfWagers++;
totalWager += msg.value;
```

bet 函数允许玩家下注一个数字。在此过程中，首先，通过检查 playerAddressesMapping 对象中不存在玩家地址，确保每个玩家只能下注一次，再检查投注的数字是否在允许的范围内。其次，需要记录玩家下注的数量和金额（msg.sender 是玩家的地址），并将到目前为止的所有下注金额相加。

(2) 抽取数字并确认获奖者

```
function announceWinners() private {
  winningNumber =
  uint(keccak256(abi.encodePacked(block.timestamp))) %
  MAX_WINNING_NUMBER + 1;
  address payable[MAX_NUMBER_OF_WAGERS] memory winners
  uint winnerCount = 0;
  uint totalWinningWager = 0;
  for (uint i=0; i < playerAddresses.length; i++) {
    address payable playerAddress =
    playerAddresses[i];
    if (playerDetails[playerAddress].numberWagered ==
    winningNumber) {
      winners[winnerCount] = playerAddress;
      totalWinningWager +=
      playerDetails[playerAddress].amountWagered;
      winnerCount++;
    }
  }
  for (uint j=0; j<winnerCount; j++) {
    winners[j].transfer(
    (playerDetails[winners[j]].amountWagered /
    totalWinningWager) * totalWager);
  }
}
```

announceWinners 函数表示抽取一个随机数然后计算每个玩家的奖金并转移给他们。

(3) 删除合同

```
function kill() public {
if (msg.sender == owner) {
```

```
selfdestruct(owner);
}
}
```

当游戏没有获胜者时,智能合约将返回以太币给合约所有者。为了将以太币发送回部署合约的账户,可以通过 kill 函数销毁合约。

4.6 本章小结

在本章中,我们介绍了区块链 2.0 的代表——以太坊。首先,我们介绍了以太坊项目的概况,并学习了以太坊项目的工作原理,包括核心概念和核心设计。其中,智能合约是以太坊最重要的概念之一。其次,我们介绍了以太坊平台的相关工具及其安装,智能合约的部署和调用,为我们使用以太坊平台做了准备。接下来,我们以一个具体的智能合约作为案例,学习了代码和相关解析。

4.7 思考题

1. 请指出以太坊和比特币有哪些区别,为什么以太坊代表区块链 2.0 时代。
2. 请解释智能合约的生命周期,包括如何调用、如何执行等。
3. 请解释燃料的作用。
4. 请解释以太坊的账本模式有什么优势和劣势。
5. 请自行安装使用以太坊平台,并尝试使用 Solidity 语言开发简单的智能合约。

第 5 章 超级账本及分布式记账

前几章介绍的比特币和以太坊等区块链项目均有相应的加密货币,而本章介绍的超级账本则是未建立特有加密货币的另一类区块链应用。超级账本项目是为推进跨行业区块链技术而创建的开源协作项目之一,旨在建立一个强大的业务驱动的区块链框架,提供企业级解决方案和通用指南。

作为区块链行业最大的项目之一,超级账本项目包括一组开源工具和子项目。在这一章中,我们将了解超级账本项目及其重要的子项目,同时入门超级账本的使用。

5.1 超级账本项目简介

图 5.1　超级账本项目[1]

超级账本是什么

"超级账本是一个开源的开发项目,使基于超级账本的解决方案供应商和用户的生态系统受益。它专注于区块链相关的用例,将在各种工业部门下发挥作用。"

——Brian Behlendorf (曾任超级账本执行董事)[83]

根据超级账本 2021 年度报告[2],超级账本是一个全球合作的开源协作项

---

[1] 图片来源:超级账本网站。
[2] 见超级账本网站。

目,成员为金融、银行、医疗保健、供应链、制造和技术等众多领域的领导者。该项目由 Linux 基金会主办,旨在推进跨行业的区块链技术,包括许多企业区块链技术,例如分布式账本框架、智能合约引擎、客户端库、图形界面、实用程序库等。

在进一步学习超级账本之前,需要对该项目的性质有一定的了解。超级账本不是一种技术,不是一家公司,不是一种加密货币,也不是某个具体的应用,而是由 Linux 基金会发起的非营利性社区组织,也可理解为生态系统,或区块链版的 Linux[3]。正如前文所说,超级账本作为一个开源的联合项目,由一组可插拔组件组成,包括 Hyperledger Fabric、Hyperledger Iroha、Hyperledger Indy、Hyperledger Sawtooth 等。这些组件用于为企业创建自定义区块链解决方案。这种架构也提供了可扩展性、机密性、弹性和灵活性。

以比特币和以太坊为代表的区块链项目主要以公有链为主,打造区块链公共平台,允许用户在大规模的公共网络上使用无许可模型进行交易。相比之下,超级账本项目则偏重于研究联盟链技术,是区块链技术中第一个面向企业应用场景的开源分布式账本平台。虽然基于分布式账本技术,但超级账本项目本身并不会建立自己的加密货币,这不仅使其更有助于构建区块链技术的工业应用,而且将其与专注于加密货币的其他平台区分。

那么,超级账本到底有什么作用呢?超级账本可用于开发图 5.2 中的业务解决方案。例如,柬埔寨国家银行 (NBC) 基于超级账本开发区块链支付系统,计划使该国传统的零售支付实现现代化。他们开发了世界上第一个使用区块

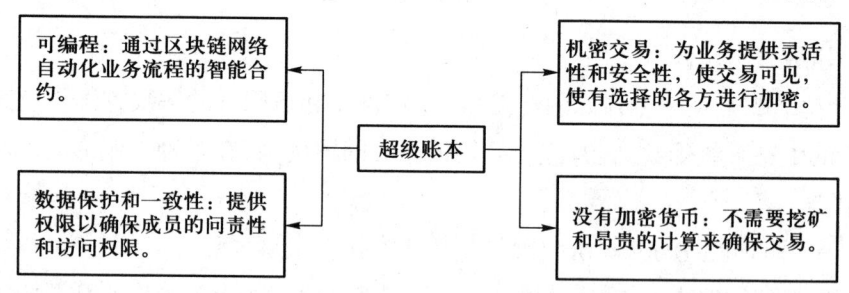

图 5.2 基于超级账本的解决方案[4]

---

[3] 源于 2022 年《链新》对超级账本亚太区副总裁 Julian Gordon 的线上专访。

[4] 见 Aggarwal S, Kumar N. Hyperledger. Advances in Computers. Elsevier, 2021, 121: 323–343。

5.1 超级账本项目简介

链技术的零售支付系统 Bakong。该试点项目于 2019 年 7 月上线,并成功运行,拥有 14 家银行网络,支持 1 万多名用户,并使得银行间转账从每天两次提高到 5 秒一次甚至更短时间。更多企业级案例可以从超级账本网站获得,所有的开源项目托管在 Linux 基金会[5]。

截至 2022 年 4 月[6],超级账本项目拥有企业成员近 200 名,已有 6 个成熟项目、超过 10 个孵化器项目、5 个区域分会和 20 个超级账本认证服务提供商 (Hyperledger Certified Service Provider, HCSP),Hyperledger Meetup 成员高达 73000 人。

图 5.3 由超级账本支持的产品和服务的部分企业[7]

为什么提出超级账本

所有参与商业生态系统的企业都需要一个账本来记录交易,而区块链及其底层分布式账本技术 (DLT) 改变了开展业务的方式。然而,在公共区块链上,每个节点都需验证每笔交易并同时运行共识,不仅使得网络的可扩展性降低,还无法解决私人和机密交易等场景。因此,需要一个平台支持交易的完整性、隐私性和机密性,并允许交易在需要时透明且保密。

2015 年 12 月,Linux 基金会主导牵头,联合金融、科技等多个行业巨头如 IBM、Accenture、Intel、J. P. Morgan 等共同宣布超级账本联合项目成立,将区块链技术引入联盟链的应用场景中,为高效率商业新模式打下基础,开拓

---

[5] 见 Linux Foundation 网站。
[6] 数据来源: 超级账本网站。
[7] 图片来源: 超级账本网站。

了区块链技术的全新阶段。

为了更容易理解超级账本的业务场景，让我们看一个例子[8]。假设居住在中国的李华想从居住在美国的老朋友 Alice 那里低价买一批产品。但 Alice 不想让李华以外的任何人知道他们之间的特殊交易，双方都希望在区块链上建立一个私有网络。若在公链上进行该交易，则必须基于多个节点在质量、逻辑、支付等方面对交易进行验证。这时，基于超级账本平台，他们可以生成一个专用网络，安全且保密地成功完成交易。

超级账本项目组织治理

作为开源项目，超级账本项目由 Linux 基金会托管，由社区主导，总体呈现"三驾马车"结构，如图 5.4 所示。这意味着代码是协作编写的，发展路线和事项决定也是公开合作的。

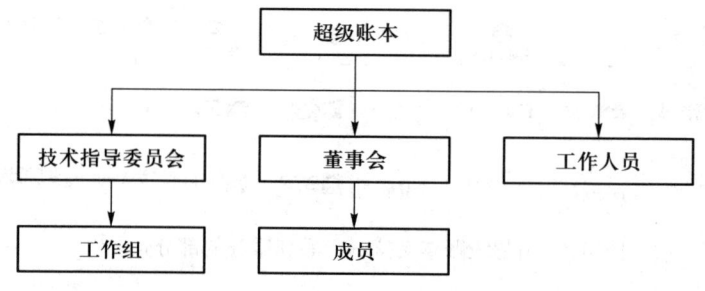

图 5.4　超级账本组织管理架构[9]

超级账本社区借鉴了众多开源社区组织的经验，形成了技术开发为主体、积极结合应用的体系结构，主要分为超级账本管理董事会 (Governing Board) 和技术指导委员会 (Technical Steering Committee, TSC)。前者负责社区整体的组织决策，后者则专注于技术治理，负责领导社区技术、指导各项目发展方向等。技术指导委员会是"开放治理"理念的一种实现，例如项目主要的技术设计决策是由社区部分活跃的开发人员经投票后决定。这种由开发人员领导的委员会做出持久设计决策的机制接近于大多数开源项目所遵循的技术精英管理理念。

---

[8] 见 Aggarwal S, Kumar N. Hyperledger. Advances in Computers. Elsevier, 2021, 121: 323–343.
[9] 图片来源：developer 网站。

作为开源世界的旗舰组织，Linux 基金会主要负责基金管理，协助社区发展，为超级账本项目的技术治理和法律治理提供帮助。同时，随着孵化项目的成熟，Linux 基金会也会在社区组织和品牌营销等方面提供帮助。

5.2 超级账本工作原理

本节主要介绍超级账本设计理念、整体架构、重要概念以及核心设计。

5.2.1 超级账本设计理念

作为面向企业级应用的区块链项目，超级账本自然需要帮助企业简化许多现有业务流程，从而节省时间、节省资金并降低风险。但同时，对于不同的场景，企业往往对确认时间、去中心化、信任等问题有不同的需求。因此，超级账本也需要助力企业个性化实现其预期目的。例如，当参与者之间高度信任时，区块链技术需要通过使用更快速的共识算法以更短的确认时间将区块添加到链中；当参与者之间信任度较低时，区块链技术需要以较慢的处理速度为代价增加安全性。本节将介绍超级账本的设计理念。

超级账本是包含多个子项目的项目组，不会有单一的标准区块链，但为解决上述多样性问题，所有超级账本项目都遵循以下设计理念，如图 5.5 所示。

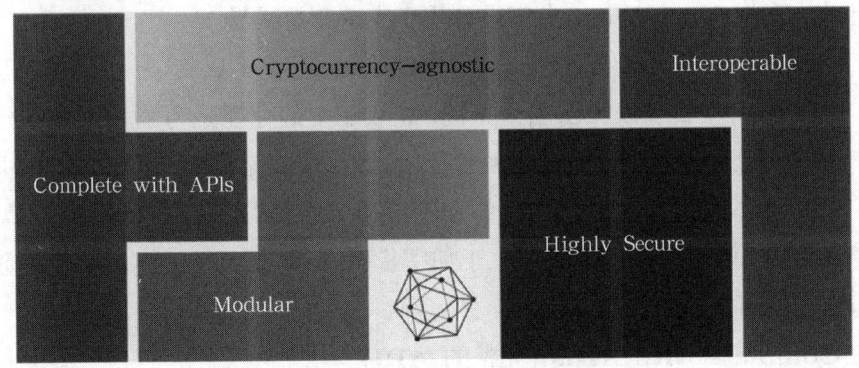

图 5.5 超级账本设计理念[10]

---

[10] 图片来源：超级账本网站。

Modular (模块化)

超级账本设计理念之一是开发模块化、可扩展的框架,其中包含可重用的通用构建块。这种模块化设计使开发人员能够专注于不同类型的组件开发,并在不影响系统其余部分的情况下更改,同时这有助于用户创建自由组合组件以构建适合不同需求的分布式账本解决方案。此外,通用构建块意味着开发人员在不同的模块上独立工作时可以在各项目中使用通用模块。

Highly Secure (高度安全)

"安全性"是所有区块链项目或技术中考虑的关键因素,特别是在涉及高价值或敏感数据的场景中,这在超级账本中也不例外。安全性和稳健性是企业级区块链得以发展并为下一代业务网络提供基础设施的关键。超级账本在设计上包含安全性,并遵循 Linux 基金会核心基础设施计划,所有算法、协议等都由安全专家以及更广泛的开源社区定期审查和审计。

Interoperable (互操作性)

"可互操作"意味着一个程序可以与其他程序、甚至来自其他组织的程序协同工作,以快速高效实现特定功能。随着越来越多的企业采用区块链和分布式账本技术,许多不同的区块链网络将需要通信和交换数据。在这种背景下,超级账本项目提倡高度的互操作性以形成更复杂、更强大的网络,认为大多数智能合约和应用程序均应该允许跨多个不同的区块链网络进行移植。在超级账本中,Hyperledger Quilt 专门设计用于支持跨链交易。

Cryptocurrency-agnostic (与加密货币无关)

与比特币项目和以太坊项目不同,超级账本的存在是为了为企业创建区块链解决方案,而不是管理任何加密货币。超级账本架构组在白皮书[11]中提到,"超级账本永远不会发行自己的加密货币;这绝对不是我们的目的"。需要注意的是,虽然超级账本项目独立于加密货币,但其仍包括创建用于管理数字对象的令牌的能力。

Complete with APIs (完整的 API)

与互操作性类似,所有超级账本项目都提供丰富且易于使用的 API,不仅

---

[11] 见超级账本网站。

支持开发者生态系统的发展，还提升区块链和分布式账本技术在更多行业和场景中的适用性。一组定义良好的 API 使外部客户端和应用程序能够快速轻松地与超级账本的核心分布式账本基础设施进行交互。

5.2.2　超级账本架构

超级账本将来自许多不同行业和市场的用户、开发人员和企业聚集在一起，提供具有不同功能的区块链技术，包括开源框架和工具。基于设计理念，超级账本整体采取的是"伞式战略模块化架构"，可以理解为"GREEN-HOUSE"架构，旨在提供具有可扩展性、机密性和灵活性的区块链项目。这种伞式架构有助于在模块化架构中重复使用通用构建块，从而使得分布式账本技术 (DLT)、通用功能模块以及其接口的快速创新成为可能。

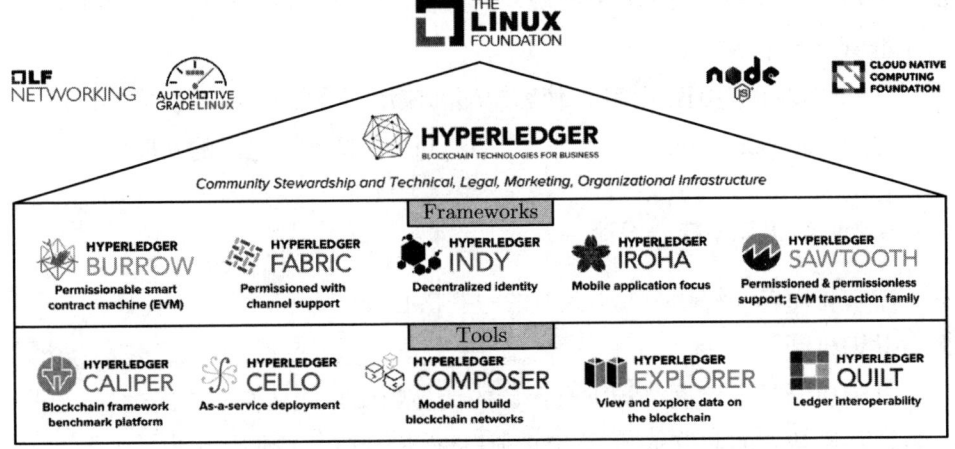

图 5.6　超级账本 GREENHOUSE 架构[12]

在技术层面，超级账本技术架构主要分为以下几部分：

(1) Consensus Layer: 即共识层，主要负责生成关于订单的协议并确认构成区块的交易集的正确性。与比特币和以太坊等公有链不同，超级账本支持多个不同的共识机制，而前者仅采用一个共识机制。

(2) Smart Contract Layer: 即智能合约层，主要负责处理交易请求并通过

---

[12] 图片来源：超级账本网站。

执行业务逻辑来确定交易是否有效。

(3) Communication Layer: 即通信层，主要负责参与共享账本实例节点之间的点对点消息传输。

(4) Data Store Abstraction: 即数据存储抽象，允许各模块使用不同的数据存储。

(5) Crypto Abstraction: 即加密抽象，允许在不影响其他模块的情况下交换不同的加密算法或模块。

(6) Identity Services: 即身份服务，主要负责在区块链设置期间支持建立信任根 (root of trust)，在网络操作期间注册身份或系统实体，以及管理验证、授权、删除、添加和撤销等。

(7) Policy Services: 即政策服务，主要负责管理系统中规定的各种政策。该服务通过连接并依赖于其他模块来执行各种政策，例如背书政策、共识策略或组群管理政策等。

(8) API: 即应用程序接口，使客户端和应用程序能够连接到区块链。

(9) Interoperation: 即互操作，支持不同区块链实例之间的互操作。

5.2.3 超级账本核心设计

本节将简单介绍超级账本共有的一些核心设计。

共识机制

共识机制是节点网络提供有保证的交易顺序并验证交易块的过程，也是所有区块链技术的共有机制。共识必须提供以下核心功能：

(1) 根据背书和共识机制，确认提交区块中所有交易的正确性；

(2) 针对执行结果达成一致，包括顺序和正确性。

共识可以通过不同的方式实现。例如基于彩票 (lottery-based) 的方法，包括消逝时间证明 (PoET) 和工作证明 (PoW)；或者基于投票 (voting-based) 的方法，包括冗余拜占庭容错 (redundant byzantine fault tolerance, RBFT) 和 Paxos。这些方法中的每一种都针对不同的网络设备和容错模型。前者可以扩展到大量节点，但可能会带来网络分叉；后者允许低延迟，但不支持大规模

5.2 超级账本工作原理

的节点部署。

超级账本中的共识机制与其他公有链项目不同,支持多个不同的共识机制。同时,超级账本假设商业区块链的节点之间存在一定的信任度,可以采用更高性能的共识机制。图 5.7 给出了可信区块链 (联盟链) 采用的两种共识机制与比特币 PoW 共识机制之间的比较。超级账本各子项目使用的共识机制不同,例如 Fabric 中使用 Apache Kafka,Indy 中使用 RBFT,以及 Sawtooth 中使用 PoET 等。

	许可共识 (基于彩票)	许可共识 (基于投票)	PoW (比特币)
速度	好	好	差
可扩展性	好	适中	好
结果	适中	好	差

图 5.7 许可共识方法与标准 PoW 的比较

智能合约机制

智能合约可以像数据更新一样简单,也可以像执行附带条件的合约一样复杂。在超级账本中,多个框架以略微不同的方式支持智能合约,如图 5.8 所示。

框架	智能合约技术	智能合约类型	编写智能合约语言
Hyperledger Burrow	智能合约应用引擎	链上	本地语言代码
Hyperledger Fabric	链码	安装	Go (>v1.0) 或 JavaScript (>v1.1)
Hyperledger Indy	无	无	无
Hyperledger Iroha	链码	链上	本地语言代码
Hyperledger Sawtooth	交易集合	链上及安装	C++, Go, Java, JavaScript, Python, Rust, Solidity

图 5.8 超级账本框架中的智能合约实现

同时,超级账本中的智能合约支持依赖性,即多个智能合约间的多个交易。图 5.9 为智能合约层与其他层级的交互过程示例。需要注意的是,这仅是一个简略概括图,超级账本框架的设计者都可以选择以不同的方式实现这些步骤。

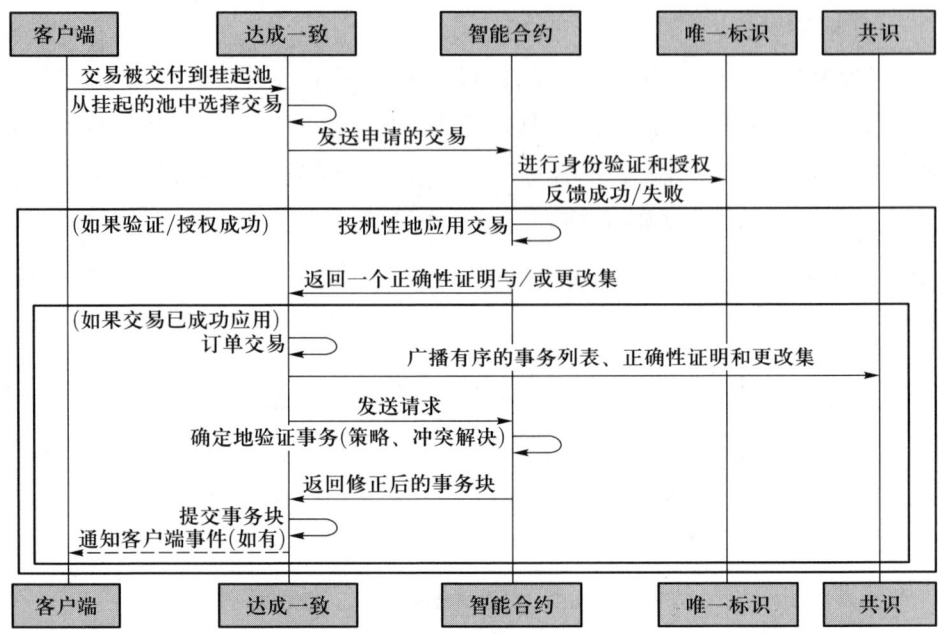

图 5.9 智能合约交互图示

5.3 超级账本生态圈

正如前文所说,超级账本采取的是伞式战略模块化架构,由一组开源工具和子项目组成,使开发人员能够尽可能地自定义。本节主要介绍超级账本主要的开源项目。考虑到 Hyperledger Fabric 的重要性,本节将详细介绍 Fabric 及其工作原理,同时介绍 Hyperledger Sawtooth 等超级账本框架以及 Hyperledger Cello、Hyperledger Explorer 等超级账本工具。

5.3.1 Hyperledger Fabric

Hyperledger Fabric 是超级账本项目组中的核心项目之一,甚至在有些场合下被认为是超级账本,属于区块链 3.0 的技术范畴[13]。Fabric 本质上是面向企业的分布式账本,可应用于全球供应链管理、金融交易、资产记账、人力资源、保险等众多领域。

---

[13] 仅代表超级账本社区部分观点。

Hyperledger Fabric 是什么

图 5.10　Hyperledger Fabric 项目

Hyperledger Fabric 是一个许可的区块链框架 (permissioned blockchain infrastructure)，具有模块化架构，利用容器技术来托管包含应用程序逻辑的智能合约 (链码)。同时，Fabric 具有可插拔性，可根据需求灵活配置、插入即用，包括共识、私有成员资格和交易功能，有助于快速高效地管理交易。

Hyperledger Fabric 中存在一些与其他区块链项目不同的特性。

(1) 与比特币等公有区块链项目最大的不同是，Fabric 是私有的且已被许可用于私人组织，可利用 PKI 创建加密证书，在权限和隐私方面具有更大的灵活性。

(2) 之前的区块链项目大多仅有一个账本，而 Fabric 具有多账本特性，存在多通道概念。"通道" 本质上是一个账本的逻辑概率。一个通道包含多个成员，这些成员共享并共同维护同一个账本；一个成员可以加入多个通道；不同通道中账本数据格式允许不同。

Hyperledger Fabric 基于 Go 语言实现，最初由 IBM、DAH 等企业于 2015 年底联合贡献，其 Github 项目地址为 https://github.com/hyperledger/fabric，项目的邮件列表地址为 fabric@lists.hyperledger.org。

Hyperledger Fabric 核心概念

在进一步了解 Fabric 架构和工作原理之前，我们先一起了解一些 Fabric 的重要概念。

链码 (Chaincode) 是一个运行在 Hyperledger Fabric 区块链之上的程序 (或多个程序)，用于实现应用程序如何与账本交互的业务逻辑。链码通常被认为是 Fabric 上的智能合约，目前可由 Go、Node.js 等语言编写，必须由客户端提前部署。

Fabric 由许多相互通信的节点组成。目前，Fabric 主要有客户端 (Client)、Peer、Ordering-service-node (又称为 Orderer) 三类节点。

客户端是最顶层的应用程序，是用户通过 Fabric 提供的软件开发工具包 (SDK) 与 Fabric 进行交互的主要接口。

Peer 是 Fabric 中最重要的角色，是提交交易并维护状态和账本副本的节点，负责交易的"执行"和"验证"，以及存储区块链数据和账本状态。Peer 包括背书节点 (Endorsing Peer)、承诺节点 (Committing Peer)、锚节点 (Anchor Peer) 以及领导节点 (Leading Peer) 类型。背书策略定义了哪些节点需要就交易结果达成一致，然后才能将交易添加到通道上所有节点的账本中。在 Fabric 中，每个链码都可以指定一个背书策略，该策略确定哪些 Peer 应该对生成的交易进行数字签名，即"背书节点"。因此，每个拥有智能合约的节点都可以成为背书节点，但真正的背书节点需被客户端使用以生成数字签名的交易响应。承诺节点接收生成的交易块，随后在将它们作为附加操作提交到对等节点的分类账副本之前对其进行验证。当一个组织在一个通道中有多个 Peer 时，领导节点负责将事务从排序者分发到组织中的其他承诺节点。由于 Fabric 网络可以扩展到多个组织，因此需要一些 Peer 来跨组织进行通信。但只有特殊的 Peer 在通道配置中定义被授权该功能，即"锚节点"。

排序节点形成排序服务，即提供交付保证的通信结构。在区块链网络中，交易必须以一致的顺序写入共享账本以确保对世界状态的更新在提交到网络时是有效的，因此需要排序节点将交易排序并打包成块，并将各个账本写入全局有序的区块。

此外，还有一些较为重要的概念。

会员服务提供商 (Membership Service Provider, MSP) 模块专门提供成员管理服务，定义了身份验证和允许访问网络的规则，管理用户 ID 并进行身份验证。MSP 有 Local MSP、Channel MSP 两类，前者定义了在用户 (Clients) 和节点 (Peer, Orderer) 级别拥有管理或参与权，后者定义了 Channel 级别的管理和参与权。

通道 (Channel) 是两个或多个特定网络成员之间通信的私有独立的区块

链网络，用于进行私有交易，由成员及其锚节点、共享账本、链码和排序节点定义。每个节点可以同时构建不同的通道，身份由会员服务提供商 (MSP) 提供，只有通道的节点才能访问账本的状态。

Hyperledger Fabric 交易流程

Fabric 由许多相互通信的节点组成，运行 "链码"，保存状态和分类账数据，并执行交易。链码是核心，因为交易是在链码上调用的操作。交易必须被 "背书"，并且只有被背书的交易才能被提交并对状态产生影响。

下面我们将了解一笔交易从发起到写入账本的过程。

正如第 4 章所说，智能合约的引入使区块链系统从简单的加密货币平台发展到通用交易系统。为了满足新兴的业务需求，Hyperledger Fabric 提出了一种名为执行–排序–验证 (execute-order-validate) 的新交易体系结构。执行–排序–验证支持并行事务并提高区块链的吞吐量，通过将事务流分为三个步骤来解决排序–执行 (order-execute) 模型面临的弹性、灵活性、可扩展性和机密性挑战，流程如图 5.11 所示。

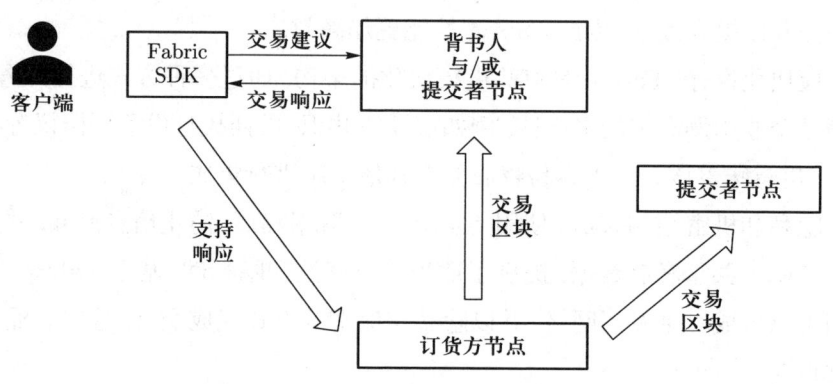

图 5.11 执行–排序–验证流程图

在 "执行" 环节，客户端通过 Fabric SDK 向一个或多个背书节点发送带有数字签名的交易提案，然后背书节点开始执行交易以模拟结果。正如核心概念部分中所说，在部署链码时需要附加相应的背书策略，指定背书节点和达成共识的阈值，例如 5 个背书节点中至少 3 个需要具有相同的执行结果。在这一过程中，背书节点将执行结果包装成一个 "背书" 并将其返回给客户端，客户端从不同的背书节点收集"背书",直到达到背书策略指定的共识阈值。

如果背书策略得到满足,则客户端将执行结果包装成一个交易发送给排序节点,进入"排序"环节,否则会丢弃该交易。排序节点将对一段时间内收到的所有交易进行"排序",生成一个新的有序交易区块,并用其证书对生成的区块进行签名,发送到所有提交者节点。

在"验证"环节,提交者节点会在收到区块后验证交易,包括背书策略评估、读/写冲突检查等。如果验证通过,则会更新账本及状态。

这一交易模型可以理解为"由少数人执行,由多数人验证",在灵活性、安全性等方面都突破了之前区块链"排序-执行"交易模型的局限。

Hyperledger Fabric 架构特性

身份管理:Fabric 是一个许可网络,MSP 模块对想要加入网络的客户端进行身份验证,意味着网络的所有成员都必须需要授权才能接入。通过让管理员设置适当的身份,企业可以确保他们使用多层权限。

高效处理:由于网络中角色被分配为节点类型,允许交易的执行、提交和排序分开以提升效率,因此 Fabric 性能更加高效。

模块化设计:Fabric 具有高度模块化的架构,通过多种方式进行配置,可以满足企业用例需求的多样性,例如可插拔共识、可插拔身份管理协议等核心设计,也意味着该架构很容易将服务或其他系统进行集成。

隐私和机密性:Fabric 使用"通道"进行数据隔离,防止信息泄漏,并允许一定基础上共享私有数据,提供了适当的机密性和隐私性。基于 Fabric,企业之间可以生成一个专用网络,并以隐私和保密的方式完成交易,这对企业来说非常重要。

此外,Fabric 还包括开源、可扩展性强、链码信任灵活等特性。

5.3.2 其他重点项目

Sawtooth 项目

Hyperledger Sawtooth 是面向企业,用于创建、部署和运行分布式账本的模块化平台。

5.3 超级账本生态圈

图 5.12　Hyperledger Sawtooth 项目

该框架扩展了早期的分布式账本，高度模块化，旨在探索最早的分布式账本引发的可扩展性、安全性和隐私问题。此外，Sawtooth 框架存在一些技术创新，包括支持交易族，方便用户快速开发应用；存在动态共识，支持在运行网络上进行共识算法的热交换，采用 PoET 共识机制，比 PoW 消耗的资源更少；与以太坊合约存在兼容性，支持私有交易和并行交易执行，允许大规模部署有许可和无许可的分类账本。Sawtooth 项目主要基于 Python 实现，最初由英特尔 (Intel) 提供，于 2016 年 4 月加入社区。

核心代码地址为 https://github.com/hyperledger/sawtooth-core/。

项目的邮件列表地址为 sawtooth@lists.hyperledger.org。

Iroha 项目

图 5.13　Hyperledger Iroha 项目

Hyperledger Iroha 同样是一个区块链框架，它简单、易于整合到需要分布式账本的技术项目中。与 Fabric 和 Sawtooth 不同，该框架重视移动应用程序开发，采用拜占庭容错共识算法 Sumeragi，有助于用户创建应用程序。

Iroha 最初由日本 Soramitsu 开发，由 Soramitsu、Hitachi、NTT Data 和 Colu 向超级账本提出，于 2016 年 10 月加入社区，成为超级账本旗下的第三个分布式账本平台。

核心代码地址为 https://github.com/hyperledger/iroha。

项目的邮件列表地址为 iroha@lists.hyperledger.org。

Burrow 项目

Hyperledger Burrow 是一个强确定性的、以智能合约为中心的区块链框

图 5.14　Hyperledger Burrow 项目

架，为客户端提供了一个模块化的许可智能合约解释器，并支持 PoS 共识机制和权限管理。需要注意的是，该解释器部分根据以太坊虚拟机 (EVM) 的规范开发，这意味着 Burrow 是一个支持以太坊虚拟机的智能合约区块链平台，可以提供快速的区块链交易。Burrow 最初是由 Monax 开发，于 2017 年 4 月成为超级账本中的第四个分布式账本平台。

核心代码地址为 https://github.com/hyperledger/burrow。

项目的邮件列表地址为 burrow@lists.hyperledger.org。

Indy 项目

图 5.15　Hyperledger Indy 项目

Hyperledger Indy 是一个专注于去中心化身份的区块链框架，提供工具 (tools)、库 (libraries) 和可重用组件 (reusable components)，可创建和使用基于区块链或其他分布式账本的独立数字身份。这些身份可以跨管理域、应用程序和任何其他组织孤岛进行互操作，意味着任何人都可以依赖共享的信息来源。

Indy 支持自主权、隐私、可验证的声明，不仅可以满足保护隐私和符合法规的需求，还有助于个人和组织从更丰富、更安全的交互中受益。Indy 主要基于 Python 实现，由 Sovrin 基金会牵头进行开发，于 2017 年 3 月加入社区。

核心代码地址为 https://github.com/hyperledger/indy-node。

项目的邮件列表地址为 indy@lists.hyperledger.org。

接下来将介绍一组超级账本工具项目。

Caliper 项目

图 5.16　Hyperledger Caliper 项目

Hyperledger Caliper 是一种区块链基准测试工具,可通过使用一组预定义的用例来衡量任何区块链实施的性能,包括资源利用率、交易延迟、每秒事务数(TPS)等。在 Caliper 之前,还没有任何通用工具可以根据一组中立且普遍接受的规则为不同的区块链解决方案提供性能评估。

Caliper 主要基于 Node.js 语言实现,由华为于 2018 年提交社区,支持对 Fabric、Sawtooth、Burrow 等项目进行性能测试,帮助选择最适合公司特定需求的区块链项目。

核心代码地址为 https://github.com/hyperledger/caliper。

项目的邮件列表地址为 caliper@lists.hyperledger.org。

Cello 项目

图 5.17　Hyperledger Cello 项目

Hyperledger Cello 是一个区块链模块工具包,可通过自动化的方式来创建、管理和终止区块链,将按需部署模型带入区块链生态系统。该项目定位为区块链网络的操作系统,在各种基础设施之上提供高效、自动化的多租户链服务。这种"容器化"的区块链服务有助于提高"区块链即服务"(BaaS)的效率,使得用户专注到应用开发,而无须关心底层平台的管理和维护。Cello 项目主要基于 Python 和 JavaScript 等实现,最初由 IBM 发起,于 2017 年 1 月提交社区。

Github 地址为 https://github.com/hyperledger/cello (核心代码);

https://github.com/hyperledger/cello-analytics（侧重数据分析）。

项目的邮件列表地址为 cello@lists.hyperledger.org。

Composer 项目

图 5.18　Hyperledger Composer 项目

Hyperledger Composer 是一个开放的开发工具集，也是一个前端界面，可以简单快速地创建智能合约和区块链应用程序来解决业务问题，使得区块链应用程序与现有业务系统更容易集成，从而加快实现价值的过程。在大型开发环境中，只有少数核心用户会更新 Fabric 等账本的代码，大多数用户将基于 Composer 访问区块链并执行更新区块链的日常活动。Composer 项目主要基于 Node.js 实现，由 IBM 团队于 2017 年提交社区。

核心代码地址为 https://github.com/hyperledger/composer。

项目的邮件列表地址为 composer@lists.hyperledger.org。

Explorer 项目

图 5.19　Hyperledger Explorer 项目

Hyperledger Explorer 提供了一个浏览器，旨在创建用户友好的 Web 应用程序。与任何传统的区块链浏览器类似，Explorer 允许用户查询有关区块、节点日志、统计信息、智能合约、交易的信息以及存储在区块链中的任何其他信息。该项目将与使用超级账本部署的任何区块链兼容，因此新项目不必设计新的资源管理器模块。

Explorer 项目基于 Node.js 实现，由 Intel、DTCC、IBM 等企业于 2016 年提交社区。

核心代码地址为 https://github.com/hyperledger/blockchain-explorer。

项目的邮件列表地址为 fabric@lists.hyperledger.org。

5.3.3 实际应用场景

在实际业务场景中，用户可基于需求选择超级账本项目。下面介绍一个银行业务中申请贷款流程的案例[14]。

银行发放贷款时一般仅限于信用良好的借款人。因此，银行需要收集申请人信息，再基于个人身份信息确定申请人的信用评级，有时甚至需要进行某些数据共享(例如，防止洗钱)。但保留如此多的个人身份信息不仅不利于数据安全性，增加申请人信息被滥用的风险，同时也较为低效，每个新申请都会增加工作量。此外，申请人的申请流程往往也较为复杂。

Hyperledger Indy 可以简化这个过程，提供变革性的身份解决方案。通过 Indy，申请人可以创建独立数字身份，只分享银行做出决定所需的信息。这些全球性的可信信息源为多方提供了价值。申请人可以在短时间内向不同的贷方申请，并且无须将任何敏感数据放入可能被破解的数据库中，有效地保护个人信息。贷方可以满足政策规定放心地提供贷款，并显示不可变的审计跟踪。监管机构可以更高效地追溯监管。因此，市场可以更有效地运行。

当引入超级账本其他项目时，可以进一步提升流程效率和管理。例如，Hyperledger Burrow 将贷款申请转化为智能合约，并将它们关联到身份信息；Hyperledger Fabric 可以通过贷款申请中预存的身份信息来驱动会员系统运行。

5.4 超级账本案例分析

本节将用一个实际案例帮助读者了解超级账本项目。

5.4.1 开发工具

超级账本的开源社区提供了丰富的开发工具。了解易用的工具可以使用户的开发和使用更加高效。

---

[14] 案例来源：超级账本网站。

Linux Foundation ID (LF ID)

Linux 基金会为开发者提供了很多开发工具，使用前需在以下网址注册 Linux Foundation ID (LF ID)：https://identity.linuxfoundation.org。

Jira——任务和进度管理

Jira 是一个项目管理和任务跟踪的服务平台，可以将项目拆分为多个维度分给用户，从而有助于开发计划管理，为用户提供了一个易操作、全面的任务管理平台。

Linux 社区为开发者提供了 Jira 的 Web 操作界面，如图 5.20 所示，用户可以通过网址：https://www.atlassian.com/software/jira 访问超级账本的 Jira 操作界面，使用注册的 LF ID 即可登录并进行项目管理。

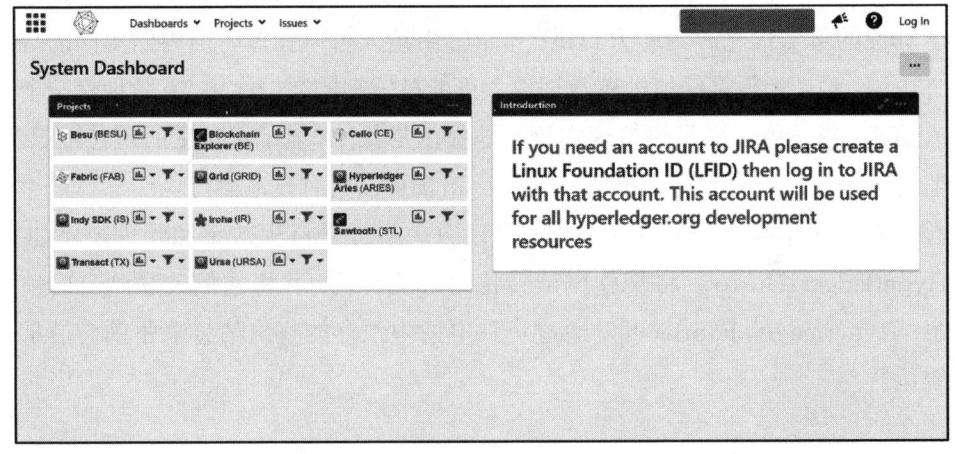

图 5.20　Jira 项目管理界面[15]

用户登录页面之后，可以点击页面上方导航栏中的 Projects 菜单进入某个项目页面。用户可以查看并创建 task、bug 和 improvement 等事项，并且可以将事项分配给自己。事项所有者需要对事项进行维护，将事项分为 TODO、In Process、In Review 和 Done 等状态。

邮件列表——沟通渠道

Linux 基金会为超级账本的各个项目以及工作组创建了专门的邮件列表，

---

[15] 图片来源：超级账本网站。

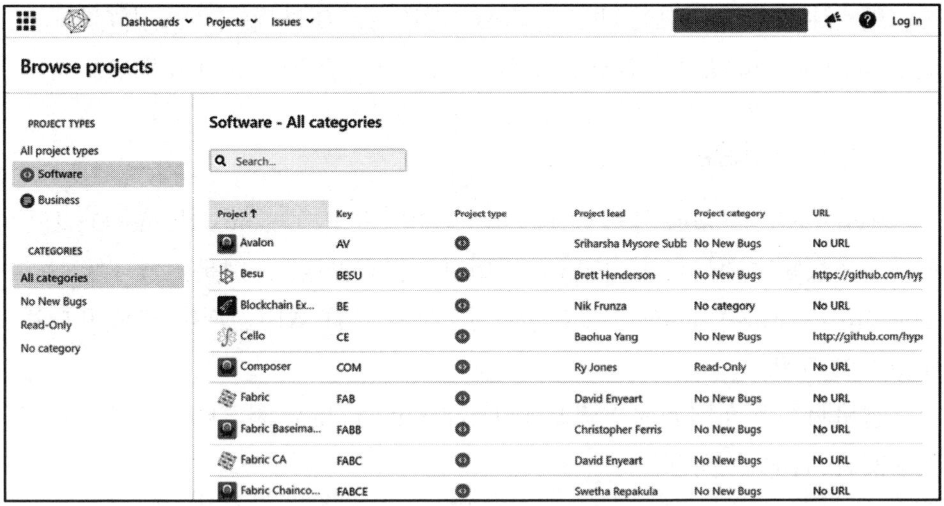

图 5.21　Jira 项目管理菜单界面[16]

作为常见的交流渠道。用户可以通过 lists.hyperledger.org/g/main 查看社区中的邮件列表。

RocketChat——在线沟通[17]

除邮件列表外，Linux 基金会也为开发者们提供了另一个在线沟通的工具 RocketChat。RocketChat 是一款功能强大的在线交流软件，支持多媒体消息、文件发送、内容搜索等功能，并支持网页、桌面和移动多终端登录。

用户可以访问并使用 LF ID 登录 chat.hyperledger.org，加入感兴趣的频道与其他开发者交流。通常，超级账本的每个项目都有一个同名的子项目频道，例如 #Fabric, #Besu 等。同时，每个工作组也会有各自的频道，例如大中华区技术工作组的频道为 #twg-china。

Github——代码仓库和 Review 管理[18]

Github 是全球最大的开源代码管理仓库平台，大部分开源软件都可以在 Github 上找到，包括超级账本的相关内容。目前超级账本的项目，包括 Fabric、Cello、Besu 等，都已经从 Gerrit 迁移至 Github。

---

[16] 图片来源: 超级账本网站。
[17] 见 hardocs 网站。
[18] 见 hardocs 网站。

用户注册 Github 后,即可登录并查看所有的项目代码、分支内容和提交记录。审阅人也可以通过 Github 对上传的代码进行审阅、批注和批准。

5.4.2 入门使用

Hyperledger Fabric 依赖于许多工具和库,推荐在 Linux 或 macOS 环境中开发超级账本项目代码。Fabric 使用时一般有五层,分别是预置环境 (prerequisite software)、Fabric 和 Fabric 示例[19]、合同 API、应用 SDK 和应用,如图 5.22 所示。

这里将简单介绍如何搭建基于 Docker 的 Fabric 测试网络的开发环境,包括安装、启动、关闭等[20]。

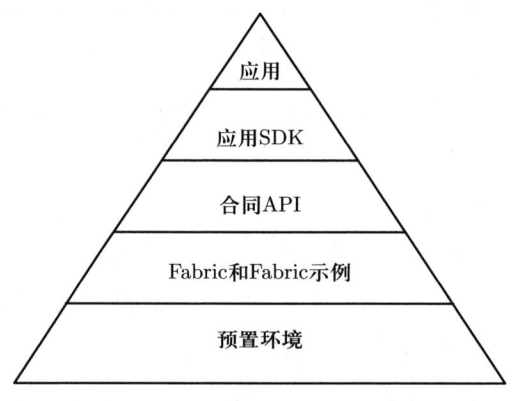

图 5.22　Fabric 典型应用架构[21]

Fabric 安装

在安装 Fabric 前,需要安装预置环境[22]。

以 Linux 为例,本地机器上运行基于 Docker 的 Fabric 测试网络需要适合的 Git、cURL、Docker 等。Hub 是 Github 官方开发的基于 Git 命令的工具,可以替代 Git 命令,更方便操作 Github 仓库。

---

[19] Fabric 可执行文件和示例代码一起运行 Fabric 网络。
[20] 以下均基于 Fabric 2.0 版本。
[21] 图片来源:超级账本网站。
[22] 最新要求见超级账本网站。

5.4 超级账本案例分析

```
$ sudo apt-get install git
$ sudo apt-get install curl
$ sudo apt-get -y install docker-compose
```

此外,还要安装最新的 Fabric 支持的 Go 版本。

```
$ brew install go@1.18.2
$ go version
go1.18.2 darwin/amd64
```

确认安装了最新版本的 Docker 和 Docker Compose 可执行文件。

```
$ docker -version
$ docker-compose -version
```

接下来,下载并安装 Fabric 及 Fabric 示例[23]。

虽然可以下载代码再通过 make all 编译生成二进制文件,但官方已经提供 Fabric CLI tool binaries 和 Fabric Docker Images 预编译版本,因此,用户直接下载 Fabric 示例、Docker 映像和二进制文件即可。

```
curl -sSLO
https://raw.githubusercontent.com/hyperledger/fabric/main/scripts/install-fabric.sh & & chmod +x install-fabric.sh
```

需要注意的是,上述命令将克隆 Git 官方仓库[24],因此本机需已安装 Git 程序。

使用 -h 运行脚本,查看选项:

```
./install-fabric.sh -h
Usage: ./install-fabric.sh [-f|-fabric-version <arg>]
[-c|-ca-version <arg>] <comp-1> [<comp-2>] ... [<comp-n>] ...
```

---

[23] Fabric 示例是一组演示其核心功能的示例应用程序,帮助用户更好使用 Fabric。
[24] 见 Github 网站。

```
<comp>: Component to install one or more of
d[ocker]|b[inary]|s[amples]. If none specified, all will be installed
-f, -fabric-version: FabricVersion (default: '2.4.4')
-c, -ca-version: Fabric CA Version (default: '1.5.4')
```

用户可指定要下载的组件,参数分别为组件的首字母,例如使用 Docker 下载 Fabric 容器镜像并将 fabric-samples github repo 克隆到当前目录。

```
./install-fabric.sh docker samples
./install-fabric.sh d s
```

此外,用户通过 -ca-version、-fabric-version 选择下载版本,例如下载 2.2.0 版本。

```
./install-fabric.sh -fabric-version 2.2.0 binary
```

可以使用如下命令验证 Hyperledger Fabric 预编译程序安装,若成功会看到输出排序节点程序的版本号。

```
$ orderer version
```

至此,已完成 Fabric 及 Fabric 示例的安装。

启动网络

下载上述映像和示例后,可以使用 fabric-samples 存储库中提供的脚本部署测试网络,在存储库的目录中找到启动网络的脚本 fabric-samples。

```
cd fabric-samples/test-network
```

目前下载的 network.sh 使用本地计算机上的 Docker 映像建立了一个 Fabric 网络,用户可通过以下命令启动网络。此命令创建一个 Fabric 网络,其中包含两个 Peer 节点和一个排序节点。

```
./network.sh up
```

5.4 超级账本案例分析

若需要帮助,可使用以下命令:

```
./network.sh -h
```

在运行 Peer 和排序节点后,可以使用 network.sh 脚本在 Org1 和 Org2 之间创建通道,并将其节点加入该通道中。例如创建一个默认名为 mychannel 的通道:

```
./network.sh createChannel
Channel 'mychannel' joined
```

启动链码

创建通道后,可以开始使用智能合约与通道账本进行交互,使用以下命令在通道上启动链码:

```
./network.sh deployCC -ccn
basic -ccp ../asset-transfer-basic/chaincode-go -ccl go
```

deployCC 命令将在 peer0.org1.example.com 和 peer0.org2.example.com 上安装资产传输(基本)链码,然后在使用通道标志指定的通道上部署链码。

关闭网络

使用完测试网络后,可以使用以下命令关闭网络:

```
./network.sh down
```

该命令将停止并删除节点和链码容器。

5.4.3 智能合约案例

本节以 fabric-samples 中的 Asset Transfer 智能合约为例[25],演示如何创建、更新和查询资产。该智能合约包括以下两个部分:

---

[25] 示例源于网站 fabric-samples 中的 Asset Transfer。

(1) 示例应用程序。启动区块链网络以调用在智能合约中实现的交易,位于以下 fabric-samples 目录:

```
asset-transfer-basic/application-gateway-typescript
```

(2) 智能合约。实现与账本交互的交易,位于以下 fabric-samples 目录:

```
asset-transfer-basic/chaincode-(typescript, go, java)
```

这里将使用 TypeScript。

由于上一节已经介绍区块链网络的搭建和启动等,因此这里不再赘述,并将重点关注智能合约的分析。假设应用程序已经准备好执行业务逻辑,接下来,我们将通过调用智能合约上的功能来查询、创建附加资产和修改分类账上的资产。

查询所有资产

```
const resultBytes = await contract.evaluateTransaction('GetAllAssets');
const resultJson = utf8Decoder.decode(resultBytes);
const result = JSON.parse(resultJson);
console.log('*** Result:', result);
```

应用程序使用 evaluateTransaction() 通过执行只读交易 GetAllAssets 来查询分类账。evaluateTransaction() 将使用 Fabric Gateway 来调用交易函数并返回其结果,该交易不会发送到订购服务,也不会发生分类账更新。

交易函数结果一般以字节的形式返回,因为可以返回任何类型的数据。在上述代码示例中,交易函数结果返回一个 UTF-8 字符串的 JSON 数据。终端输出如下:

```
*** Result: [
 {
 AppraisedValue: 300,
 Color: 'blue',
```

5.4 超级账本案例分析

```
  ID: 'asset1',
  Owner: 'Tomoko',
  Size: 5,
  docType: 'asset'
},
...
{
  AppraisedValue: 800,
  Color: 'white',
  ID: 'asset6',
  Owner: 'Michel',
  Size: 15,
  docType: 'asset'
}
]
```

创建一个新资产

```
const assetId = 'asset$Date.now()';
await contract.submitTransaction(
 'CreateAsset',
 assetId,
 'yellow',
 '5',
 'Tom',
 '1300',
);
```

该应用程序提交一个交易 CreateAsset 来创建一个新资产。需要注意的是，该交易提交的参数类型和数量与 chaincode 期望的相同，并且以正确的顺序提交。

```
assetId, "yellow", "5", "Tom", "1300"
ID, Color, Size, Owner, AppraisedValue
```

创建一个新资产

```
const commit = await contract.submitAsync('TransferAsset', {
arguments: [assetId, 'Saptha'],
});
const oldOwner = utf8Decoder.decode(commit.getResult());

console.log('*** Successfully submitted transaction to transfer
         ownership from $ { oldOwner} to Saptha');
console.log('*** Waiting for transaction commit');

const status = await commit.getStatus();
if (!status.successful) {
 throw new Error('Transaction $ {status.transactionId}
 failed to commit with status code $ {status.code}');
}
console.log('*** Transaction committed successfully');
```

该应用程序使用 submitAsync() 调用交易 TransferAsset 来转移新创建资产的所有权。与 evaluateTransaction() 未提交至排序节点不同，submitAsync() 向排序节点提交已批准的交易，并在成功后返回，而不是等到交易提交到分类账后才返回。

终端输出如下：

```
*** Successfully submitted transaction to transfer ownership from Tom
to Saptha
*** Waiting for transaction commit
*** Transaction committed successfully
```

查询更新后的资产

```
const resultBytes = await contract.evaluateTransaction('ReadAsset',
  assetId);
```

```
const resultJson = utf8Decoder.decode(resultBytes);
const result = JSON.parse(resultJson);
console.log('*** Result:', result);
```

该应用程序调用 ReadAsset 执行转移资产的查询,终端输出如下:

```
*** Result: {
 AppraisedValue: 1300,
 Color: 'yellow',
 ID: 'asset1639084597466',
 Owner: 'Saptha',
 Size: 5
}
```

5.5 本章小结

本章主要讲述了超级账本项目的背景、社区组织架构、工作原理,包括设计理念、架构设计等;介绍了重点项目的适用场景及超级账本的使用,包括协同工具,Fabric 的安装、运行和配置等。通过本章内容,读者可以了解超级账本的优势和特点,它是一个面向企业的由多个项目组成的项目组。同时,读者能够大致了解 Fabric 的使用和开发流程,根据具体的应用场景选择合适的项目。

5.6 思考题

1. 请思考比特币、以太坊与超级账本的异同点。
2. 请思考超级账本的特点。
3. 请思考 Fabric 交易流程,为什么说该模式性能更好?
4. 请思考超级账本不同子项目之间如何协同合作。
5. 请自行尝试安装 Fabric 并启动网络。

第 6 章 区块链与金融服务

区块链最初被设计用于支持比特币交易的分布式账本,但其潜力远超比特币,成为金融科技、保险服务、数字版权等许多领域最有前途的先进技术之一。现阶段,区块链已经从单纯的技术探索走向了应用落地的阶段,典型的应用涉及金融服务、供应链、金融监管等多种场景。我国 "十四五" 规划和 2035 年远景目标纲要[1] 指出,需要 "推动智能合约、共识算法、加密算法、分布式系统等区块链技术创新,以联盟链为重点发展区块链服务平台和金融科技、供应链管理、政务服务等领域应用方案,完善监管机制"。

本章将介绍区块链在金融服务领域中资金清算与结算、电子凭证、证券发行等多个场景的应用。

6.1 区块链在资金清算与结算场景中的应用

6.1.1 业务场景

清算与结算[2] 是金融领域的基础场景,也是现代支付业务的重要组成部分。

从一般的形式来看,无论资产类型如何,金融交易的清算与结算都包括交易参与者网络、交易参与者之间转移的资产,以及明确与交易相关的程序和义务的转移过程[85]。其中,资产可以是任何金融工具,例如货币、证券或衍生品等。不同的背景下,例如支付 (payment) 和交易后 (post-trade),清算与结算的流程略有不同。

---

[1] 见中国政府网。

[2] 以下讨论基于 CPMI (Committee on Payments and Market Infrastructures) 和 Board of Governors of the Federal Reserve System 的定义。

在银行系统中,该流程一般仅限于资金转账。清算可以理解为发生在结算前的准备环节,该环节主要是为了提高结算的标准化水平和结算的效率。结算则是最终发生资金转移的过程,需在一系列验证后执行。在以证券交易为代表的交易后中,清算一般是指由主体计算交易对手在结算日进行交付或付款的债务[85]。同样是先清算,再结算,在此期间,证券等交易的交易对手方的相关

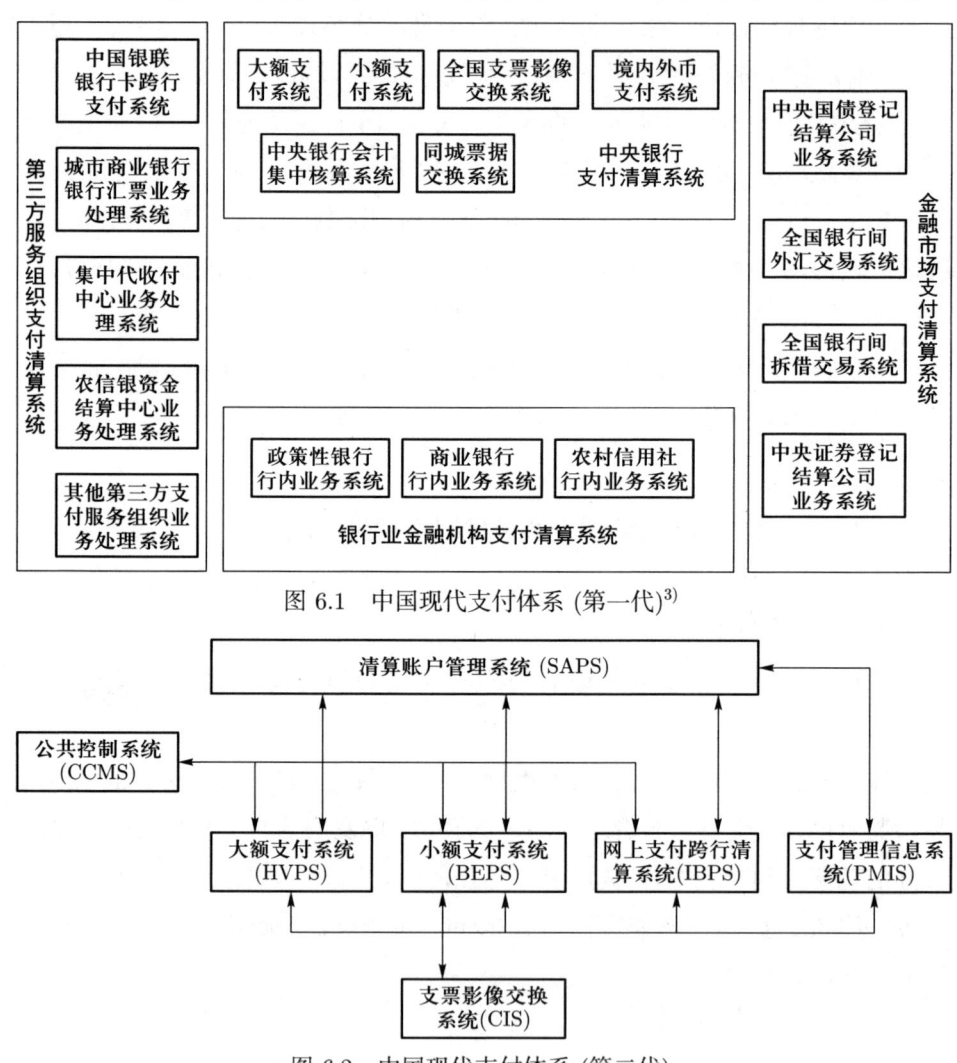

图 6.1 中国现代支付体系 (第一代)[3]

图 6.2 中国现代支付体系 (第二代)

---

[3] 在网上广泛流传并作为经典素材的全国支付清算系统架构图。

交付和支付债务被解除。例如,在证券交易中,当证券交付给买方,资金交付给卖方时,结算就发生了。在这些场景中,金融中介机构促进了清算与结算流程,例如支付系统和证券结算系统(securities settlement system, SSS)等。

6.1.2 行业现状和业务痛点

清算与结算已经发展了几个世纪,市场组织结构以及技术方案不断优化。例如,成立于19世纪50年代的纽约票据交换所对结算流程本身进行了重新设计;将先进的通信网络和电子数据库引入与清算和结算纸质股票证书相关的过程则是一种新技术的引入。然而,随着交易量和市场参与者复杂性的增加,金融机构间的清算与结算的成本越来越高,涉及多重手工流程,增加了金融市场交易的成本和风险,也导致运营和财务效率低下。

以跨境支付业务为例。如上所述,现行我国银行间的支付清算主要依赖于中间清算机构,包括账款记录、交易核算、余额核算、付款激活等一系列烦琐的程序,整个清算过程复杂且成本高昂。在跨国结算时,由于每个国家清算的程序都不一样,一次汇款需要大约3天来完成。这种流程不仅低效,而且占用了巨大资金量。当前银行间跨境清算存在着如下几个问题和难点:第一,跨境清算涉及的业务过程复杂烦琐,耗费成本较高,耗时较长,同时很多工作需要人工来完成,存在人工操作失误的可能;第二,清算过程存在一定的风险,并不是完全具有安全保障,清算过程中的信息也不是公开的,交易双方可能发生争议;第三,跨境业务涉及非常多的中间机构,寻找到合适且可靠的中间机构是非常困难的,并且部分中间机构的收费相当昂贵,增加交易成本。

6.1.3 基于区块链的解决方案

区块链作为金融领域的数字化创新,其去中心化、开放式、实时性等特点被认为有潜力推动目前没有金融中介的帮助则无法实现的清算与结算流程。

和传统的清算与结算方式不同,基于区块链的清算与结算系统可以通过区块链平台共享一套可信且相互认可的账本,实现数据的安全、防篡改和可追溯,大大提高协同的效率和准确性。此外,区块链平台可通过携带智能合约实现交易清算与结算过程的自动化。由于其十分明显的潜在优势,包括大幅提升交易效率、降低交易成本及风险等,因此清算与结算场景也是区块链技术在金融服务领域,特别是商业银行业务中最早和最成熟的应用。

在实践方面,目前 Ripple、IBM、微软等公司都在利用区块链技术发展跨境支付与结算的技术。美国金融公司 Ripple 基于区块链技术创建了支持实时总结算系统、货币兑换和汇款网络的平台,于 2012 年初发布。基于该平台,全球第一笔基于区块链的银行间跨境汇款 8 秒之内就完成了交易,而在传统支付模式中,该交易往往需要 2～6 个工作日。2019—2020 年,新加坡金管局与摩根大通、淡马锡共同合作开发了一个支持基于区块链网络的多币种支付的可投产模型。2021 年法国央行与突尼斯央行、瑞士央行等合作开展批量 CBDC 跨境支付实验。在国内银行中,2017 年初,招商银行基于区块链技术改造的跨境直联清算业务正式实现商用。同年 8 月,中国银联利用区块链打造了用于连接 ATM 的网络系统,借助分布式数据库技术提高了交易确认的速度和安全度。也许在不久的将来,现有的传统交易模式将被效率更高、安全性更好、成本更低的区块链技术所替代。

案例 1:招商银行——跨境直联清算、全球账户统一视图和跨境资金归集

招商银行作为内地规模较大的股份制商业银行,拥有一个子行和五个分行在内的多家海外机构。各海外机构与总行之间有着密切的资金等业务往来,而当时的跨国清算与结算系统相当烦琐,手续复杂,审批环节多,难以满足招商银行的需求。因此,招商银行率先开发并应用了一套基于区块链的跨境清算系统,解决其海外机构与总行间的资金清算问题。

2017 年 2 月,招商银行基于区块链技术改造的跨境直联清算业务正式实现商用,成为首家将区块链技术应用于"全球现金管理领域的跨境直联清算"、"全球账户统一视图"以及"跨境资金归集"三大场景的银行。2018 年 1 月,招商银行携手永隆银行和永隆深圳分行,利用区块链技术成功实现了三方间的跨境人民币汇款,这也是全球首笔基于区块链技术的同业间跨境人民币清算业务。

运用区块链可以为招商银行的清算业务带来以下几点显而易见的好处。

第一,可扩展。由于招商银行在海外拓展业务的需要,新的海外机构加入也会和母公司有资金往来。基于区块链的清算流程允许新的海外机构快捷加入到这个新开发的平台，以便及时完成和母公司的交易。

第二，去中心。新的平台上任意两家链上机构均可互联互通，机构间报文的传递速度大幅提升，从原来的六分钟提到了秒级。

第三，安全性。这种基于区块链的平台有着极高的安全性，报文无法伪造和篡改，系统大大简化。同时，该平台也保证了整个系统的安全，不会因一个点的崩塌而导致信息的丢失或损失。

案例 2：微众银行——联合贷款结算和清算

微众银行是我国第一家正式营业的互联网银行，主要从事金融科技的研发和应用，积极尝试将金融科技应用于金融业务场景。相较于国内传统商业银行，微众银行没有实体网点，其业务经营主业依靠其他商业银行联合放贷的形式来实现，主要资金并不是源自公众存款，而是源自其他银行。在此种运营模式下，业务清算和结算对微众银行来说显得尤为重要。

在此背景下，微众银行尝试使用区块链技术完成与各银行之间的贷款结算业务，从而降低交易成本，提高交易效率。2017 年 9 月，微众银行联合华瑞银行积极探索区块链技术的开发和应用，开发了基于联盟型区块链技术的银行间联合贷款清算平台，用于优化两家银行"微粒贷"联合贷款的清算与结算流程。

该平台使得两个银行机构可以通过区块链快速获取其所需要的信息，包括信贷情况和资金交易情况等，进行数据交换验证，将数据核对和清算时效由"T+1"日提升至实时清算。

6.2 区块链在票据业务中的应用

6.2.1 业务场景

票据[4] 是在货币或商品流动中为体现债权与债务的发生、转移和偿付而用的一种信用工具，通常涵盖汇票、本票以及支票。作为金融市场中的一类重要产品，票据具备支付、融资、兑换、信用等多重功能，在供应链管理等多个

[4) 以下讨论基于《中华人民共和国票据法》的相关定义，专注于汇票。

领域都扮演着重要角色，不仅可以促进资金周转和支付结算，还能拓宽企业融资渠道。例如金融票据的融资功能可以帮助中小微企业完成资金筹集，金融票据的兑换功能可以帮助交易者降低跨区域贸易尤其是国际贸易中现金支付的风险。

相比其他金融产品，票据具有较为鲜明的特点，其票面信息和交易信息必须具备完整性和不可篡改性，且对安全性要求高。首先，票据往往额度较大，且一经开立，其票面金额、日期等重要信息不容篡改。其次，票据在特定生命周期内可实现承兑、背书、贴现、托收等交易，具备流通属性，交易一旦完成不可撤销。此外，票据往往对信息保密性要求较高，目前各金融机构通过隔离信息进行保密[86]。

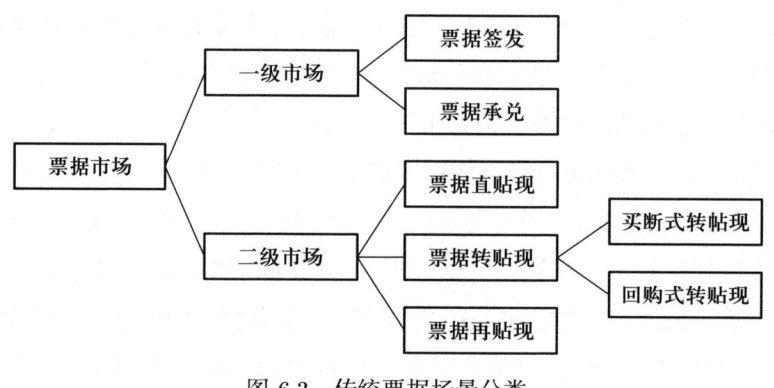

图 6.3 传统票据场景分类

6.2.2 行业现状和业务痛点

我国票据市场从 1979 年成立至今，经历了艰难探索阶段 (1979—1999)、迅猛发展阶段 (1999—2016) 和稳定发展阶段 (2016 年[5] 至今)，当前主要指商业汇票市场，包括银行承兑汇票和商业承兑汇票。仅 2021 年上半年，票据市场业务总额 84.14 万亿元，其中承兑金额 12.30 万亿元，背书金额 27.60 万亿元，贴现金额 7.59 万亿元，回购交易金额 11.70 万亿元[6]。

---

[5] 2016 年 12 月 8 日，由中国人民银行牵头主导在上海成立了上海票据交易所 (简称票交所)。
[6] 上海票据交易所：《2021 年上半年票据市场运行情况》。

6.2 区块链在票据业务中的应用

表 6.1 我国票据市场发展回顾

1979 年,中国人民银行开始批准部分企业签发商业承兑票据
1986 年,中国人民银行颁布了《中国人民银行再贴现试行办法》,正式开启票据再贴现业务
1995 年,八届全国人大十三次会议通过了《中华人民共和国票据法》,并于 1996 年 1 月 1 正式施行
2000 年,中国工商银行成立我国首家票据专营机构
2003 年 6 月,中国票据网正式启用
2009 年 10 月,电子商业汇票系统 (ECDS) 建成
2016 年 12 月 8 日,由中国人民银行牵头主导在上海成立上海票据交易所

与国外票据市场以大型企业和金融机构为主要服务对象不同,我国票据市场主要服务于中小微企业。据上海票据交易所介绍[87],"仅从银行间市场来看,票据市场去年的交易额为 69.91 万亿元,相当于 A 股市场总市值的 80%。银行间市场的参与者多达 10 万余家,包括了全国几乎所有金融机构及其分支机构,而通过银行间接使用票交所系统的企业客户更是达到 320 万家,其中绝大多数是中小微企业"。

我国票据类型主要包括电子票据和传统纸质票据,也逐渐在发展基于区块链的数字票据。在 2016 年以前,电子票据的认知度较低,后来由于一系列风险事件,中国人民银行下发《关于规范和促进电子商业汇票业务发展的通知》促进票据电子化。目前,票交所负责运营的中国票据交易系统和电子商业汇票系统 (ECDS) 分别提供了集中化管理的纸质票据交易平台和电子票据交易平台。2016 年,票交所与中国人民银行数字货币研究所组织中钞信用卡公司和试点商业银行进行了基于区块链的数字票据全生命周期登记流转的研究,于 2018 年 1 月投入生产环境并成功运行。2017 年,为加快统一票据市场建设,在中国人民银行的指导下,票交所做出了"数据融合"、"交易融合"和"系统融合"三步走战略,以实现纸质和电子票据业务融合,并于 2022 年 6 月上线新系统[88]。

票据市场作为我国重要的金融子市场之一,现阶段仍存在几个挑战。第

表 6.2 各类型票据比较

	纸质商业汇票	电子商业汇票	数字票据
期限	最长 6 个月	最长 12 个月	期限灵活
金额	最高 100 万	最高 10 亿	最高 10 亿
流通方式	需要实物传递,传递途中和背书时容易出现风险	通过网上银行流通,全程无纸化,方便快捷	基于点对点分布式对等网络,通过区块间点对点流通
到期解付	邮寄票据给承兑行解付,如有瑕疵需要补充说明	直接进行解付	到期自动从承兑人账户扣除
真伪	有假票出现	无假票	无假票

一,安全性。票据市场的欺诈风险和真实性问题不容忽视,票据造假行为层出不穷,真实性有待商榷,票据市场仍存在许多不规范现象,给票据业务的发展带来了一定的阻碍。第二,时效性。纸质票据的划款存在时滞,且纸质票据的收付和周转存在诸多不便,企业或银行等不能够及时将票据换为现金流,影响了企业的经营,阻碍了票据市场的发展。第三,高风险。由于票据的审验成本及监管对银行时点资产规模的要求,市场上催生了众多的票据掮客、中介,导致不透明、高杠杆错配、违规交易等现象并不少见。

6.2.3 基于区块链的解决方案

传统票据模式中低频交易、信任要求高且涉及多个交易和中介主体的特点使其非常适合运用区块链技术来解决该模式下存在的诸多痛点问题,是区块链技术的绝佳应用场景。

基于区块链的数字票据具有电子票据的所有功能和优点以及区块链技术融合的优势。第一,区块链的不可篡改性和可追溯性等特性,能够改变现有票据系统的储存和传输结构,建立起更加安全的去中心化模式。通过使用区块链技术,票据的交易不需要第三方来监督双方的价值转移,也不需要实物资产作为交易担保。第二,区块链票据系统可以实现点对点交易,并利用时间戳技术记录票据从产生到消亡的完整过程,能够确保票据信息的真实性,会解决"一票多卖"、票据造假的问题,在一定程度上防范金融风险。第三,在区块链系统中，票据的交易信息是开放透明的，可真实反映票据权利转移的全过程，所有节点的参与者能够查询到票据的流转情况和资金变化情况，降低信息不对称程度。第四，纸质票据的监管往往涉及现场审计，需要大量的人力和物力。依靠区块链系统的智能合约，区块链数字票据可以自动设定交易金额和交易方向，有效降低监管成本。此外，区块链在隐私保护上也给票据业务带来新的机遇。

不过，区块链技术在实际应用中只能部分解决信任问题。其解决方式是将交易各参与方都加入平台，对相关交易数据进行共同确认，防止信息被篡改。对链内数据信息进行有效管理和追踪，但并不能核准链外或线下资产、链外导入链内的数据是否真实。因此，区块链技术还难以应用到线下的资产权益评估。

案例：浙商银行——移动数字汇票平台

2016 年 12 月，浙商银行成功搭建基于区块链技术的移动数字汇票平台，可为客户提供在移动客户端签发、签收、转让、买卖、兑付移动数字汇票的功能，并在区块链平台实现公开、安全的记账。2017 年 1 月，浙商银行开发的基于区块链技术的移动数字汇票产品正式上线并完成了首笔交易，标志着区块链技术在银行核心业务的真正落地应用。2017 年 8 月，浙商银行打造了应收账款链平台。2018 年，浙商银行发行了第一期应收账款资产支持票据。

区别于传统纸质票据和电子票据，浙商银行设计出的移动数字汇票利用区块链技术将票据以数字资产的方式进行存储和交易，在极大程度上降低了交易成本，保证了票据信息的安全性和有效性，提高了票据结算的效率。后续，浙商银行还将积极探索在银行间建立共同协作以加强推广，并将继续深化区块链技术在保函和应收账款等金融领域的实际应用。

6.3 区块链在证券发行中的应用

6.3.1 业务场景

证券发行是指发行人为了筹集资金，在证券市场上向投资者发售股票和债券等证券的行为，这是证券业最重要的业务场景之一。

不同国家的证券发行可能有一定区别。在我国，按照是否公开上市，证券发行可以分为公开发行和非公开发行。两者本质上都是发行人的融资行为,最主要的区别是发行对象不同,非公开发行一般有特定发行对象[7],公开发行则没有限定对象,例如首次公开募股 (initial public offerings, IPO)。根据现行《证券法》规定,"依法公开发行的股票、公司债券及其他证券,应当在依法设立的证券交易所上市交易或者在国务院批准的其他证券交易场所转让"。

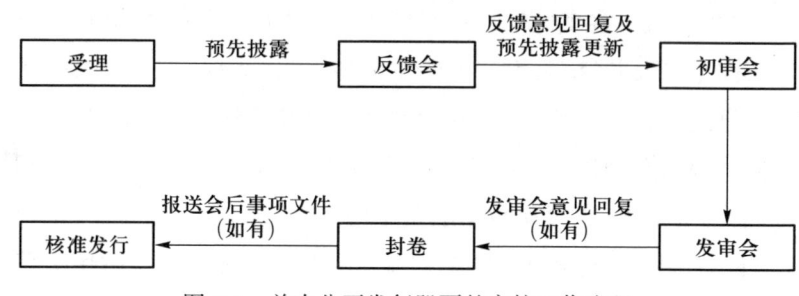

图 6.4　首次公开发行股票的审核工作流程

6.3.2 行业现状和业务痛点

以中国市场为例,我国证券市场起步较晚,当前我国企业公开发行股票并上市需要经过准备、申报和审核等阶段,发行制度主要分为注册制和核准制,其中主板和创业板实行核准制,科创板实行注册制。注册制改革是完善要素资源市场化配置体制机制的重大改革,也是发展直接融资特别是股权融资的关键举措。2020 年 3 月 1 日正式开始实施的新《证券法》明确了我国将全面推行证券发行注册制。2020 年 8 月 24 日创业板注册制首批企业上市。2021 年,沪深交易所首次公开发行上市 A 股 481 只,筹资 5351 亿元;北京证券交易所公开发行股票 11 只,筹资 21 亿元[8]。

对于私募发行来说,初创企业往往选择在一定时间内保持非公众公司的身份,暂不进行公开发行,以便在创业初期保持一定的独立性,免受外部资金对管理层的过多干预。基于这样的考虑,初创企业选择私募发行的方式来获取公司发展所需的一定融资。私募证券的发行一般也要经过公司决议、尽职调

---

[7] 根据现行《证券法》,非公开发行即向不超过二百人的特定对象发行证券。
[8] 数据来源:《2021 年国民经济和社会发展统计公报》。

查、备案核准等发行程序。

虽然各个国家的证券发行政策有所不同,但仍存在一些普遍痛点。第一,信息不对称。发行人相对于投资者拥有信息优势,而投资者是发行企业的外部人士,并不完全掌握风险情况,难以监督发行人,容易滋生欺诈行为;第二,流程复杂且效率低。如前文所说,证券发行涉及证券发行中介机构等多个主体、披露审核等多个环节,完成这些复杂烦琐的流程后才能寻求投资者的认购。面对日益增多的证券发行数量,整个过程资料繁多、数据交流困难且沟通成本较高,往往会导致效率低下等问题。第三,信息安全问题。以 IPO 为例,IPO 从启动到完成融资的环节多、历时长,过程信息如工作底稿可能难以完整留存;IPO 信息系统由各市场主体独立建设,缺乏统一的工作平台对各方数据进行集中管理使用,数据可能并不一致。同时,部分数据由于缺乏佐证信息可能会成为孤立数据,给 IPO 数据造假留下了空间。

6.3.3 基于区块链的解决方案

在各种证券发行模式中,一般都需要一个值得信任的中央对手方 (CCP) 进行确认、登记和托管。利用区块链构建这样一个系统以替代笨重的传统 CCP 节点,不仅有利于发挥平台化优势,发挥规模效应,为成百上千的融资企业提供高效、便捷、环节更少、成本更低的发行渠道,还能以安全、无篡改的方式保存数据,提高发行全流程的透明度。第一,除了传统的信息披露外,可以通过区块链把发行过程信息提供给市场参与者和监管部门,方便监管部门、审计机构便捷地对数据进行查询、比较和核验,进一步提升透明度。第二,区块链可弱化或替代承销机构,承销与保荐相冲突的隐患会明显降低,客观上可减少证券公司参与造假的动机。第三,通过联盟链,可以实现点对点的发行,弱化证券承销机构的作用,减免承销费用。第四,发行人利用区块链和智能合约自主办理证券发行,自行确定发行窗口和节奏,可增强发行的便捷性和灵活性。

因此,证券发行是区块链的重要应用方向,国内外均在积极探索基于区块链的各类证券发行领域,现阶段主要围绕搭建区块链平台为证券发行提供服务。美国率先利用区块链技术进行证券发行领域的尝试。美国纳斯达克交易所

2015 年推出的基于区块链的证券交易系统 Nasdaq Linq，为非上市企业提供证券私募融资服务，标志着区块链技术在证券发行领域应用的开始。此外，美国证监会 (SEC) 也批准了一家名为 Overstock 的公司提交的申请，允许该公司通过基于区块链技术的电子平台销售其自身的股票，此后 Overstock 基于新型债券发行模式发行了总金额为 500 万美元的"数字企业债券"。2016 年，tZERO ATS 成为美国第一家受监管的数字资产交易场所。在 tZERO ATS 上交易的数字证券，通常基于区块链和分布式账本技术登记，这便于通过增加透明度来提升投资者的交易体验。2018 年，世界银行发行全球首个使用区块链创建和管理的证券 bond-i，这是第一个"使用分布式账本技术在其生命周期中创建、分配、转移和管理"的全球区块链债券。

案例："上证链"平台

"上证链"是上海证券交易所在复旦大学的支持下自主研发、面向行业的"云链一体化"基础技术设施。2020 年 10 月 21 日，上证链举办了行业发布会，公布了技术白皮书并与首批合作证券公司共同启动创始区块，成立上证链治理委员会，上线投资者适当性管理、电子存证、行情授权管理、投行底稿、数据备份等多个场景，开始"上证链"的试运营。

"上证链"具有高效率共识、全国分布式部署和高扩展性的特性，支持多链协同、国密算法等。证券公司可以轻松实现数据三步上链，一键发布业务子链。其首批用户包括国泰君安、东吴证券、中信证券、中泰证券、安信证券、中信建投、方正证券、兴业证券、东方证券、海通证券、长江证券、恒泰证券共十二家证券公司。

6.4 区块链在保险服务中的应用

6.4.1 业务场景

保险业由为投保人提供风险管理的公司组成，涉及两方，一方即保险公司，保证对任何不幸的未来事件提供保障，而另一方即投保人，支付一定保费以换取风险保障。本质上，保险是保险公司提供的一种风险管理工具，通过支付一定数额的保费来补偿特定的损害、损失、疾病或死亡。保险领域在当前时代非常重要,通过改善投资环境和促进更有效的投资组合对经济增长做出重大贡献,对个人甚至国家经济有直接影响。

作为一个增长缓慢且安全的行业,保险公司的业务范围非常广,最常见的个人保险类型是健康、汽车和人寿保险场景。此外,农牧业保险、海运保险等场景也不容忽视。以农牧业保险为例,一直以来,农业生产时常面对极端自然灾害等影响,近年更是受到疫情冲击,使粮食作物和畜牧生产都受到影响。农业保险计划传统上是公认的管理天气相关风险的工具。一般地,农民在种植周期开始之前支付保险费,并在遭受损失时获得保险金,从而能够管理他们在极端天气下的财务风险。

6.4.2 行业现状和业务痛点

如今,保险产品在我们的社会经济体系中无处不在。财产保险、人寿保险和意外保险只是保险产品的几个例子,它们是我们日常生活的一部分,提供各种形式的风险保障。仍以农业保险为例,随着农业保险市场的快速成长,2014至2020年,我国农业保险赔款及给付费用从205.6亿元增至592.52亿元,农业保险保费收入占保险业原保险保费的比例从1.61%增至1.8%[9]。同时,随着行业持续向好发展,中国人保、安华农保等越来越多的企业加入农业保险市场,市场主体不断增加,集中度较高。

保险业虽然成熟且有价值,但在适应其领域的新技术方面一直发展较为缓慢,目前仍存在一些问题。第一,信息不对称问题。对于投保人,保单参数、保费定价等信息透明度低,理赔流程复杂,往往只能任由保险公司"发落",信任关系不断恶化。对于保险公司,保险欺诈一直是保险业的痛点。由于信息不对称,投保人与保险公司之间时常出现逆向选择和道德风险问题,甚至有恶意诈骗行为,例如伪造理赔资料等,加大了保险公司的经营风险和管理难度。第二,效率低下。保险相关业务往往流程繁杂,投保时需提交多种手续,理赔和核保更是环节复杂、难度大且时间长,特别是对于农业等复杂保险场景。第三,数据

---

[9] 数据来源:《2021年中国农业保险行业分析报告》。

安全问题。保险公司一般基于集中式服务器存储大量投保人信息，一旦出现网络攻击或数据泄露问题，后果不堪设想。2015 年，Anthem Insurance 披露了一起数据泄露事件，泄露了 7880 万客户的敏感数据。除了身份欺诈造成的无法估量的损失外，整个行业还遭受了 3.75 亿美元的损失。

6.4.3 基于区块链的解决方案

区块链技术有助于有效缓解现有机制下保险业发展的诸多痛点，应用于承保、理赔、风险评估、保险产品开发与定价等方面，可以推动包括农业保险等多个领域的保险应用创新。

具体而言，区块链的智能合约功能可以使投保人更加灵活便捷地选择保险产品，而保险公司可以通过区块链中储存的用户数据快速识别投保人是否符合承保要求，从而提高承保效率。引入区块链技术可以记录保险价值链全流程等交易信息，利用去中心化解决信息不对称问题，通过核实区块链中记录的客户信息和事件信息实现快速理赔，避免诈骗问题。保险标的在投保时需要进行风险评估，通过区块链中的公开信息可以对保险标的的身份、资产信息等进行核查，利用这些信息强化风险评测。此外，通过联盟链，交易中涉及的所有参与者都可以参与网络，实现信息共享和数据交流的同时也保障了网络的安全性和隐私性。

现阶段，国内外均在尝试推动新技术在保险领域的发展、应用和落地，甚至推动保险变革。区块链保险业倡议（blockchain insurance industry initiative, B3I）成立于 2016 年，是一个全球保险和再保险公司共同组成的联盟，包括全球数十家巨头保险公司，旨在推动区块链在保险和再保险领域的应用，帮助价值链中的所有不同利益相关者从新技术中受益。2019 年 5 月，美国州立农业保险公司（StateFarm）和 USAA 保险公司对 Quorum 区块链平台进行保险应用的相关测试，旨在提高保险理赔效率，优化保险业务流程。在我国，相互保、水滴互助、保交链、中国再保险区块链等众多应用落地。2018 年 3 月，中国再保险集团联合多家企业和组织机构，倡议建立再保险区块链平台，实现区块链技术在财产险合约再保险承诺、财产险合约再保险日常管理、财产险合约

6.4 区块链在保险服务中的应用

再保险账单处理、财产险临分再保险、人身险合约再保险和人身险临分再保险业务方面的应用。2019 年 7 月，中国银保监会发布《中国银保监会办公厅关于推动供应链金融服务实体经济的指导意见》，鼓励银行、保险机构将区块链技术运用于交易环节，提高交易效率和智能风控水平。

案例 1：众安科技 "步步鸡" 项目

众安科技公司是保险巨头众安保险旗下的全资子公司，成立于 2016 年，主要从事大数据和区块链等前沿技术在保险领域的研发应用。

针对保险行业现有防伪溯源顽疾多等问题，众安科技深入 "区块链 + 农业"，推动了区块链技术落地应用。2018 年，众安科技与国元保险公司合作推出了 "步步鸡" 项目。这也是区块链首次在国内被应用于农业领域，为农民提供了全新的生态养殖解决方案。

众安科技将区块链、物联网和防伪技术相互结合。首先，为每只鸡设计唯一防伪标识，可以追溯每只鸡的成长过程，打通了从鸡苗供应到屠宰加工等各个环节的信息壁垒，有助于风险评估。其次，利用智能合约和智能检测技术可实现自动理赔，提高理赔效率的同时解决诈骗问题。

案例 2："保交链" 平台

2017 年 9 月 1 日，上海保险交易所 (以下简称 "保交所") 正式发布区块链底层技术平台 (以下简称 "保交链")，旨在为保险行业和保险交易提供区块链基础设施，构建稳定、高效、安全的保险交易环境，引领行业科技进步与创新发展。保交链既可以满足保交所自身保险交易科技的需求，也可以满足保险机构运用区块链技术进行创新的需求。

保交链包括区块链客户身份识别平台、区块链风险保额累计平台、区块链数字保单托管平台等。该底层技术平台在以下几个方面具有重要特性[89]：第一，安全体系。金融区块链系统设计时考虑的首要因素就是安全性，保交链底层加入了自主研发的国密算法。第二，监督审计。保交链最初的设计理念中充分考虑了服务监管的要求，通过 CA (certificate authority) 管理，实现用户注册登记、证书管理、授权审核等功能，以保证区块链各节点参与方的身份安全。第三，性能可靠。保交链是以联盟链为基础的区块链平台，参与方已经存在一定的信任，共识算法的一致性要求比公有链的要求低一些，基本可以满足保险行业的区块链应用的性能要求。第四，灵活部署。安装部署的简易性是一项新技术能够快速推广的关键。保交链对共识过程中节点的分工做了拆分，整个共识过程由核准验证、排序服务、同步核验三个步骤组成。第五，应用开发。保交链应用程序编程接口以 API Server 的方式提供 RESTful 接口服务，全面对接业务需求、管理需求和监控需求，大大降低了区块链开发者和运维人员的技术门槛。第六，监控运维。保交链是为了商业应用而设计的，因此充分考虑了系统监控运维的需求，其提供的监控接口可以完整地实现实时区块链系统监控。第七，多链架构。保交链在考虑到保险业务的复杂性之后，引入"通道"的概念，通道间的数据完全隔离、不可访问，实现了一个底层平台运行多个业务场景的需求。

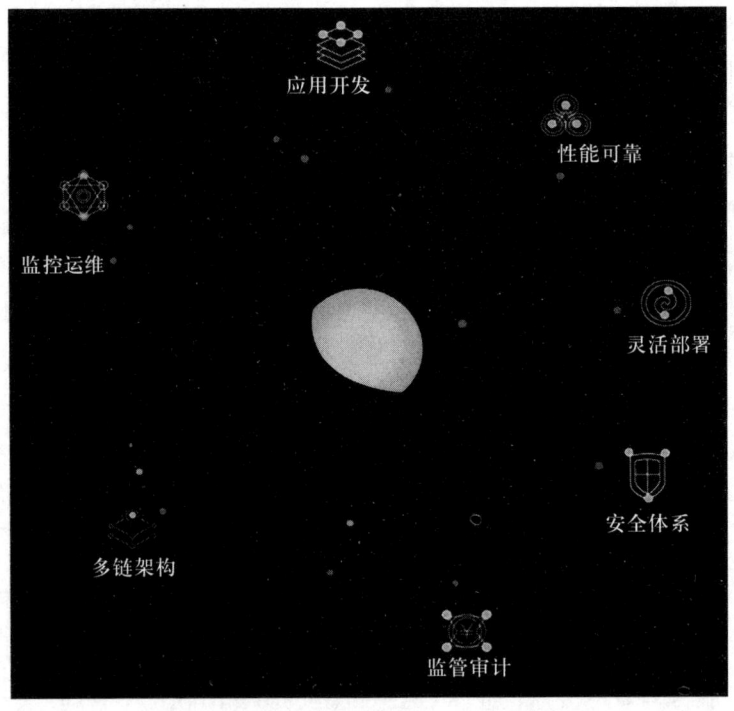

图 6.5　保交所区块链底层 7 大特性[10]

---

[10] 图片来源：保交链网站。

6.5 区块链在资产证券化中的应用

6.5.1 业务场景

作为金融创新的代表产品之一,资产证券化 (ABS) 根据未来现金流量发行资产支持证券,具体是通过特殊目的的载体 (special purpose vehicle, SPV) 对流动性较低的资产和贷款进行打包,使这组资产在可预见的未来能够产生相对稳定的现金流,提高资产信用质量,从而将其预期现金流转化为可以在金融市场上交易的债券。资产证券化作为填补债券市场链接实体经济与金融活动空缺的重要金融工具,可优化经济结构,完善融资渠道,以及增加基础资产的信用。

根据资产类型的不同,ABS 可分为实物资产证券化、信贷资产证券化、证券资产证券化和现金资产证券化。传统模式下,ABS 业务参与方较多,包括基础资产原始权益人、设立 ABS 载体 SPV 的中介机构、为 ABS 提供担保的担保人、ABS 的投资者 (包括优先级投资者、劣后级投资者) 等;涉及的资产也较多,包括基础资产、担保资产、ABS 份额等;业务链条较长,包括基础资产的转让出表、基础资产的打包发行、为 ABS 提供财产担保等。在一些创新结构模式下,情形会更为复杂。

6.5.2 行业现状和业务痛点

与 2008 年次贷危机和欧债危机后国际市场 ABS 业务有所下滑不同,ABS 业务近年来在中国发展迅速。自 2005 年开启资产证券化业务以来,中国 ABS 相关配套制度逐渐落地,发行端、投资端、交易结构等业务环节逐渐规范成熟。随着产品总量的扩大,其参与者和标的资产也逐渐多元化。参与者包括各类银行、汽车金融公司、金融租赁公司和资产管理公司等。除企业贷款外,个人车贷和个人住房抵押贷款也成为标的资产的选择。2021 年,我国资产证券化产品发行规模达到 3.1 万亿,存量规模近 6 万亿[11]。

---

[11]数据来源: 中国债券信息网。

在如此快速的发展下，ABS 业务存在的问题也逐渐暴露出来。第一，信息不对称。ABS 业务涉及的参与者众多，参与者之间的信息难以平均分配，容易导致信息不对称和道德风险，尤其是在低质量的标的资产中。同时，我国 ABS 产品信息披露机制尚未健全，除了发行时的信息外，整个 ABS 存续期间的信息变化并未得到及时有效公布。第二，信用体系。我国信用体系尚不完善，一方面信用体系中没有完整的历史违约数据，仅凭信用记录很难完全揭示证券背后的风险，另一方面评级机构使用的信用模型的真实性和有效性有待考量。第三，产品流动性。与我国早期的 ABS 产品相比，ABS 产品在二级市场的流动性有了很大提高，但仍处于较低水平，存在大量错误定价或不合理定价的情况，此类产品的定价机制与其所包含的风险并不匹配。

6.5.3 基于区块链的解决方案

考虑到区块链技术具有防篡改、可追溯、信息透明等特性，将其应用于资产证券化可以大大降低传统资产证券化的金融风险，解决 ABS 发行和交易中的信任问题和透明度问题。

目前，国内外相关行业中许多机构开启了区块链的研究和应用。在国内，2017 年，百度金融、华能信托等机构共同发行了基于区块链技术的 ABS 产品，发行规模达 4.24 亿元，这是国内第一次采用区块链技术发行私募 ABS。

在资产证券化业务中一般采用联盟链。通过在 ABS 业务流程中部署区块链和智能合约，监管机构、中介机构、投资者等各参与方作为区块链节点，可以及时掌握上链资产的全生命周期变化情况，加强协同和共享实时数据，大幅提升监管机构的穿透式审核与监管效率、中介机构的尽职调查效率以及投资者的认可度，缓解信息不对称问题。同时，基于区块链，业务流程中能够将涉及基础资产的交易记录和风险变动情况向全网进行更新和传播，使基础资产管理和基础资产现金流归集能向全网公开，从而更加及时地对基础资产进行监测，提前预警 ABS 存续期内的风险点。此外，智能合约可以通过编程来设置 ABS 的业务运行、违约处置、合约终止等业务环节，也可设置担保条件及其阈值，如因发行人违约触发行使担保权利的阈值，智能合约会自动运行担保措施，无须

6.5 区块链在资产证券化中的应用

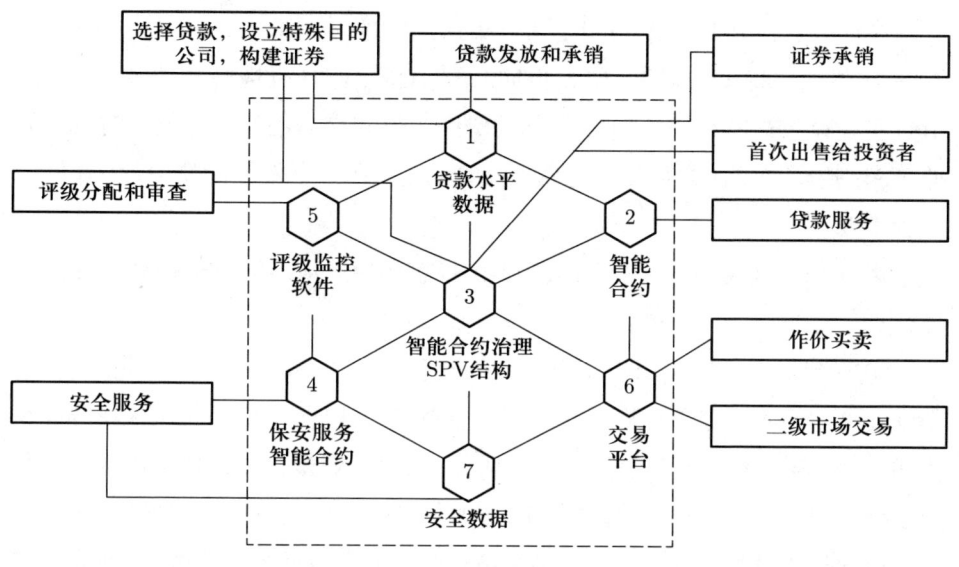

图 6.6 基于区块链技术的资产证券化流程

中间环节由机器直接保障投资者的利益。

案例 1：交通银行——"聚财链"项目

为了自身转型需求,利用区块链技术较强的应用价值和适用性,2018 年 6 月,交通银行正式上线业内首个投行全流程区块链资产证券化平台"聚财链"。同年 7 月,交通银行 2018 年第一期个人住房抵押贷款资产支持证券 (RMBS) 基础资产信息完成上链。同年 8 月,中介机构通过区块链流程开展 RMBS 尽职调查工作。"聚财链" 可根据基础资产调整产品模型,实现了对不同类型资产证券化产品的适用性,同时兼顾拓展性,不断更新,打造国内资产证券化业务生态圈。

作为业内首个资产证券化区块链平台,"聚财链" 平台优化了 ABS 的业务流程,利用基于区块链的分布式记账技术实现了联盟链内跨机构业务流程运转,提高了跨机构的协同效率。同时,该平台降低了金融机构的运营成本,在区块链系统中,所有参与者均能够获得系统中的海量数据,通过区块链智能合约自动执行规则明确、权责清晰的业务操作,大大降低了参与方的操作、合规和对账成本。再者,整个区块链系统中的信息是公开透明的,加上区块链中的不可篡改技术,使得 ABS 业务从发行到交易整个过程都更加规范和透明,能够实现去信任化，降低了 ABS 中所蕴含的信用风险和流动性风险，从而提高了 ABS 定价的精确度，风险与收益更加匹配。最后，监管机构可通过部署区块链节点实现穿透式监管，对 ABS 的基础资产信息和交易信息等进行实时有效的监管，掌握全局情况，极大地提高了监管的时效性、有效性和便捷性，降低了监管难度。

案例 2：京东数科——中信证券 9 号京东白条应收账款债权资产支持专项计划

2019 年 8 月，在中国国际智能产业博览会上，区块链 ABS 标准化方案"中信证券 9 号京东白条应收账款债权资产支持专项计划"荣获了中国区块链优秀应用案例。该计划由中信证券担任计划管理人，兴业银行担任托管机构。此外，众华会计师事务所、奋迅律师事务所、中诚信国际均加入 ABS 区块链方案。

该项目通过智能合约将交易结构条款转化为可编程的数字协议，在联盟链上实现了 ABS 项目智能化管理，例如加速清偿和违约事件的实时判断。监管机构等可以选择性部署共识节点，或通过网关接入 ABS 区块链完成穿透式审查。

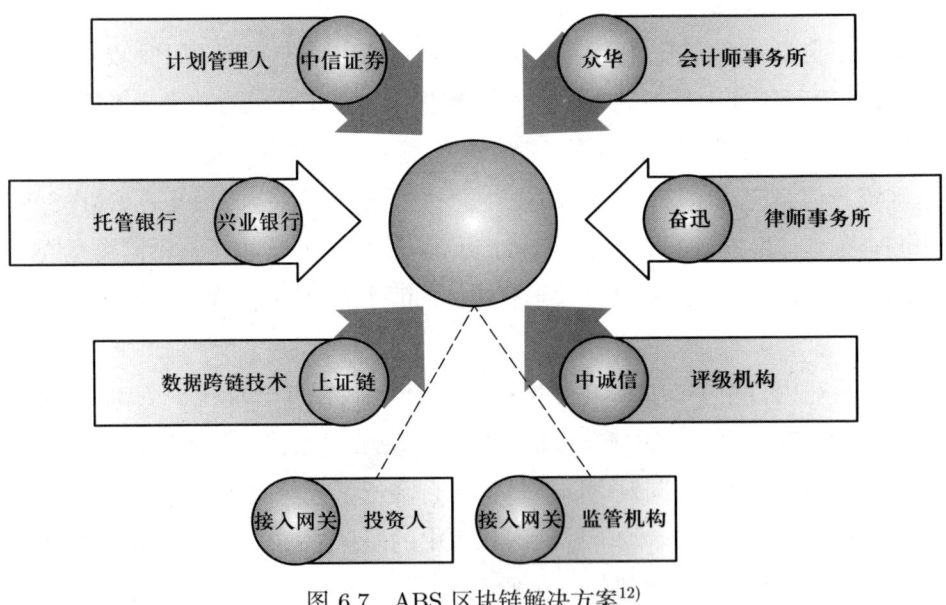

图 6.7 ABS 区块链解决方案[12]

---

[12] 图片来源：证券信息技术发展研究中心 (上海) 联合研究课题报告。

作为计划管理人，中信证券在接入过程中出具计划说明书，并对智能合约发出资产循环购买指令以及兑付指令。兴业银行出具划款凭证上链。众华会计师事务所将尽职调查报告、现金流分析报告完成上链操作。奋迅律师事务所将法律意见书、交易文件推送上链。中诚信国际发布评级报告以及对评级进行跟踪更新。投资人和监管机构可以通过网关节点实时查询上链信息，提升信息透明度以及监管效率。

6.6 区块链在股权交易中的应用

6.6.1 业务场景

股权交易[13]作为金融领域的重要场景，一直以来都不断通过新技术提升交易效率，确保交易安全。股权本身作为一项所有权，需要严肃严格的登记和审核制度。在我国，与证券交易有所不同，狭义的股权交易一般指区域性股权交易。区域性股权交易市场作为多层次资本市场的一部分，一般是指为特定区域内的企业提供股权、债券的转让和融资服务的私募市场。

在传统模式下，我国区域性股权交易主要包括挂牌申报、信息披露、股权转让、成交等环节，涉及交易所、交易对手双方、交易中介机构、银行等多方，并且关系到多方的交易系统。图 6.8 为我国区域性股权交易平台结构图[90]。

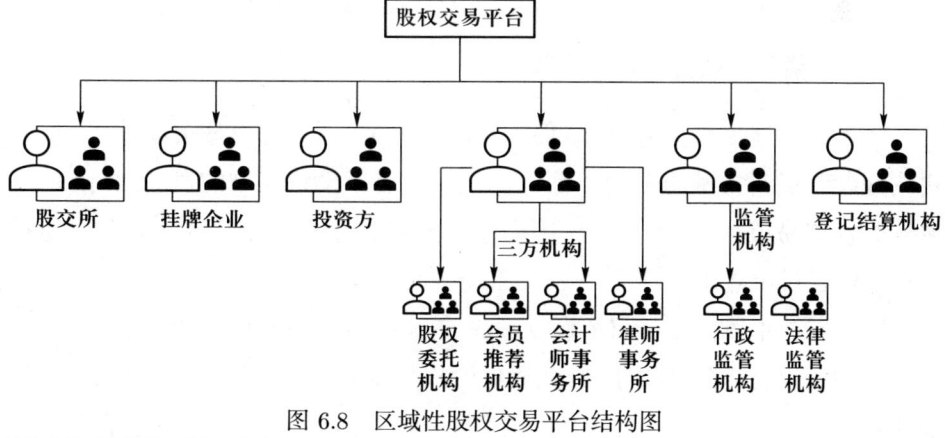

图 6.8 区域性股权交易平台结构图

---

[13]本文所提及的股权交易一般指区域性股权交易市场。

6.6.2 行业现状和业务痛点

仍以我国区域性股权交易市场为例，传统股权交易平台主要指为区域性中小企业进行场外交易的平台，包括全国中小企业股权转让交易系统(新三板市场)和区域性股权交易市场(四板市场)。前者是与深交所、上交所同等级的全国性股权交易市场，主要为中小微非上市企业服务，包括发展、投入和退出等。后者可以理解为对前者的补充，存在于特定区外的场外股权交易市场，覆盖的行业范围更少。近几年，全国各省区域性股权交易中心发展迅速，据证监会数据显示，截至 2022 年 1 月，共有 35 家区域性股权市场运营机构。

在快速发展的同时，现有股权交易市场也暴露了一些问题。第一，数据不同步。各挂牌企业相关文件是投资者进行投资决策时的重要信息，有助于避免投资风险。然而，特别对于我国区域性股权交易场景，多省股交所存在由不同系统开发商承包，挂牌企业的数据可能不同步、共享不及时等问题。第二，合规监管成本大。在未上市的股权交易过程中对投资项目的收益和风险评估尤为关键，涉及多类信息指标，由于中小微企业的非透明性、尽职调查流程烦琐、人工参与度高等特点，可能存在各机构重复注册审核、审计耗时过长、业务操作成本高等问题。第三，效率较低。非上市企业股权交易转让流程相对复杂，涉及个性化的业绩对赌、利润分红、股权转让等条款审核与确认真伪，且容易因信息不对称导致股权交易半途而废。

6.6.3 基于区块链的解决方案

为了更好地提升交易效率，促进资源配置平衡，充分发挥市场效益，相关机构开始尝试新技术的引入。现阶段，我国正在推动该领域的发展，特别是区域性股权交易市场。2020 年，中国证监会批准上海等 5 家区域性股权市场开展区块链建设试点工作。

区块链技术可应用于多个痛点解决方案。首先，可基于智能合约技术开发个性化的股权交易条款程序，有效确保股权投资条款的执行，实现股权交易智能化和自动化，大大提升交易效率。其次，通过上链，联盟链上每个节点即各

6.6 区块链在股权交易中的应用

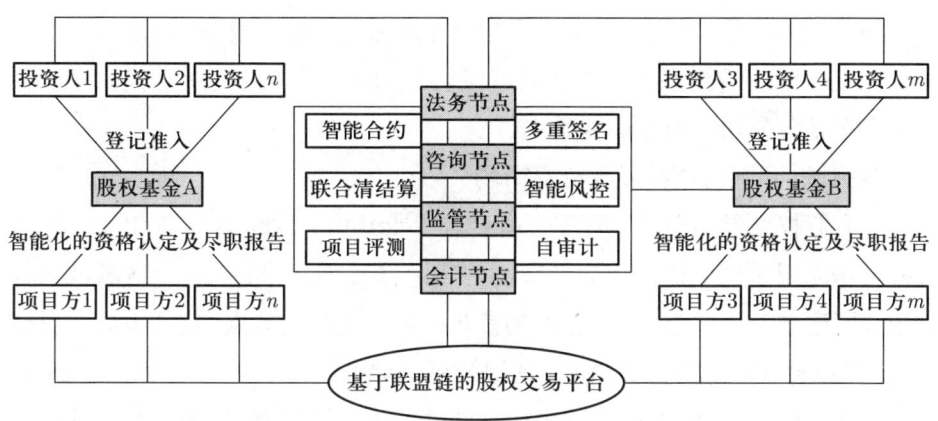

图 6.9 基于联盟链的股权交易系统架构

方机构，可获取投资者信息、智能合约管理信息、股权交易信息等，可很大程度上降低在股权交易投资阶段对投资者和投资项目的审核难度以及后续的尽职调查难度，加快股权投资决策。此外，采用基于区块链的可信数字股权凭证，相较于传统的纸质凭证或电子凭证更容易流转、更加安全，同时便于跟踪，对于股权的市场监管更加便利。

案例 1：私募股权交易系统 Nasdaq Linq

纳斯达克作为在公开市场和私人市场上提供交易、清算和交易技术的最大服务机构之一，一直走在区块链革命的最前沿。Nasdaq Linq 平台是 2015 年 12 月纳斯达克推出的基于区块链技术的私募股票交易平台。该平台可服务于未上市公司的股权转让，完成私人股权的交易结算。

基于 Nasdaq Linq 平台，发行人能够使用其区块链分类账技术成功完成和记录私人证券交易，以数字方式代表所有权记录，同时显著减少结算时间和纸质股票证书的需求。此外，Nasdaq Linq 还为发行人和投资者提供资产与资金注册、股权变更历史展示、挂牌交易、文件记录等功能。通过区块链技术，Nasdaq Linq 不但大幅缩减企业股权交易结算时间，将原先股权交易市场标准结算时间 (3 天) 缩减至 10 分钟，令企业股权交易的结算风险降低 99%，还助力股权交易双方线上完成股权发行申购，进一步简化文字工作，减少繁杂的审批流程与行政风险。

Chain.com 是 Nasdaq Linq 的首个客户和区块链开发商，记录了其使用纳斯达克的区块链技术向私人投资者发行股票的情况。这笔交易代表了区块链技术在私营公司应用方面的重大进步。

案例 2：我国区域性股权交易市场

上海股权交易中心总经理张云峰曾在 2020 年 4 月撰文[92]提出了一种区块链技术应用于区域性股权交易市场的建设思路，即"全国 34 个区域性股权市场共同建立一个联盟链，所有市场参与主体均为链上节点，包括市场运营机构、挂牌企业、中介机构、投资者、登记结算机构、银行、监管机构等，上述节点资源全部在链上共享。市场运营机构是产品的主要提供者，按照其自身的业务流程提供具有自身特色的发行或交易产品，即编写自动化智能合约，提供给链上的其他节点购买或交易。链上的交易是全流程的，包括登记、托管、询价、磋商、交易、结算、过户等，交易与结算是标准化、电子化、自动化进行的，一次交易完成也意味着结算完成，并且这一过程不可撤销，难以更改。市场运营机构在组织、制作产品的过程中，需要按照自身特色的业务流程进行，这些业务流程也要上传到区块链中，在链上标准化、电子化、自动化完成。链上的所有操作均附加了数字签名、时间戳等安全措施，保证数据的准确性与不可篡改性，使得区域性股权市场联盟链平台更加透明、便捷、高效与安全"。

此外，上海股权交易中心将探索区块链技术在私募股权登记托管场景的应用，构建股权登记业务链系统，汇集线上交易、股权质押等交易和非交易信息，并将挂牌企业信息披露文件转化为数据存证，进一步提高市场的透明度和规范性。同时，上海股权交易中心还将探索与其他金融基础设施的对接，构建并完善区域性股权市场区块链生态系统[91]。

2020 年 7 月，证监会发布了《关于原则同意北京、上海、江苏、浙江、深圳等 5 家区域性股权市场开展区块链建设工作的函》，原则同意了北京、上海、浙江、江苏、深圳等区域性股权市场参与区块链建设试点工作。据悉，就区域性股权市场的区块链系统建设，证监会推动搭建了一个区块链的双重架构，上一层是证监会的中央监管链，下一层是地方的业务链。监管链由证监会来负责建设，主要承担监管责任，而地方的业务链由区域性股权市场自行建设，承担具体的业务工作。监管链实现穿透式使用，能够有效缩减监管成本、控制风险，及时把握市场整体情况和交易动态。

6.7 本章小结

金融服务是金融业提供的经济服务，涵盖范围广泛的资金管理业务，也是区块链最主要的应用领域之一。本章介绍了区块链在资金清算与结算、电子凭证、证券发行、保险服务、资产证券化、股权交易等多个金融服务场景的应用，分别介绍了业务场景、目前行业现状和痛点，并分析了基于区块链的解决方案和相关案例。

6.8 思考题

1. 请思考区块链在资金清算与结算场景下的应用会有哪些风险。
2. 请列举更多区块链适用的金融服务场景。
3. 区块链在电子凭证场景下如何解决痛点？
4. 请自行调研区块链目前在我国证券发行场景下的应用情况。
5. 请思考区块链在证券发行、资产证券化和股权交易场景下应用的共同点。

第 7 章 区块链与供应链管理

供应链是实现产品设计、采购、生产、销售、服务等全程高效协同的组织形态,通过整合资源以提高质量和效率。随着社会化大生产的发展,企业之间的竞争逐渐演化为供应链之间的竞争。供应链管理取决于对产品、流程、信息和现金流动的全面协调管理。

传统的供应链管理存在可追溯性差、信息不对称、供应链成员难以相互信任等问题。利用区块链的去中心化结构、智能合约和非对称加密等特性,可以优化供应链管理,以获得更好的性能、更高的效率和更低的成本。本章将从多个场景介绍区块链在供应链服务中的应用。

7.1 区块链在供应链金融中的应用

7.1.1 业务场景

供应链金融是银行将核心企业与上下游企业联系起来,提供灵活的金融产品和服务的一种融资模式。自金融危机以来,许多企业及其供应链合作伙伴常常面临难以从银行获得融资、现金流受限的问题。为应对这种不利局面,供应链参与者正试图通过保理、贸易融资、库存融资等金融机制来减少营运资本、削减利息支出并降低债务比率。在此背景下,供应链金融逐渐兴起[93]。

通过供应链金融,不仅可以优化供应链中的营运资本,提高供应链收入,而且可通过降低供应商违约风险和简化流程降低供应链生产的总体成本。目前,供应链金融在服务实体经济、助力中小企业融资等方面发挥着重要作用。随着供应链金融商业模式的不断创新和信息化建设的不断推进,研究人员越来越重视信息技术在供应链金融中的作用。

7.1.2 行业现状和业务痛点

近年来,供应链金融成为供应链管理领域与金融领域发展的新方向。中国供应链金融起步较晚,但受益于商业票据、融资等业务的蓬勃发展,供应链金融在中国发展较为迅速。

在参与主体方面,供应链金融管理通常涉及供应链核心企业、物流企业、配套中小企业、银行等机构。传统的供应链金融中,不同的公司和机构扮演着不同的角色,但随着智慧供应链的演进,各个主体功能出现分化和交叉,多元化的同时也向两端延伸。因此,与传统的银行信用贷款或风险投资相比,供应链金融必须根据供应链生产的基本要素为供应链利益相关者提供全面的金融服务,依赖于供应链中的各个生产环节,对信息、信用等要求较高。只有保证供应链中各企业有充分交流,且金融合作信息有较高可信度,才能保证资金流和物流的效率。

在融资模式和资金来源方面,目前供应链金融主要有三种融资模式,分别是应收账款融资模式、保兑仓融资模式和融通仓融资模式。其中,应收账款融资模式由于流动性更好、模式更成熟等原因,仍保持最重要的地位。同时,随着互联网金融的发展,资金来源更加广泛灵活。

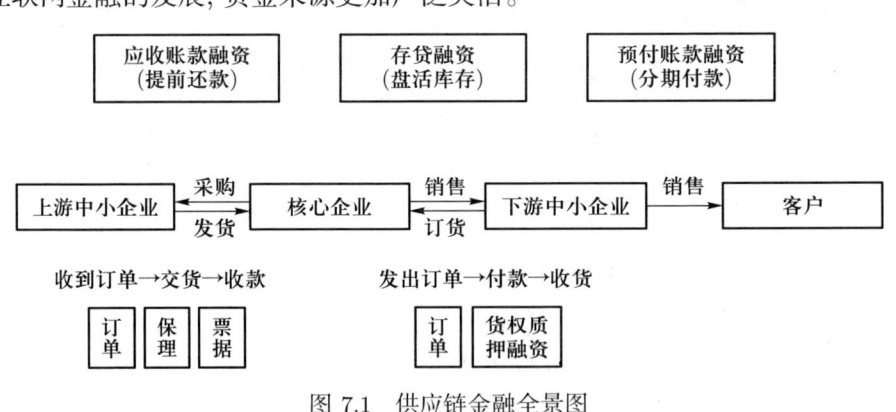

图 7.1 供应链金融全景图

在传统的供应链金融中,竞争力强、规模大的核心企业在供应链信息流、物流、资金流的管理中发挥着不可替代的作用,造成了不平等和信息不对称。同时,供应链金融中的欺诈现象也十分严重。以应收账款管理为例,传统模式下存在许多问题。第一，授信对象的局限性。在现行的银行信贷资源的分配中，往往存在上游企业资金回笼困难、信用贷款困难而银行的授信额度处于闲置状态等问题，造成了资源的错配，浪费社会资源。第二，所持票据无法拆分，缓解资金压力待加强。核心企业支付给上游供应商票据以缓解其经营活动中需要资金的压力，但是票据的特点决定了其票面信息和交易信息必须具备完整性和不可篡改性，供应链上下游企业无法将票据进行拆分使用，从而降低流通性。第三，多级流转的商票贴现成本过高。票据贴现的实质是企业融通资金的一种形式，但实际操作过程中，票据在贴现过程中需要向银行提供较多的资料。同时，银行对于信用多级流转的汇票所提供的贴现率较低，使得企业的贴现成本较高，获得的资金也较少，对中小企业财务困境的缓解也收效甚微。

7.1.3 基于区块链的解决方案

供应链金融作为 "供应链 + 金融" 的结合，本质可以理解为 "产业分工协作 + 信用"。作为一种较新颖的应用场景，供应链金融的信息不对称、信用存疑等痛点与区块链技术的去中心性、信息共享性及不可篡改性等特点较好吻合。利用区块链技术搭建供应链金融平台，可以有效解决数据共享不足等信用问题，也为审计监管带来便利，有利于供应链金融业务的风险控制。

图 7.2[86] 为基于区块链技术的供应链金融业务模式。联盟链同时具备公有链和私有链的功能，并在两者之间提供平衡。基于联盟链，可以将供应链中的核心企业及其上下游所有企业、资金方、监管部门等参与机构共同整合到公开透明的区块链系统中，利用共享账本、共识机制及智能合约等技术对供应链全产业的数据和交易进行监控评估，从而优化供应链金融发展模式，更好地提供相应的金融产品和服务。

案例 1：平安银行供应链应收账款服务 (SAS) 平台

平安银行作为中国供应链金融的开拓者，依托互联网技术于 2014 年搭建 "商业保理云平台"，远程为商业保理公司提供卖方账户管理、应收账款管理、融资管理、商票管理、还款处理、买方自动对账、统计分析、预警管理、信息查询及支付结算等功能服务，实现对商业保理行业的系统性占有，具有里程碑式

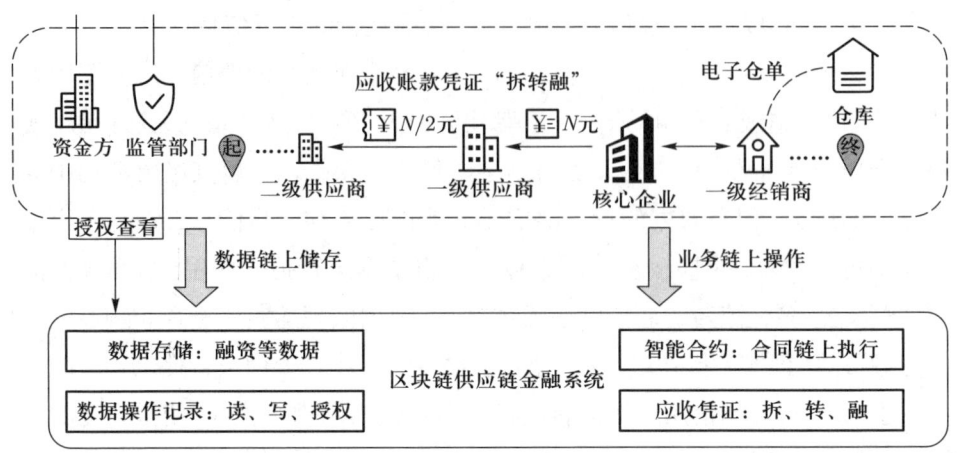

图 7.2 区块链供应链金融业务模式

的意义。2017 年,平安银行在保理云平台的基础上上线 "平安易贝",针对特定供应链内的供销企业提供应收资产管理及交易管理,大力发展应收账款融资。2017 年底,"平安易贝" 更名为 "供应链应收账款服务 (简称 SAS) 平台"。

SAS 平台提供线上应收账款转让及管理服务,主要针对特定核心企业供应链内上游中小微企业 (可拓展至多级供应商)。通过平台,具有优质商业信用的核心企业对到期的付款责任进行确认,各级供应商可将确认后的应收账款转让给上一级供应商以抵偿债务,或转让给机构受让方获取融资,从而盘活存量应收资产,得到便利的应收账款金融服务。同时,SAS 平台通过区块链技术确认交易的真实性,从而给核心企业上游的中小企业发放贷款。

案例 2: 中企云链

成立于 2015 年的中企云链 (北京) 金融信息服务有限公司是由中国中车集团牵头,联合中国铁建等 11 家中央制造企业、中国工商银行等 2 家金融机构、北京首钢紫金矿业等 6 家地方国有企业、金蝶软件等 4 家民营企业共同注资成立的一家国有控股混合所有制互联网金融公司。

2019 年 12 月 25 日,中企云链发布首个基于区块链的供应链金融应用产品——云存证,中国工商银行和中国农业银行成为链上存证节点。与此同时,中企云链公有云平台电子确权凭证——云信的确权、融资申请信息上链,实现云信确权、融资数据的分布式加密存储。

7.2 区块链在跨境贸易中的应用

7.2.1 业务场景

在全球化的大背景下，合作共赢已成为国际关系发展的常态，跨境贸易变得越来越重要。跨境贸易是指国家或经济体之间的商品和服务交换，包括进出口通关模式、跨境物流、国际结算、第三方支付等一系列流程和环节，涉及进出口贸易商、跨境物流运输企业、海关、报关行、跨境支付机构等多个机构主体。

7.2.2 行业现状和业务痛点

跨境贸易可分为跨境电商和传统国际贸易。近些年，尤其是疫情背景下，中国外贸新业态蓬勃发展，持续创新。其中，跨境电商业务快速发展，交易规模不断扩大，成为稳外贸的重要力量，带动整个产业链条发生变化。国家政策的支持带动了电子商务的快速发展。按进出口方向，跨境电商可分为出口跨境电商和进口跨境电商；按终端客户类型，跨境电商可分为 B2B、B2C 和 C2C 三种。B2B 出口试点全面铺开，"中欧班列"、"集拼转口" 等新模式融合发展。2021年中国跨境电商市场规模达 14.2 万亿元，其中跨境电商进出口 1.98 万亿元，增长 15%[1]。

表 7.1 跨境电商与传统国际贸易的区别[2]

区别	跨境电商	传统国际贸易
运作模式	借助互联网电商平台	基于商务合同的运作模式
订单类型	小批量、高频次	大批量、少批次
交易环节	订单分散、周期短、涉及中间商较少，除海外仓交付模式外，多借助第三方	订单集中、周期长、涉及中间商众多
运输方式	物流企业，以航空小包的形式运输，物流因素对交易主体影响大	多通过海运及空运完成运输，物流因素对交易主体影响小

---

[1] 数据来源：国新办 2021 年全年进出口情况发布会。
[2] 见中商情报网。

随着跨境电商的快速发展，涌现出来一系列问题，跨境支付、跨境物流、数据安全和商品质量问题成为阻碍当下跨境电商发展的最大难题。

跨境支付问题

在传统的跨境电子商务平台中，跨境支付面临着转账周期长和转账手续费高两大难题。一方面，传统跨境支付为中心化支付模式，中心服务器对每一项交易记录的信息进行处理与存储。另一方面，跨境支付时不同币种间的层级清算结构决定了跨境支付的成本要比国内结算支付的成本高。

跨境物流问题

跨境物流一般由境内物流、出境清关、国际物流、入境清关、目的地物流等环节构成，其中报关环节和清关环节往往不可控性较强。整个过程不仅运输环节复杂且周期长，同时往往存在监管力度和公开信息不足等问题，使用户对商品的真实性和未识别信息存疑，出现质量问题时也难以界定责任方。

数据安全问题

跨境贸易中存在并产生大量数据，包括支付信息和个人隐私等。传统的跨境电子商务使用的中心化支付方式，可能使得交易信息安全无法得到充分保障。同时，由于跨境贸易往往涉及大量主体及环节，个人隐私数据也容易泄露。

跨境商品质量溯源问题

与境内相比，跨境商品的来源渠道更复杂，往往难以对每件商品进行严格监管，因此可能造成跨境商品中存在着严重的质量问题。部分商家利用用户对相关知识的缺乏和信息不对称售卖假货，对跨境贸易市场造成了严重影响。

7.2.3 基于区块链的解决方案

区块链技术的出现和发展为跨境贸易业务流程中的多种问题提供了解决方案。跨境物流涉及多个主体，符合区块链需要多节点参与的要求，在商家与用户的交易信息在区块链中完整记录的情况下，跨境物流可以实现物流过程的全面追踪，解决传统物流方式中存在的信息不对称问题。区块链所具有的真实性、可靠性和信息不可篡改的技术特征可以保证物流传输过程中多方主体开放访问权限时，用户可以随时追踪查询商品的物流情况，基于区块链的跨境

7.2 区块链在跨境贸易中的应用

物流模式概念图如图 7.3 所示。

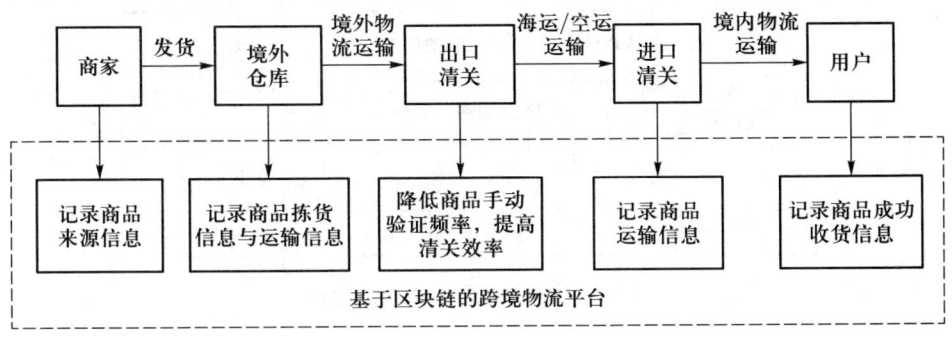

图 7.3 基于区块链的跨境物流模式概念图

在跨境商品质量溯源方面,可以基于区块链建立商品的溯源机制,确保商品来源的真实可靠,并降低商品由于质量问题产生的高退还率。区块链信息不可篡改和时间戳技术可以实现对跨境交易的完整信息记录,并为跨境电商溯源体系的构建提供技术支持。时间戳技术可以记录数据信息拓展过程中的时间维度,区块链技术可以将商品交易过程中产生的数据信息打包成新区块并上传至 P2P 网络,这些新区块在被打上时间戳后按时间的先后顺序连接生成区块链,由于区块链中信息不可篡改的技术特征,用户可以基于区块链的链式结构来对商品的交易全过程进行追本溯源。商家和用户可以借助区块链技术实现全程溯源,生产阶段、检验检疫阶段、物流运输阶段和配送阶段的信息都被详细记录在区块链中。区块链溯源平台的使用,使用户在收到商品后可以对商品进行查询鉴伪,海关可以判断商品是否走私或假冒伪劣,银行可以判断商家与用户身份的真实性,物流平台也可以提高跨境物流的管理水平。区块链溯源基本模式流程如图 7.4 所示。

此外,区块链还在数据聚合 (允许多个参与者将信息存储在可信数据池中的信息集中化)、允许相关交易数据在区块链网络内流动和信息共享中发挥作用。信息透明度高降低了跨境贸易中的审计和验证成本,并有可能加快审计和授权流程。

案例 1:天津 "TBC 区块链跨境贸易直通车" 项目

2019 年,海关总署、天津海关、天津口岸联合微观 (天津) 科技发展有限

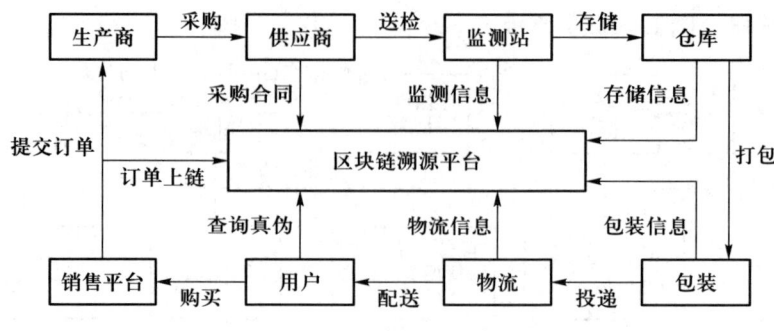

图 7.4 区块链溯源基本模式流程

公司共同上线 "TBC 区块链跨境贸易直通车" (简称 TBC) 项目。作为全球第一个第三方跨境贸易区块链基础服务设施平台，TBC 将区块链应用于跨境贸易全流程，服务于贸易商、物流企业、金融机构与监管方等跨境贸易全生态，加强风控手段、赋能贸易企业、促进资金流动性。

该平台严格遵守跨境贸易角色分类规则，应用层整体架构由贸易、物流、金融、监管四大模块组成，有效利用联盟链、加密技术、分布式记账、共识机制等技术特点。各参与方贡献数据交叉比对后，形成与业务流对应的数据流，通过记录完整的去中心化的跨境贸易账本，实现由所有参与方共同证实的贸易真实性，同时也为各方提供可信的数据服务。

在试点期间，该平台涉及贸易、物流、金融、监管 4 个业务领域，贸易商、供应商、仓储等 7 个主要角色共同上链，互通互认，大大缩减了贸易的时间成本和监管成本，提升了整体效率。

案例 2：建设银行——国际保理

国际保理 (international factoring) 是指在以商业信用为基础的国际贸易中，出口商在交货后将应收账款的发票和装运单据转让给保理商，从而获得大部分应收账款，一旦日后进口商出现信用违约或逾期付款的情况，将由保理商承担赔款责任。这一跨境贸易中典型场景存在流程操作较为复杂、信息不对称、主要依靠人工审核等业务难点。

建设银行尝试将区块链技术运用于国际保理业务中。在 2018 年 1 月，建设银行实现了区块链技术在国际保理业务中的首次运用。在本次交易中，建设银行利用区块链技术将客户和保理商业银行连接起来，实现多方直接参与业务，极大地简化了交易流程，提高了交易效率。

在该场景中，建设银行利用区块链技术为出口商提供出口保理融资和服务，极大程度地提高业务效率，降低业务成本。首先，在提供保理融资前，建设银行向出口商、进口商搜集各项资料和数据并进行整理，对供应链中的相关主体进行调查，进而整理出保理融资所需的相关信息。基于区块链技术的应用，建设银行将国际保理业务涉及的所有主体连入区块链中，各方在此系统中提供自身所掌握的相关数据，使得建设银行充分收集了各项数据，并保证了数据信息的有效性和完整性。此外，在区块链中，所有业务审核人员可以用时间戳对信息主体进行验证，保证了业务的安全性。其次，在融资过程中，建设银行对贷款条件进行设定，由区块链系统根据所提供的数据进行审核，结合审查情况，建设银行最终做出贷款的决定。在此过程中，简化了人工审核的过程，降低了人工成本。最后，在融资交易完成后，在建设银行为出口商提供融资和进口商付款前，利用区块链技术进行实时跟踪，掌握相关主体的资金状况和变动情况。在临近还款日，建设银行会对进口保理商进行催款。区块链中智能合约技术的使用，极大地简化了国际保理业务的流程，降低了交易成本。

7.3 区块链在物流业务中的应用

7.3.1 业务场景

物流业务强调整个"流"管理，通常涉及运输、储存（仓储）、装卸、搬运、处理分拣、信息处理等[94]，一边连着制造业，一边连着消费者[3]，是供应链的重要组成部分。如果没有物流业，就无法讨论供应链。特别是在工业 4.0 时代，市场对物流的要求更高，"客户需求高度个性化，产品生命周期缩短，智能工厂需要对生产要素进行灵活配置和调整，并能够实现定制化生产"[4]。

物流作为基础性、战略性产业，在商业贸易等领域发挥着重要作用。物流

---

[3]见中国物流学会网站。
[4]见中国物流与采购联合会网站。

业务的组成市场较多,包括铁路航空货运市场、多式联运市场、快递市场、仓储市场等,同时涉及制造业物流、冷链物流、医药物流、即时配送等多个细分行业和多个场景。

7.3.2 行业现状和业务痛点

随着信息技术和电子商务的迅猛发展以及全球化的推进,物流行业近几年得到快速发展。以中国市场为例,2020年社会物流总额超过300万亿,同比增长3.5%;物流业总收入超过10万亿,同比增长2.2%。美国的物流业也是一个高度集成的供应链网络,通过航空、货运铁路、海运和卡车运输等多种运输方式连接生产者和消费者。2020年,北美物流市场创造了约1万亿美元的经济价值。

快速发展的同时,市场对物流企业的管理需求越来越多样化,物流行业也产生了企业交互成本高、商品真实性存疑、征信评级无标准等问题。以快递业为例,物流快递企业繁多,发展良莠不齐,特别是中小快递企业发展规模较小、配送效率低、爆仓丢包和信息泄露等问题突出,物流资源没有充分利用,同时陷入价格战泥潭和服务质量风波,呈现恶性竞争,影响着物流快递业的发展。

(1) 配送效率低。传统的自建网点的快递配送模式成本高而且效率低,往往人员与设备调度无法达到最优状态,快递员一直处于奔跑在路上的状态,快递公司车队也存在包裹扫描、排序、装车等环节协作困难等问题,导致配送效率低。

(2) 爆仓丢包问题。随着电子商务迅速发展,快递业的蓬勃发展迅速地改变了人们的生活和购物方式,订单爆炸式增长,导致快递公司人员和设备往往在末端中转与配送环节超负荷运营,导致仓库包裹累积过多,从而出现爆仓丢包问题。

(3) 用户信息泄露问题。现有快递公司往往对于用户的家庭地址、联系电话和姓名等隐私信息无法做到百分百的保护,导致海量用户信息泄露,用户苦不堪言。虽然现有政策对用户的隐私信息制定了保密措施,但是犯罪成本低,容易让员工"监守自盗",信息安全问题依然亟待解决。

7.3 区块链在物流业务中的应用

(4) 传统单据问题。在整个物流行业有五流,即物流、信息流、资金流、商流和单据流。传统单据一般是纸质单据,传递方式如图 7.5 所示,节点多且严重依赖人工,存在查单慢、查单难、容易丢失或造假等问题,往往管理效率低、成本高。而电子单据也存在用户信息和供应链数据泄露等问题。

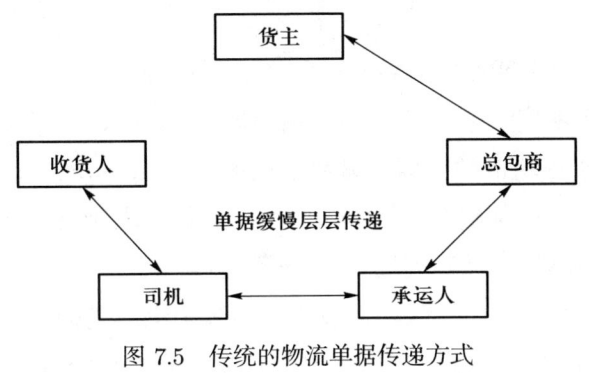

图 7.5 传统的物流单据传递方式

(5) 赔偿机制不健全。物流行业出现"丢包"问题时,一般需要依托于包裹交易信息的追溯,一旦交易信息丢失或损毁,信息的追溯就成一大困难。此外,进行赔付时往往涉及用户、快递员、快递公司等多个相关主体,流程烦琐、效率低下,用户满意度也急剧下降,溯源追责难题并没有很好地解决。

7.3.3 基于区块链的解决方案

正如前文对区块链特性的介绍,区块链技术的引入,有助于建立一个信任、透明和高效的社会物流环境。区块链的终端匿名特性,可以保护寄件人和收件人的隐私,有助于落实国家物流实名制;区块链的公开透明和不可篡改,有助于物流信息全程追溯,保障了货物的安全;通过智能合约结合人工技术,可简化物流程序、提高效率,例如实现智能集装箱,自主落实集装箱的运输路线和日程安排并自动优化;还可以进一步借助物联网技术,实现仓库资源共享、提高集装箱装运效率以及及时进行库存补给等需求。

2016 年 11 月初,由欧洲鹿特丹港与荷兰国家应用科学研究院等多家机构共同组成了世界首个针对物流领域的区块链物流研究联盟,该联盟的目的是探索区块链技术的实际应用。同年 12 月,中国物流与采购联合会区块链分会在深圳宣布挂牌成立，其主要目的在于规范并推广区块链技术在物流与供应链领域的应用，构建物流供应链企业信用评价机制。运输联盟区块链（BITA）提供了一个平台来标准化和开发与运输相关的区块链解决方案，其成员包括 UPS、Fedex、SAP、BNSF、Salesforce、施耐德、京东和 Penske 等多家巨头企业。

案例：马士基全球贸易数字化平台 TradeLens

为了提高透明度并消除对中介机构的依赖，2018 年，马士基和 IBM 联合开发了一个基于区块链的全球贸易数字化平台 TradeLens。该平台建立在全球供应链生态系统的基础上，其主体包括托运、货运代理、港口和码头、海运承运人、多式联运运营商、政府当局、报关行等实体。

TradeLens 使用 IBM 区块链技术作为数字供应链的基础，在不损害细节、隐私或机密性的情况下建立单一的交易共享视图，使多个贸易伙伴能够进行协作。托运人、航运公司、货运代理等主体可以通过实时访问航运数据和航运文件更有效地进行交互，共享整个运输过程中跨平台跟踪、存储和操作的信息。例如，基于此区块链平台，成员公司可以无纸化且闭环地完成货物从一个地点到另一个地点的转移。海关组织作为该网络上的一个节点，可以识别转运的内容、时间、地点和数量。同时，TradeLens 平台由 Hyperledger Fabric 区块链技术和 IBM Cloud 提供支持，行业能够共享运输文档、安全地协作并采取更智能的交易方式。各参与者可通过开放 API 和一组开放标准将生态系统整合在一起。

7.4 本章小结

本章主要介绍了区块链在供应链管理中的应用。具体地，本章针对供应链金融、跨境贸易和物流三个领域，介绍了其业务场景、行业现状及主要痛点，分析了基于区块链技术的解决方案。同时，为了便于读者理解，本文给出了各场景下的实际应用案例。

7.5 思考题

1. 区块链应用于供应链金融领域有何优势?
2. 请思考区块链应用于供应链金融领域有哪些风险。
3. 跨境贸易目前的痛点有哪些。
4. 相比公有链和私有链,为何联盟链更适合物流行业?
5. 除本文介绍的场景外,还有哪些适合区块链的供应链相关业务场景?

第 8 章 区块链与金融监管

我国金融监管体制一直采用分业监管模式，这种模式长期以来有效促进了金融市场的发展，但随着功能发展和风险管理的需要，多头管理的弊端和问题也逐渐显现。区块链的可追溯、防篡改、对链上节点公开透明的特性有助于赋能金融监管，主要表现在提升监管数据的易获得性、及时性和可信度，便于监管机构对监管对象进行全生命周期的看穿式监管，降低监管成本，有效维护市场秩序，控制风险，同时也降低了相关参与方的信息披露成本，增加了信息造假难度，既能减少信息不对称，也可使业务"自证清白"，优化市场诚信环境。

2020 年以来，人民银行金融科技委员会多次提出"积极运用区块链等技术加强数字监管能力建设，不断增强金融风险技防能力"[1]。在本章中，我们将了解区块链在反欺诈、反洗钱、证券交易监督等金融监管领域的一些应用。

8.1 区块链在反欺诈业务中的应用

8.1.1 业务场景

"欺诈"是全球金融机构、企业和个人都面临的问题，涉及多个行业和领域，例如银行面临贷款业务欺诈、保险公司面临理赔欺诈、个人面临电信欺诈等。与此同时，随着金融业务范围的扩大和下沉，基于新技术和新场景的欺诈手段不断升级，对传统风险控制也提出了更高的要求。"反欺诈"成为金融系统中必不可少的一环。

根据巴塞尔协议，内部欺诈是指"故意欺骗、盗用财产或规避法规、法律或公司政策"的行为；外部欺诈是指"第三方故意欺骗、盗用财产或规避法律"的行为。欺诈的类型多种多样。内部欺诈和外部欺诈类型往往因业务线而异，分

---

[1] 见 cebnet 网站。

为交易欺诈和账户欺诈等；基于行为类型，欺诈也可以分为盗用身份欺诈、伪造数据欺诈、信息虚假欺诈等。与金融机构相关的欺诈往往会受到更多媒体的关注。由于有许多因素使金融业务和交易复杂化，多步骤流程，尤其是需要人工交互的流程，是欺诈者的主要目标。

欺诈现象不仅直接影响个人、企业及金融机构的财产，也影响金融系统的稳定性及社会信任。反欺诈的严峻性和重要性不言而喻。

8.1.2 行业现状和业务痛点

正如前文所说，欺诈涉及的业务和场景非常多，对应的反欺诈措施也多种多样。在这里，我们依据主体和业务的不同，重点关注保险机构理赔欺诈和银行信贷产品欺诈。

保险行业被认为是增长最快的行业之一。如今，大多数高价值资产都有相应的保险产品，如车辆、健康、珠宝和房屋等。以医保为例，近年来我国医保诈骗案逐年增多，引起社会极大关注。医疗保险欺诈以多种形式存在，如伪造信息、隐瞒第三方责任、伪造电子账单等。根据中国银保信[2]发布，2021年全国打击欺诈骗保专项整治行动数据显示，市场生态处置模式下累计为行业挽回损失1000余万元，司法生态处置模式下处置案值2.3亿元。但传统的反欺诈困难较大，即使在保险公司高度重视的情况下，欺诈行为依旧难以禁绝，痛点较多。第一，由于欺诈手段日益增多，我国对应法律法规尚未健全，处罚力度不足；第二，传统保险业务缺少信息共享机制，各保险公司间存在大量数据孤岛、缺少数据流动，加剧信息不对称情况；第三，由于销售业绩等原因，现有保险机构承包环节相对松懈，理赔流程环节多、资料烦琐、人工需求大，容易出现纰漏错误。

信贷业务是银行主要业务之一，也是欺诈行为的高发场景。特别地，线上信贷业务的快速发展更是给银行和社会带来新的挑战。欺诈行为依据发生阶段分为事前、事中和事后，依据主体分为企业和个人。在事前，反欺诈主要涉及申请主体的风险和信用评级；在事中，反欺诈主要涉及身份认证、信息资料的准确性与合规性识别；在事后，反欺诈主要涉及资金用途监控等。同保险类

---

[2] 见《关于通报反欺诈情报中心工作情况的函》。

似，导致银行欺诈的原因有很多，各大银行也相应发展出一系列基于大数据和人工智能等新技术的反欺诈模型。例如，中国工商银行近年来依托联邦学习技术打通企业间数据孤岛，加大反欺诈监控响应的力度。同时，工商银行"融安e信"作为银行业首发的风险大数据服务平台，对接国家权威部门数据，对存在风险的业务及时提示预警，每年拦截各类外部欺诈事件10万多件。然而，如今的信贷反欺诈现状仍有一系列痛点，与保险欺诈类似，这里不再赘述。

8.1.3 基于区块链的解决方案

如今的反欺诈手段在金融数字下不断发展，如图8.1所示。针对现有欺诈场景的痛点，在欺诈检测和预防中引入区块链技术有许多优势。首先，区块链构建的生态体系可以减少对中心化平台或中介机构的需求，防止黑客集中攻击，降低人工干预程度；其次，区块链允许成员在高度安全的环境中存储、查看和共享数字信息，有助于促进业务关系中的信任、责任和透明度。

图 8.1　金融数字下的反欺诈生态体系[3)]

虽然目前基于区块链的反欺诈平台构建大多处于理论研究阶段，尚未落地，但其前景可期。仍以医保反欺诈为例，基于区块链技术，120指挥中心、公

---

3)图片来源：零壹智库。

安交管部门、司法机关、医保机构等机构均可以作为节点纳入区块链平台,医疗费用、处方、检验报告、医疗过程中治疗记录等数据也可在区块链上被各参与主体共享,打破信息壁垒,增加透明度,建立医保反欺诈体系。

8.2 区块链在反洗钱业务中的应用

8.2.1 业务背景

洗钱是指将犯罪或其他违法行为所获得的违法收入,通过各种手段掩饰、隐瞒和转化,使其在形式上合法化的行为。"脏钱"[4] 往往通过银行业、保险业、证券业和支付机构等金融服务组织转移,涉及多个场景,例如利用股票、期货、期权以及其他衍生品金融工具,创设企业向多行业投资并进行财务造假,利用国际汇兑业务等,甚至近期虚拟货币成为洗钱"新通道"。这种犯罪行为常常与腐败、贩毒、黑社会、诈骗、逃税等上游犯罪相伴相生,威胁全球经济的繁荣,破坏金融系统的完整性,对国家的政治稳定、经济金融安全和社会安定都造成了极大的危害。

相应地,反洗钱是一套检测和防止犯罪分子将非法资金伪装成合法收入的法规、法律和程序,帮助银行、保险、证券等金融机构打击金融犯罪。其中,银行作为金融领域最大的机构之一,往往面临更高的金融犯罪风险。

8.2.2 行业现状和业务痛点

自 1989 年在巴黎举行的 G7 峰会成立了金融行动特别工作组[5] (Financial Action Task Force, FATF) 以来,洗钱行为在世界各国受到严厉打击。2012 年,汇丰银行因洗钱被美国当局罚款 19 亿美元,创当时美国最高和解金额。汇丰银行并不是唯一一家因反洗钱不当而受到处罚的银行。2009 年,瑞士信贷集团因洗钱指控被罚款 5.36 亿美元,英国劳埃德 (Lloyds) 银行集团被罚

---

[4] 指非法获得的资金。
[5] 金融行动特别工作组 (FATF) 是全球反洗钱和恐怖主义融资监管机构。该机构制定国际标准,旨在防止洗钱等非法活动及其对社会造成的危害。

款 3.5 亿美元，ING 银行集团因允许洗钱者通过美国银行系统非法转移数十亿美元而被处以 6.19 亿美元的罚款。

近年来，我国反洗钱监管也是趋严趋紧，反洗钱制度建设显著加强、执法力度持续加大。2022 年，中国人民银行和公安部等 11 部门联合强调"对各类洗钱犯罪保持高压态势，落实"一案双查"工作机制，以及增强反洗钱义务机构洗钱风险防控能力"[6]。2021 年人民银行全系统共开展了 159 项反洗钱专项执法检查、476 项含反洗钱内容的综合执法检查和 3 项涉案机构的行政处罚调查，对违规机构和个人罚款金额合计 3.41 亿元。这些数据说明了反洗钱工作的日常监管日益严格，也说明了反洗钱的难度。

当前反洗钱存在如下几个问题和难点：

一是体系薄弱制约监管全面性。虽然我国近年来大力推进反洗钱监管，但仍有部分机构履责意识薄弱，存在可疑交易报告管理制度和流程管理不完善、监测维度少等问题。同时，洗钱行为跨行业操作居多以及大量使用非实名交易，近年更是出现新形式、新技术和新花样，客观上较难管理。

二是数字能力不足制约精准性。随着互联网新科技的发展，金融大数据呈井喷式增长。面对大量的数据，相关机构往往缺乏技术，无法剥丝抽茧，从数据中获取有质量的信息。可疑交易报告来自不同机构，机构数量庞大，对于其中数据的相互关联性，系统无法自动进行匹配，现在以人工甄别为主的方式难以实现框架数据的高效整合，也难以纠正错报、漏报和重报数据等信息。

三是跨行业数据壁垒制约效率。反洗钱管理涉及多机构、多行业和多地域，需要多部门协调配合。但现阶段，由于各行业的管理模式及标准不同、缺乏联动性、技术壁垒严重等客观因素，各行业间未建立监管信息共享平台，相互协作机制不畅通，反洗钱协调工作难以有效开展，较大程度上降低了反洗钱管理的效率。

8.2.3 基于区块链的解决方案

区块链技术具有可能防止洗钱的明显优势。通过将区块链技术融入金融机构技术架构，特别是日常身份登记验证、金额交易及检测审计环节中，能够

---

[6]中国人民银行和公安部等 11 部门联合印发《打击治理洗钱违法犯罪三年行动计划 (2022—2024)》。

在一定程度上解决金融机构在反洗钱过程中面临的问题。

首先，公共区块链账本可以监督、验证和记录每笔交易的完整历史。通过区块链完成的每笔交易都会留下无法更改的永久记录痕迹。因此，相关机构更容易追踪资金的原始来源。其次，基于区块链构建反洗钱平台，可以集成智能合约自动执行系统中的欺诈检测过程，内置算法持续检查每笔交易，自动生成可疑交易警报并立即阻止交易，而不仅仅是监控进入和退出点，从而实现对所有交易的监督。再次，针对"客户身份识别"(KYC)这一评估客户风险和合规反洗钱的关键环节，基于区块链的反洗钱平台可以通过在去中心化账本上记录与客户身份识别相关的数据和信息来简化流程，减少人工干预，帮助金融机构无缝维护数据。最后，区块链可以帮助反洗钱流程打破信息壁垒，对网络的所有成员实现数据信息共享，利用联盟链或私有链保证安全性和隐私性的同时，加强各行业、各机构和各地域的协作，提升管理效率。

基于区块链技术的反洗钱平台，有助于实现监管规则的数字化、自动化和智能化，帮助金融机构事前预防、事中监控及事后追溯反洗钱，最大限度地降低监管风险。

案例：欧科云链——链上天眼 Pro 平台

正如前文所说，近年来，虚拟货币洗钱活动日益猖獗，欧科云链集团推出了全球首款将技侦战法和区块链大数据进行深度融合的产品——链上天眼 Pro 平台，这也是响应国家"区块链新基建"政策的首批落地应用。

链上天眼 Pro 平台通过结合多种决策分析方法和侦查逻辑，能够快速地把握被调查案件、地址、资金流向、关系脉络及交易行为等特点。截至 2021 年，链上天眼 Pro 平台已收集了超 1 亿个地址标签，覆盖了国内外百余家加密货币交易平台、矿池、钱包等机构，助力银行等金融机构以及其他反洗钱机构迅速根据链上地址对应到链下实体，快速精准预防和打击洗钱行为。自 2020 年 9 月上线以来，链上天眼 Pro 平台已协助江苏、上海、杭州、四川、内蒙古等多地警方追回价值上百亿元资产[7]。

[7) 见新华网。

8.3 区块链在投行底稿业务监管中的应用

8.3.1 业务背景

投行底稿是证券公司投资银行类业务在项目立项、尽职调查、发行承销、后续管理(包括持续督导、受托管理、存续期管理)等作业过程以及质量控制、内核、监管审核等流程中所获取和编写的各种重要资料和工作记录的总称[8]。该业务是证券公司出具相关专业意见和推荐文件的基础,是评价证券公司及有关人员是否诚实守信、勤勉尽责的重要依据。

正如第 6 章证券发行部分所说,我国将"全面推行、分步实施证券发行注册制"。投行底稿业务作为注册制下关键一环,如何更有效地推动投行底稿业务及其监管的发展,提高投行整体业务效率,成为现实需求。

8.3.2 行业现状和业务痛点

近些年,我国在投行底稿业务领域的监管不断完善和加强。

2018 年 3 月,中国证监会发布《证券公司投资银行类业务内部控制指引》[9],要求证券公司建立健全投资银行类业务工作底稿制度,强调投行类业务内部控制标准的统一,明确工作底稿的整理、验收、移交、保管、借阅、保密和检查等要求。2019 年 6 月,上海证券交易所在科创板首次启动保荐业务现场督导,以保荐工作底稿为抓手,关注保荐机构的尽职调查情况,评价保荐机构的执业质量。2020 年 2 月,中国证券业协会发布了《证券公司投资银行类业务工作底稿电子化管理系统建设指引》,进一步督促证券行业建立健全投资银行类业务工作底稿电子化管理机制,促进投资银行类业务工作底稿的标准化和规范化。但目前投行底稿领域仍存在以下主要痛点:

首先,监管数据真实性和及时性无法得到保障。在当前的投行业务中,工作底稿文件繁杂,在业务流转过程中无法保证底稿的真实性和未被篡改。特别是纸质工作底稿,在整理、审核、归档和借阅过程中涉及人工搬运,费时费力且

---

[8] 见《证券公司投资银行类业务工作底稿电子化管理系统建设指引》。
[9] 见中国证券监督管理委员会网站。

易篡改遗漏,特殊情况下底稿借阅耗时长,缺乏及时性。

其次,监管机构缺乏有效进行穿透式监管的途径。当前投行业务的底稿文件为事后报送模式,监管机构无法在事中进行有效介入,无法提前掌控项目情况,防范风险;监管机构事后介入审查时往往审查工作量庞大,缺乏有效的自动化辅助机制。

最后,行业缺乏整体的投行业务联盟体系。投行业务涉及机构甚广,如证监会、证券交易所、会计师事务所、评估师事务所、律师事务所等众多业务关联机构。各个机构承担不同的关键职责,业务、流程和数据相互割裂,协同机制较为复杂,不易于监管。

8.3.3 基于区块链的解决方案

证券发行信息上链,既能方便监管部门、审计机构对企业信息进行查询、比较和核验,也能让投资者和公众对发行环节进行监督,提升信息透明度,从而优化诚信环境,促进市场高质量发展。同时,也能够将企业的工商信息、环保信息、专利信息、司法纠纷等对投资决策有影响的信息上链,扩展信息来源,供全链查询参考、对比佐证。

在第6章中,我们已经介绍了区块链在证券发行领域中的优势,并简单介绍了"上证链"案例。投行底稿直通科创板 IPO 是证券发行上市监管的一个典型应用场景。以国泰君安为例,为了打通投行和交易所、证监会等监管机构之间的信息链路,国泰君安创新性地提出了"底稿一键通"+"监管一键通"的系统搭建方案。该系统通过区块链的技术特性保证链上底稿数据不可篡改;通过智能合约实现底稿数据"事中"实时报送和穿透式监管;通过联盟链机制简化业务流程,构建投行业务联盟链体系。实现了底稿数据的事中报送和穿透式监管,底稿数据的实时报送和不可篡改。图 8.2 为国泰君安投行底稿系统业务流程图。

其中,"底稿一键通"是通过对国泰君安内部的"工作底稿管理平台"进行技术改造来实现与上证链和证通云盘的直连互通。"监管一键通"则是部分依托上交所科创板工作底稿"一键通"模式,建立券商投行管理系统与科创板审

8.4 区块链在证券异常交易中的应用

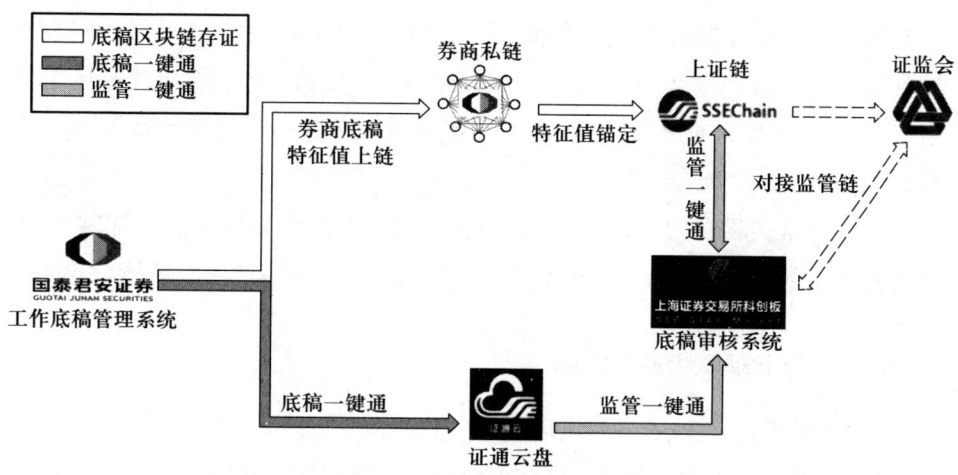

图 8.2 国泰君安投行底稿系统业务流程图[10]

核业务系统间的快速业务通道,优化审批过程信息处理和反馈环节,服务科创板发行审核。后续国泰君安计划进一步打通科创板底稿审阅系统和中国证券业协会电子底稿监管系统等,为科创板 IPO 督导业务全面提质增效。

8.4 区块链在证券异常交易中的应用

8.4.1 业务背景

在证券市场中,交易功能是最直接的功能。证券异常交易是证券市场交易行为的一种客观表现状态,并没有统一的理论概念和定义标准,一般理解为在并非基本面和政策变化因素的影响下,证券在市场上的交易价格或交易量出现异常,并足以合理地怀疑与交易有关的非正常现象。

证券异常交易可能由于技术故障或人为因素,表现形式各种各样。各交易所对于其标准和细节也有各自关注重点。其中,交易异常情况是指导致或可能导致本所证券交易部分或全部不能正常进行的情形,原因包括不可抗力、意外事件、重大技术故障、重大人为差错[11] 等。异常交易行为通常存在主观故意,

---

[10] 国泰君安内部资料。

[11] 2021 年 11 月《北京证券交易所交易异常情况处理细则》。

一直是交易所自律监管中的一个重点[95]。例如，2019 年，上交所公开的科创板异常交易行为监控标准提出"虚假申报、拉抬打压股价、维持涨（跌）幅限制价格、自买自卖（互为对手方交易）和严重异常波动股票申报速率异常等 5 大类共 11 种典型异常交易行为"。

证券异常交易行为虚构市场供求关系，扭曲了正常交易价格，不仅破坏了市场秩序，更破坏了市场"公平、公开、公正"原则和"诚信"法制环境。

8.4.2 行业现状和业务痛点

对于发达国家的成熟资本市场，投资者往往以专业机构为主，对所谓"异常交易"更多地采取具体事件具体对待的方式。而我国作为散户较多的新兴市场，近年来证券交易保持严监管已成常态，并不断完善、扩大和创新原有的交易制度，与国际成熟市场接轨。我国相关监管主要以法律及行政法规、规范性文件、证监会部门规章以及各交易所自律规则为主。仅 2022 年 1 月 4 日至 14 日，我国监管部门就对 287 起证券异常交易采取自律监管措施，甚至暂停账户交易。

随着新技术和新模式的发展，异常交易行为的表现形式呈现多样化，监管难度也不断增加，存在一系列痛点，包括市场监管措施主要是合规手段，权限不明且缺乏约束机制；风险防范工作复杂，涉及多流程多部门多主体多系统，合并处理和整体监控困难；部分证券营业部异常监控不到位，人工监控易出错，信息留存不完整等。

8.4.3 基于区块链的解决方案

基于区块链技术，可能有助于对交易行为实现事前、事中和事后全覆盖监管，从而在一定程度上加强异常交易监管，优化诚信环境，维护市场秩序。

区块链可以增加交易中的安全性和可信性。分布式特性不仅有助于防范外部风险，例如避免通信系统意外等技术故障、防止恶意网络攻击，同时可防范内部风险，如人为操作失误等。

在事前，区块链技术有助于建立提前防范机制。通过建立节点与节点之间的关联性，协助各监管机构与金融机构之间实现交易信息和数据的共享，通过建立"黑名单"制度加强异常预警。同时,基于区块链特性有助于"KNC[12]"流程,加强交易账户监管。在事中,基于区块链技术可以构建从订单发出开始的完整生命周期监控,获取交易有关完整记录,从而实现异常交易追踪,同时基于相关业务规则构建多种市场监察数据模型,通过智能合约技术实现自动化监管。在事后,借助区块链技术针对不同的交易行为建立回溯调查机制,同时加强持续信息披露,缓解信息不对称问题。

8.5 区块链在保险监管中的应用

8.5.1 业务背景

在第 6 章中,我们介绍了区块链在保险服务[13] 中的应用,提到了区块链技术可能会被应用于保险业中承保、理赔、风险评估、保险产品开发与定价等方面。在本章中,我们也介绍了区块链在保险反欺诈中的应用。这里我们将重点关注区块链在保险监管中的应用。

保险业是典型的数据密集型行业,监管中涉及主体多,包括保险当事人,例如保险人、保险中介人、投保人、被保险人等;环节多,包括承保端业务监管、理赔端业务监管、资金流监管等。考虑到保险在经济增长过程中的重要性以及保险业务经营风险等一系列特性,保险业往往需要强有力的监管,以避免保险公司因风险控制不当造成的损失,确保保险公司在客户提出索赔时的偿付能力,同时保护消费者权益,维护公平竞争的市场秩序。

8.5.2 行业现状和业务痛点

我国保险业与欧美发达国家相比出现较晚,目前突出乱象包括业务数据不真实、未按规定使用经备案的保险条款和保险费率;此外,还有偿付能力不足、险资运用违规、违反"试点批复"要求[96] 等问题。同样,我国保险监管方面起步也较晚,法律法规还不够完善。在美国,保险公司监管主要在州政府层

---

[12] 即 know your client。

[13] 再次说明,本文研究的保险是商业保险而非社会保险。

面，各州都有保监局长负责执行本州的保险法律和法规，同时存在全国性质的保险监督官协会 (The National Association of Insurance Commissioners, NAIC)。在我国，则由 1998 年正式成立的中国保险监督管理委员会 (以下简称"保监会") 对全国保险市场进行统一监督与管理。近年来，我国保险监管力度不断加强，制度不断优化。2018 年，中国银行保险监督管理委员会 (以下简称"银保监会") 整合原银监会和原保监会职能职责，负责对银行业和保险业实施统一监管。2021 年，我国银保监会及其派出机构共开出 2182 张保险业监管罚单，罚单总金额约为 3.03 亿元[97]。

随着数字经济和科技的发展，传统保险监管模式逐渐暴露出一系列问题。

第一，监管过程信息不对称。各大保险公司拥有自己的业务平台，监管机构对承保业务等信息的获取不够及时有效，许多信息不够公开透明，存在监管难点。第二，监管体系缺乏系统性。目前银保监会主要以合规检查和现场检查为主，非现场监管有待加强。部分保险公司为了发展业务、扩大经营规模，采取许多不正当的竞争手段，游走于合法合规的边缘，例如保险条款不够清晰、销售人员夸大产品效用欺骗客户、部分保险业务存在捆绑销售等。第三，监管效率低下。保险业务本身流程复杂、手续烦琐，传统监管模式难以对之进行有效监管。我国各监管部门之间也存在协调性不足的问题，信息难以互通共享。

8.5.3 基于区块链的解决方案

虽然目前区块链技术在保险业务的全流程中已有所应用，但尚未成熟引入保险监管体系。将区块链技术应用于现有保险体系之中，可能会使得保险监管更加灵活、有效，能够帮助监管机构更好地监督管理保险市场。下面以承保端业务监管和理赔端业务监管为例，简单介绍解决方案。

方案一

在保险行业承保端中，监管机构可以利用区块链构建一个全行业统一交易平台，实时掌握各保险公司承保情况，并对异常情况进行识别，确保保险业务健康发展。

如图 8.3 所示，该保险业务平台的技术架构包括底层链、前置系统层、应

8.5 区块链在保险监管中的应用

用系统层和用户层等四个维度。底层链配有分布式账本,采用国密加密算法,提供信道加密和准入控制的网络服务,以及分布式存储。前置系统层配有数据上传和查询接口、文件上传和下载接口、系统配置接口等。应用系统层配有区块链浏览器、保单存证平台、数据共享平台等应用。用户层主要涉及保险公司、保险中介、终端用户和监管机构等。

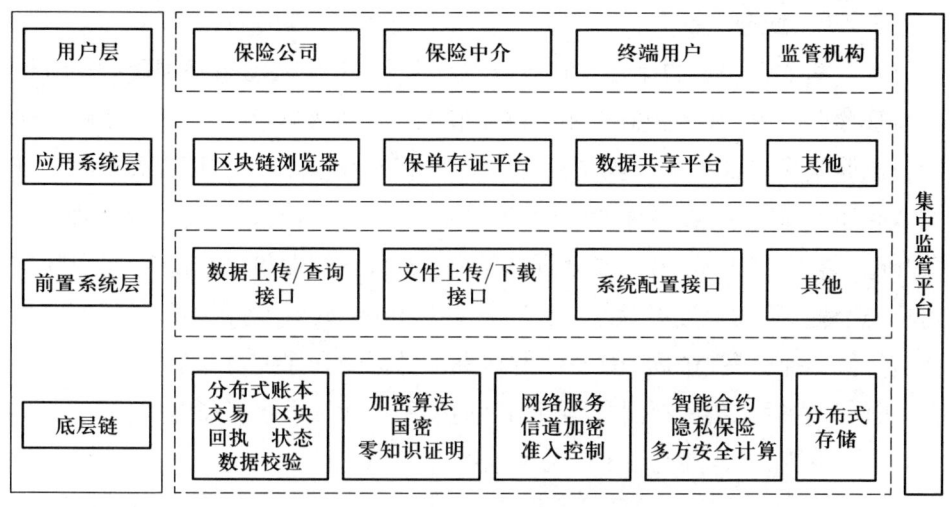

图 8.3 保险业务平台系统架构

技术特点上,该统一保险业务平台主要利用区块链技术和云技术,全国部署节点覆盖保险行业主要参与主体,支持云上部署或私有化部署方式。支持多种接入方式,提供多层防护措施,通过等保三级认证。采用多链隔离的方式,不仅在逻辑上隔离,甚至可以在物理资源上相互独立,客户可以放心对接自有信息系统。同时,提供多种数据存储方式,来应对不同场景对存储系统的不同要求。制定并遵从联合治理的解决方案,包括节点权限、准入投票和争议仲裁的机制。用户可以根据需求,动态申请发子链、应用、合约资源,灵活设置节点配置。

以区块链技术为支撑,设法与司法机构达成战略合作,为保险公司和监管机构等用户提供存证确权、在线取证、司法出证等一站式服务。适用场景包括但不限于:交易委托日志的未篡改确认、用户电子协议防篡改存储、审计类文档的存储、保险承保视频的存储等。监管机构可以通过该业务平台完成保险承保业务及其他业务流程的监管，实时掌握保险行业的发展情况和承保情况，从源头上对信息进行掌控，规范保险业务发展。

方案二

在保险行业理赔端监管中，引入区块链技术构架保险监管数据共享平台，让监管机构实时掌握保险公司理赔动态，提高保险公司理赔效率，有助于保险服务于人民，服务于社会。

建设基于区块链的保险监管数据共享平台，其中心思想是利用区块链构建监管数据联盟，在金融监管相关行业或机构如银保监会、保险行业协会、保险公司等监管节点之上，建立统一的金融监管元数据库。一方面提高金融监管的全面性和穿透性，在系统、完整的数据之上促进金融监管形成监测、预警、处置和评估的完整闭环；另一方面利用区块链不可篡改性和可追溯性，可以随时定位、追踪监管对象发展状况，对其进行全面画像分析。各机构部门仍然对具体监管数据拥有完整的知识产权，并可确保数据隐私保护与安全，但依托该平台，不同的管理机构和部门之间数据互通效率可得到大幅提高，信息搜索成本和共享成本则大大降低。图8.4为架构图。

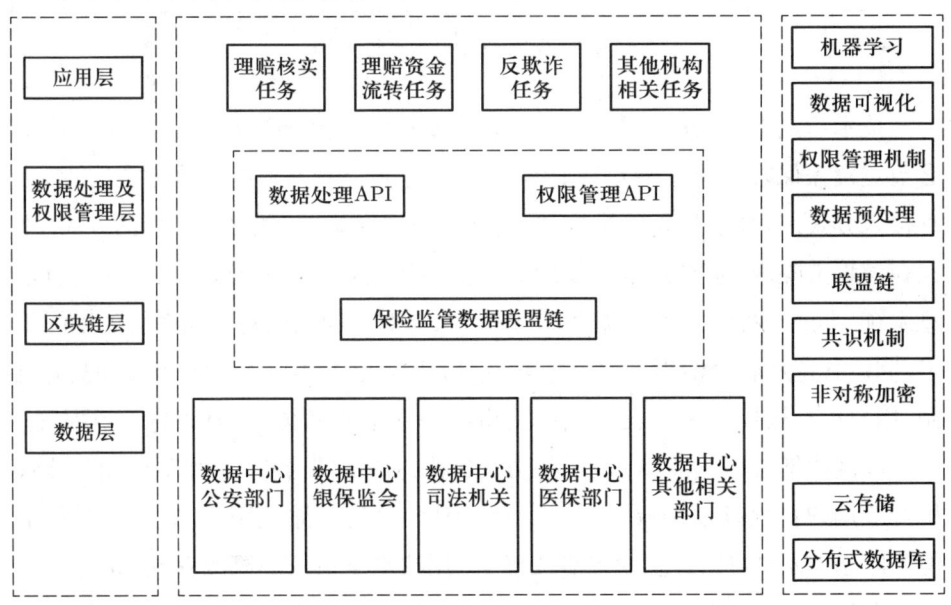

图 8.4　保险监管数据平台系统架构

在数据层中,底层数据的管理和储存仍由各个监管主体完成,而联盟链的搭建仅基于汇总的元数据信息。基于这种架构,既分享了元数据信息,提高了数据协同能力,又保证了各个监管主体合法合规地管理保密的数据,仅按照监管需要对数据进行使用。

在区块链层中,各个监管主体的元数据作为区块链上同步共存的信息,由整个联盟共享。任一监管主体对其元数据的更改均向整个联盟链推送,由链上大多数节点认证通过后向全链同步。

在数据处理及权限管理层中,为了更好地应用联盟链,实现数据的自动化和智能化管理,应搭建相应的数据处理 API 和权限管理 API,确保不同部门不同保密层级的人员获得不同的权限,保证数据流转和数据使用的安全。

在应用层中,通过智能合约和人工管理并行的方式,智能化提取联盟链上的业务相关数据,按照"数据不出域"的原则,直接输入到相应的监管应用中。这样既能够提高监管协作效率,又保证数据安全和隐私,确保监管机构符合法律法规的要求。

基于保险监管数据共享平台的构建,监管机构可以从司法机关、公安部门、医保中心等多个相关部门获取出险信息,对保险公司理赔事件有更加深入的掌握,能够有效跟踪保险公司理赔动态,对保险公司进行更加有力的监管。

8.6 区块链在金融科技企业监管中的应用

8.6.1 业务背景

关于金融科技,目前国内外尚未有统一定义和标准。金融稳定委员会[14] (Financial Stability Board, FSB) 将金融科技定义为金融服务中的技术创新,这种创新可能产生新的商业模式、应用程序、流程或产品,对金融市场和机构以及金融服务的提供产生重大影响。在 2008 年金融危机后,出现大量以金融服务企业为主的初创企业,尝试用技术去改变传统金融业的经营方式。这些企业往往由技术驱动,采用科技手段提供金融服务,强调降低成本、提高效率,被

---

[14] 见 FSB 网站。

相应认为是"金融科技企业"。随着技术和业务的发展,这些企业从金融服务业细分市场扩展到金融业多个领域。特别地,一些互联网巨头凭借自身优势,同时推进金融业务与技术输出。

任何涉及金融活动的机构都必须遵守各种法规等监管措施。金融科技企业的本质仍是金融,并未脱离传统金融企业的功能属性和风险属性。此外,相比传统金融企业,金融科技企业更注重金融服务数字化,其快速发展带来许多优势的同时也给金融犯罪的增加提供了机会。对于金融科技企业而言,完善的监管措施有助于建立信任,也有助于扩大业务规模,例如提供新产品和服务、扩张业务区域等。对于行业和社会而言,监管创造了一个公平的竞争环境,维护了社会稳定。为了保护金融机构、客户以及更广泛的经济免受金融犯罪的侵害,监管的重要性不言而喻。

8.6.2 行业现状和业务痛点

监管制度和政策是随着行业的发展而发展的。由于金融科技企业的新兴性和复杂性,监管机构和法规最初并不适合新型金融科技企业,重点往往是传统金融机构,这也导致多年来许多国家对金融科技企业的监管不足。目前,针对金融科技企业的业务范围、使用普遍性和发展速度的大幅增加,监管机构也在制定新的相应监管政策。

美国是金融科技项目数量最多的国家,截至 2021 年 11 月[15],美国有 10755 家金融科技初创企业。相比之下,欧洲、中东和非洲地区有 9323 家此类初创企业,亚太地区有 6268 家。尽管美国金融科技行业发展如此迅速,但其活动受到特定州的法律监管,仍然没有统一的金融科技监管框架,例如在纽约州,提供虚拟货币服务的公司需要获得 Bitlicense。同时,美国有一些针对某些类型金融服务的监管机构,例如联邦存款保险公司 (Federal Deposit Insurance Corporation, FDIC)、商品期货交易委员会 (Commodity Futures Trading Commission, CFTC) 等,金融科技企业根据业务范围受到相应法律等约束。2016 年 10 月,美国货币监理署发布区块链初创企业监管框架,旨在

---

[15] 数据来源: statista 网站。

8.6 区块链在金融科技企业监管中的应用

监管区块链及其他金融科技初创企业。此外，每家金融科技企业都必须遵守一些共同要求，例如美国反洗钱法规 (AML)、金融现代化法案等。欧盟监管机构也在积极努力改善金融科技行业的监管框架，计划在 2024 年创建一个关于加密货币操作的监管框架，扩大金融科技法律框架等。

与其他许多国家一样，我国金融行业是分业监管，产生一系列痛点。

第一，监管质量差。金融科技企业的类型是多样化的，并且其涉及的业务是综合业务并非单一业务，从而使得金融科技企业处于金融监管的交叉地带。这种交叉监管也会使得金融科技企业处于"无监管状态"，即多家监管机构该管却又不管，相互推诿监管职责。第二，监管效率低。上述监管交叉也意味着金融科技企业可能需要受到多个监管机构的同时监管，流程、数据均存在大量重复。第三，企业成本高。由于不同地区、国家或业务领域的监管政策不统一，金融科技企业进入不同市场的时间成本较高，冗长的程序减少了产品开发、扩张和投资计划的时间。

8.6.3 基于区块链的解决方案

区块链技术有助于建立"金融科技企业诚信数据平台"来解决金融科技企业的监管问题。

基于区块链的金融科技企业诚信数据平台应当具备两个方面的主要功能。一是存证金融科技企业活动或业务处理的相关信息，保证所有信息的真实性和准确性，以便在可能的纠纷中充当证据。二是利用区块链实时汇集金融科技企业的活动情况，监管金融科技企业的动态，从而更好地保护市场经济的发展。

基于区块链的金融科技企业诚信数据平台是一套完整的区块链解决方案，其大致架构如图 8.5 所示。

根据监管需求，此处设计的区块链监管框架更适合弱中心化机制，发展区块链金融科技企业诚信数据平台包含以下 5 个方面的内容。

第一，底层设施提供物理支持和计算驱动。区块链底层设施是指提供区块链正常运行所需的硬件及软件资源，包括服务器、计算机、网络、网卡、交换机、

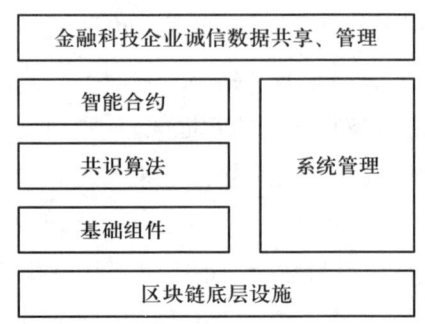

图 8.5　区块链金融科技企业诚信数据平台架构

硬盘以及区块链应用程序等。建设底层设施既是深入了解和使用区块链技术的第一步，也是交易所技术储备的重要一环。

第二，基础组件保证区块链通信能力。区块链是一系列机制构成的弱中心化网络，区块链最为核心的部分就是传播机制、验证机制和存储机制。首先，要明确适合金融科技企业数据的传播机制。其次，设计适合的验证机制，既保证传播效率又有效防止伪造和篡改。再次，需要针对性地设计有效的存储机制，既要提高存储效率又要保证数据安全。

第三，共识算法确保数据一致与安全。共识算法是指区块链节点间就区块中的信息达成一致并向全网公布的算法。共识算法保证了区块链上数据节点的一致性，从而实现去中心化的数据管理与安全。

第四，智能合约赋能监管和服务逻辑实现。智能合约是指将业务逻辑以计算机代码形式进行编写、编译并执行的代码段落。智能合约可以高效地、大批量地在区块链体系下处理任务。智能合约旨在实现资本市场区块链生态下的自动化和智能化数据交互。监管和服务通过智能合约的逻辑判断，可以自动执行和留痕数据记录、数据转移、数据处理等业务操作。但值得注意的是，目前智能合约的发展仍处在较初级的阶段。智能合约的逻辑漏洞可能导致安全问题。金融科技企业诚信平台中需要探索智能合约的可利用程度和安全使用方案。

第五，系统管理完善区块链使用和运行维护。为了将区块链功能整合实现，需要完整的区块链系统管理框架。在这一框架下，需要明确几个方面的问题：一是权限管理。通过权限管理保证数据和函数只能由相应的授权人调用。

二是节点管理。节点管理在于识别节点以确认节点使用者身份。节点管理与权限管理应当结合起来。三是应用接口。接口用于完成功能对接。对接口的管理可以使外部应用对区块链及其数据的访问、调用受到管制。四是运行维护。运行维护是保证基础设施持续正常工作的必要步骤,包括建立日志库、监事库、管理库和扩展库等。将区块链体系模块化,方便维护。

基于区块链的金融科技企业诚信数据平台,实现了金融科技企业部分数据和信息的共享,同时确保了他们自身的商业机密不会被泄露,有助于监管机构实时掌握金融科技企业的动态和业务经营情况。并且,在这样的诚信数据平台中,各家企业对其信用数据是非常重视的,一旦其信用数据有问题,联盟链中的其他用户均会得知该信息,那么信用有问题的企业难以进行融资,其正常的业务运转也会受到影响。此外,由于是多方监管机构共同掌握数据,当企业处于异常状态时,这些监管机构会同时对金融科技企业进行监管,一旦有监管部门接手这家企业的监管,其他监管机构会收到实时信息跟踪动态。如果该企业触发多个业务底线,将会出现多个监管机构同时接手,避免重复监管或无监管的问题。

8.7 区块链在个人征信中的应用

8.7.1 业务背景

现代经济是一种信用经济,其基础是信用活动,而信用活动的扩展和演进是信用体系不断发展的基础。在此背景下,征信业务的重要性不言而喻。征信[16]是指"对企业、事业单位等组织(以下统称'企业')的信用信息和个人的信用信息进行采集、整理、保存、加工,并向信息使用者提供的活动"。根据客户之间的差异,征信业务通常分为企业征信和个人征信,本节关注后者。

征信作为风险控制的重要手段,可以有效缓解金融市场逆向选择,避免"机会主义"和道德风险的发生,降低不同主体之间的信息不对称性,促进金融系统的稳定,是金融活动极其重要的组成部分。

---

[16]定义来源于 2013 年《征信业管理条例》。

8.7.2 行业现状和业务痛点

纵观全球各国个人征信行业，模式是各种各样的，包括政府主导、市场主导、行业主导等。在美国，费埃哲公司 (Fair Isaac Company) 推出的 FICO 信用分是使用范围最广的个人信用评分，90% 的顶级贷方每年都使用 FICO 评分来帮助他们做出数十亿次与信贷相关的决定[17]。而在中国，虽然相关领域起步较晚，但随着大数据等科技的广泛应用和金融业的不断创新，我国信用体系不断发展和演进，征信业务也在不断推进。

我国个人征信业务最早可追溯到中国人民银行 1999 年批准设立上海资信有限公司。在传统个人征信业务中，由于个人信息的敏感性等问题，中国人民银行个人征信体系长期占据主导地位。2004 年初，中国人民银行建立了个人信用基础数据库，包括多家商业银行数据。2013 年，《征信业管理条例》的正式实施使我国征信行业步入了有法可依的发展模式。随着大数据的发展，国家和市场都在推进大数据征信的前进。2015 年 1 月，中国人民银行印发《关于做好个人征信业务准备工作的通知》，要求芝麻信用、腾讯征信等 8 家市场机构做好个人征信业务准备，意味着我国逐步开放市场化个人征信。2018 年 1 月，中国人民银行正式受理"百行征信有限公司"的个人征信业务申请，这意味着中国人民银行行政许可的全国唯一一家持牌市场化个人征信机构正式获准设立。经过近几十年的发展，我国已历经了"从试点服务到全国推行、从央行主导到公私融合、从传统模式到互联网征信的转变"[98]，逐渐形成了"政府 + 市场"的双轮驱动征信框架。

与我国较为完善的企业征信相比，目前我国个人征信行业还不够完善，具有较大的发展空间。

第一，相关机构缺乏有效共享合作。行业内部存在恶性竞争，部分机构不愿意共享自己的数据；征信行业缺乏透明度，数据难以流通，降低了数据使用效率。

第二，个人信息安全性与隐私性待加强。一方面，相比发达国家法律体系，我国征信立法层级较低，配套法规制度尚未完善，例如用户数据归属权、个人

---

[17] 数据来源：FICO 网站。

8.7 区块链在个人征信中的应用

征信数据使用范围、隐私保护等一系列问题；另一方面，目前机构均采用中心化信息系统，存在数据篡改、数据库窃取、黑客攻击等泄漏个人信息的风险。

第三，数据质量低，获取成本高。行业间的信息冗余导致征信业务整体获取数据的成本高；征信数据分散在多个机构中，"数据孤岛"问题阻碍了数据的采集和融合；我国具有人口基数大、流动性强等特点，个人征信数据存在难以全面覆盖、更新不及时、信息不完整等质量问题；数据缺乏有效监控，修改追溯困难，难以保障一致性。

8.7.3 基于区块链的解决方案

将区块链技术与现行征信体制相结合，基于已有的中心数据库重构征信体系，有助于促进个人征信业务的发展。

首先，促进机构有效共享合作。使用联盟链技术创建安全的信用信息共享平台，有助于明晰区块链各主体间的权利义务，消除征信机构的后顾之忧，促进参与方最小化风险和成本，维护行业秩序，例如通过权限设置追踪扰乱行业秩序者等。同时，利用智能合约等技术可以促进信用评估、定价、交易等环节实现自动化和智能化，降低实体运营成本，也降低了机构共享合作成本。其次，保障数据隐私和安全性。区块链技术的去中心化和共识机制帮助用户在信息公开和身份隐私中获得了平衡，也缓解了数据泄漏和黑客攻击等数据安全问题。最后，提升数据质量。基于区块链构建征信平台，一方面可以利用区块链信息透明、数据不可篡改等特性，有效遏制数据造假问题，提升社会征信系统的公信力；另一方面也可以提升征信数据维度，低成本实现跨行业、跨领域和跨机构多渠道数据采集，消除冗余数据。

案例1：平安银行征信业务

"平安银行正在实现贷前、贷中和贷后风险的全程闭环控制。运用大数据、区块链、物联网等技术，深入生态场景重塑征信模型。"

——平安银行交易银行事业部副总裁许红辉

为了解决征信业务中存在的问题，平安银行开发了专为中小银行提供资金与资产交换的区块链项目"同业资产交易平台"，将合作的公募基金、信托与证券产品放在该平台上，供有理财需求的中小银行资金部直接在线交易。在此之后，平安银行于 2016 年又推出"核心企业应收账款服务平台"，旨在利用区块链技术推出中小微企业征信数据信用贷，引入大数据和人工智能等技术完善企业信用体系，进而识别供应链中资产所蕴含的风险，鉴定资产的风险级别，剔除虚假贸易融资。基于区块链平台的建设和运用，平安银行不仅推动征信业务的发展，还帮助中小企业降低风险管理成本，在一定程度上有助于化解中小微企业融资难的问题。

案例 2：华为云——联合征信解决方案

华为是全球领先的信息通信技术供应商，其华为云产品致力于提供稳定、可靠、安全和可持续发展的云服务，以在线方式将全球领先的云计算、大数据、人工智能等产品与服务提供给全球客户，释放数字生产力。

2018 年，华为云正式面向全球用户推出区块链服务（BCS）。之后，华为云推动"区块链 + 个人征信"领域发展，推出区块链联合征信解决方案，促进信用数据共享合作，致力于打造多平台、跨行业的信用数据共享平台。图 8.6 为该方案场景图，具有隐私保护、提升征信数据维度、共享交易、数据可信等优势。

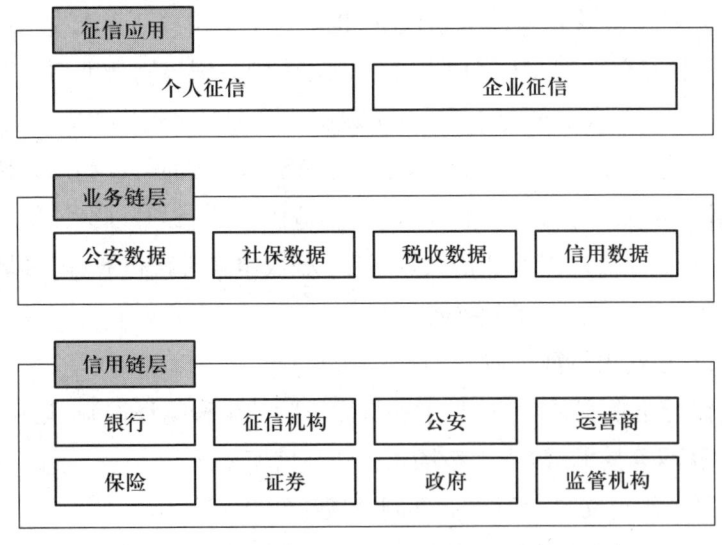

图 8.6 "区块链 + 个人征信"解决方案场景图[18]

---

[18]图片来源：华为云网站。

华为云借助分布式存储、点对点传输、共识机制与加密算法等区块链技术，屏蔽底层复杂的连接建立机制，通过上层的对等直联、安全通信和匿名保护，解决数据孤岛的问题，以低成本建立共识信任，将各个行业的征信数据打通，丰富征信数据的同时避免数据外泄风险。

8.8 本章小结

运作良好的金融体系对社会经济、企业和消费者至关重要。区块链强调"信任"，能够构建一套去中心化的可信任生态体系，减少信息错误，避免数据错改，弱化金融中介功能，具有与金融监管天然融合的特性，有助于打造"金融监管"新模式。本章主要介绍了区块链在反欺诈、反洗钱、投行底稿、异常交易、保险监管、个人征信多个金融监管场景的应用，分别介绍了业务场景、目前行业现状和痛点，并分析了基于区块链的解决方案和相关案例。

8.9 思考题

1. 区块链技术可以解决传统反欺诈手段的什么问题？如何解决？
2. 区块链技术成功应用于反洗钱领域是因为什么特性？面对反洗钱存在的难题，区块链技术做了怎样的贡献？
3. 区块链的引入使得投行底稿业务发生了怎样的转变？
4. 区块链是如何解决证券市场交易监管中的问题的？
5. 在保险市场监管中，区块链存在哪些弊端？可以用什么解决方案？
6. 区块链应用于金融科技企业的优势是什么？
7. 个人征信面对的问题是什么？区块链是如何解决这些问题的？
8. 除了上述提到的区块链应用场景外，你还能想出哪些区块链技术的应用场景？

第 9 章 区块链创新及其未来趋势

9.1 区块链性能

随着区块链的不断发展和人们对于区块链的不断研究,当前区块链性能存在的问题也不断显现出来,主要分为三大类问题:区块链的吞吐率低,能源消耗和算力集中,以及区块确认时间长。这些问题严重制约了区块链的发展,需要不断的探索和缓解或者解决其相应的问题,扩展区块链的应用。

9.1.1 当前存在的问题

1. 区块链的吞吐率低

典型的区块链 (如比特币) 至少需要花费 10 分钟来确认交易,平均交易速率约为每秒 4 个交易,最高可达每秒 7 个交易。以太坊每秒可以处理 10 个或更多交易,确认时间也比在比特币网络上快 10 倍。然而,对比 VISA 交易网络[99],就能清楚看出当前区块链交易吞吐量的局限性。VISA 可在几秒钟内确认交易,平均每秒处理 2000 个交易,每秒交易量最高可达 65000 个。从这些指标可以看出,当今使用最多的区块链网络与传统的中心化支付网络 (如 VISA) 相比,交易吞吐量还存在着很大的差距。

比特币的吞吐率[100] 低是因其在设计之初对于区块生成间隔 (block interval[101]) 和区块大小 (block size[102]) 有一定的制约,为了确保比特币的安全性,在一定程度上牺牲了比特币的性能和可扩展性。同时在传统比特币网络上调整区块生成间隔或者区块大小会损害其安全性;减小区块生成间隔,可以减小交易的平均确认时间,但同时降低了哈希计算难度,更易导致分叉;增大区块大小,可以增大系统的吞吐量,相同时间段处理更多的交易,但会导致区块在网络中的传输延迟增大,同样更容易发生分叉。

2. 能源消耗和算力集中

自 2008 年中本聪提出比特币，其共识机制 PoW[103] 的弊端——能源消耗，就一直被研究人员所诟病。其原因在于随着 CPU 工艺的不断进步，计算机的算力呈几何级数的增长，由于比特币的总量不变 (2100 万)，那么需要增加挖矿难度来保证比特币的出块速度稳定，PoW 的机制使其只能通过最消耗能源的暴力尝试方法来获取记账权，从而加大了能源消耗。

与此同时，技术的发展和人们的趋利性，使其开发出了专门用于挖矿的矿机，并以此形成了专门的矿池，这在本质上违背了中本聪最初的去中心化[104]的意愿，算力集中于个别组织和个人更易形成 51% 攻击和其他攻击，加大了比特币的安全风险。

3. 区块确认时间长

在区块链中，对于用户来说，当前较为严重的问题是区块链的确认时间长。确认时间是区块链安全与吞吐率的体现，为了确保交易不被篡改，区块链一般会等待多个区块的确认。例如，比特币实现了在敌手控制 10% 算力的情况下，在其 6 个区块的确认下，其发生双花的概率小于 0.1%，而比特币的平均出块间隔达 10 分钟，这导致为了实现交易的安全性，我们至少需要等待 60 分钟，这在日常的交易体系中是不可想象的[105]。

9.1.2 常用解决方法

1. 吞吐率问题解决方法

当前对于吞吐率问题的几个典型的解决方案，包括 Bitcoin-NG、侧链技术、闪电网络、有向无环图技术 (DAG[106]) 以及分片技术[107] 等。

(1) Bitcoin-NG

由上述所知，传统比特币区块链的吞吐量低且不易扩容，为解决这一系列问题，康奈尔大学的 Ittay Eyal 和 Adem Efe Gencer 等提出了基于比特币的可扩展协议 Bitcoin-NG[108]，其目标在于提高比特的吞吐量的同时，保证链的安全性。Bitcoin-NG 是一个序列化交易的区块链协议，在未牺牲其他性能的情况下更好地考虑了延迟和带宽。Bitcoin-NG 将比特币中记账和竞争记账权

9.1 区块链性能

进行了解耦,使两者可以并行执行,消除了比特币中两次 leader 选举 (获得竞争记账权) 之间长时间的系统冻结[109]。

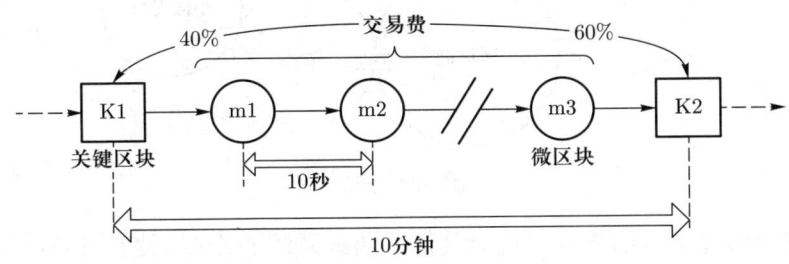

图 9.1 Bitcoin-NG 工作示意图

Bitcoin-NG 通过将 leader 选举和交易记录这两种任务分配到两种区块中,实现了挖矿和交易记录的并行执行,提高了区块链的吞吐率。与此同时 Bitcoin-NG 也存在着一些安全问题:

钱包安全[110]: 污染交易的存在使得 leader 的私钥有可能被逆向获取。

DOS 攻击[111]: 恶意 leader 可以通过不处理微区块中的交易来进行 DOS 攻击,虽然当下一个 leader 选举出来后,其攻击的影响会消除,但是在与 51% 算力攻击和日食攻击等相结合时,仍然会带来很大危害。

分叉[112]: Bitcoin-NG 存在关键区块分叉,只能在下一个关键区块生成时才能解决,且持续时间相对微区块分叉长。

(2) 侧链技术

侧链协议是可以让比特币安全地从比特币主链转移到其他区块链,又可以从其他区块链安全地返回比特币主链的一种协议,其本质是跨区块链解决方案。最初, 比特币区块链通常被形容为主链,而现在任何区块链都可以是主链。侧链协议可视为在主链与侧链之间允许以数字资产方式进行转移。我们将需要被转移的目标资产在主链上锁定,并且在侧链对其对应资产的等价货币进行操作,当操作周期结束之后再在主链上结算。我们可以在一定程度上将闪电网络看成侧链的一种。

应用侧链技术可以提高整个区块链系统的交易吞吐率; 而当侧链依附于主链且主链安全性被保证时,侧链可以专注于优化确认时间和吞吐率[113]。

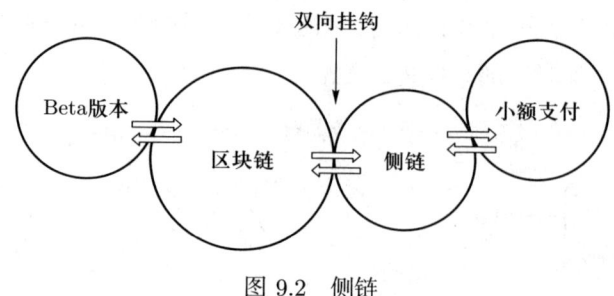

图 9.2 侧链

侧链通过融合的方式实现对其他区块链系统的连接,使其各自的应用得到扩展,如将比特币和拥有智能合约[65]的区块链系统相连,可以提升比特币自身的应用范围和创新维度。

(3) 闪电网络

闪电网络最核心的思想是链下支付通道的建立和使用。用户通过搭建安全的链下支付通道,可以进行多次交易,且不需要在链上记录每一笔交易。每次在链下支付通道交易时,用户用自己的私钥签名来更新自己的资产负债表,只在通道关闭时根据最近签名的资产负债表来分配资金,同时将初始余额和最终余额的相关信息广播到区块链上。

闪电网络具有以下优点:

交易速度快: 可以即时完成交易,而不受制于传统区块链网络的交易确认速度。

交易费用低: 在链下进行交易,降低了交易平均手续费,更加有利于小额交易的应用。

交易吞吐量大、吞吐率高: 通过对于批量交易的确认提高区块链网络总体的交易吞吐量和吞吐率。

降低区块链网络负载: 区块链上被提交的操作只有开启或关闭通道以及具有争议性的交易,允许所有其他处于闪电网络内的交易保持未提交状态。这一特点使得使用比特币的闪电网络用户可以频繁支付,并且区块链上的完全节点不需要承担过多的负担。

支持跨链交易: 只要两条区块链共享加密哈希函数,或是大多数区块链都共享同样的哈希函数,用户能够将资金从一条链转到另一条链,而无须信任第三方中介。

具有安全性和匿名性: 闪电网络建立了安全的支付通道, 通过私钥签名和保证金制度, 来确保用户的资金安全; 同时交易在链下进行, 也使所有通过闪电网络通道进行的微支付基本没有被追踪的途径。

(4) 有向无环图技术

directed acyclic graph (DAG) 中文意为 "有向无环图", 原本是计算机领域一种常用数据结构, 因其独特的拓扑结构带来的优异特性, 经常被用于动态规划、寻求最短路径、数据压缩等多种算法场景。DAG 的吞吐量[114] 较传统的区块链有显著的提高。

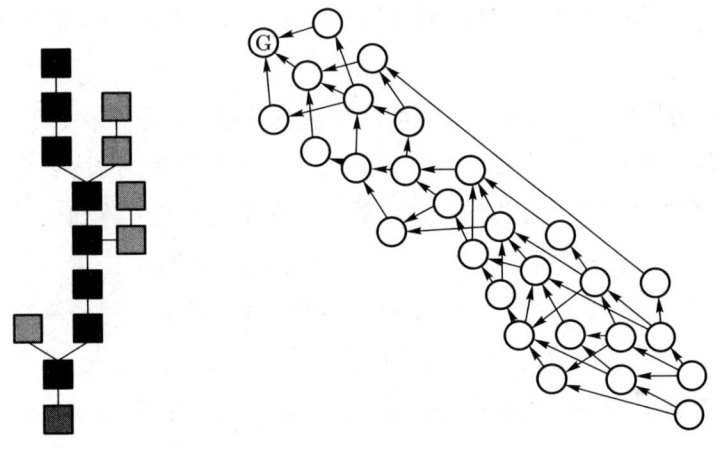

图 9.3　区块链和 DAG

目前来看, DAG 存在两个问题: 一是由于同一时刻可以有多个节点同时打包, 因此会造成大量的交易被重复打包; 二是 DAG 还是只能通过 PoW 的方式来产生区块, 否则安全性得不到保证或者会引入特殊的节点, 变相引入中心。

(5) 分片技术

分片技术 (sharding)[115] 是传统的基于数据库分片的扩容技术, 数据库被分割成多个碎片并放置在不同的服务器上。在公共区块链的应用中, 在网络上进行的交易将被分成由网络上不同节点组成的不同碎片。因此, 每个节点需要处理的只是小部分传入网络的交易, 通过与其他节点同时处理, 能够完成繁多的验证工作。被分割为碎片的网络使得大量的交易能够同时进行处理和验证。因此, 区块链处理的交易可能性随着网络的增长而增加。这种属性也称为水平扩容。当前分片技术主要分为以下 3 种:

网络分片

网络分片[116] 作为基础的分片方式, 它将整个区块链网络划分为多个子网络, 每个子网络形成一个分片, 网络中不同的交易由所有分片并行处理。通过可验证随机函数 (VRF), 分片可由网络抽取的节点组成。随机抽样的方式可以避免单个碎片被节点过度填充。同时, 我们还需要保证网络中一个分片的不同成员意见的一致性, 这可以通过共识协议 PoW、PoS、PBFT 等来实现。

交易分片

交易分片[117] 的前提是已对当前网络进行分片。在基于 UTXO 的账本系统中, 我们可以通过交易的哈希值的最后几位进行分片, 以达到分片的随机性。为了避免恶意发起双花交易, 系统需要确保信息的交互在每个碎片间都要进行; 但是这种通信方式可能会破坏整个交易分片的目的。

上述问题在基于账户的系统中可以得到很好的解决。每一笔交易都会出现一个发送者的地址, 然后碎片由系统根据发送者的地址分配。这保证了两笔双花交易能够在相同的碎片中得到验证, 因此系统不需要跨碎片的通信就能够很容易地检测到双花交易。

状态分片

状态分片[118] 的关键是将整个存储区通过使用不同碎片存储的不同部分而分开, 每个碎片的数据由该片的节点托管, 而不需要存储完整的区块链状态。状态分片不但减少了状态的冗余存储, 还使得整个区块链网络具有存储的可扩展性。

在基于账户的模型中, 在一个状态分片的区块链中, 每个特定的碎片都只会保留一部分状态, 而不需要像交易分片那样保存所有状态。这不可避免会导致跨碎片信息通信, 所以确保跨碎片通信不会超过状态分片的性能收益仍然是一个值得公开研究的问题。制约用户跨碎片交易是减少跨碎片通信开销

9.1 区块链性能

的一种可能解决方案。在消除跨碎片通信的同时，平台的可用性可能也会被限制。

其次状态分片还需考虑数据可用性的问题，当特定分片发生脱机时，由于分片没有复杂系统的全部状态，导致依赖于脱机分片的交易网络无法验证。此问题的解决方法是进行维护存档或节点备份，这样可以帮助系统故障修复以及那些不可用数据的恢复。由此带来的另一问题是，存储系统的整个状态不得不由节点进行储存，同时有引发中心化的风险。

在分片机制中还必须考虑的是，碎片在抵御攻击和失败时确保具有弹性；新的节点必须被网络接受并随机将这些分配给不同的碎片，即在一段时间内网络必须进行节点的重新分配。但是，在状态分片的情况下，重新分配节点的过程中，在同步完成前可能会出现整个系统失效的问题。为了防止系统的中断，我们必须对网络进行逐步调整，以确保每个碎片在所有节点被清空前仍有足够多的旧节点。

2. 能源消耗和算力集中问题解决方法

当前基于 PoW 及类似的共识机制[119] 的区块链项目带来了能源消耗巨大和算力集中两大缺陷，对此，人们提出了以下几个可能的解决方案：

(1) PoS

权益证明 (proof of stake, PoS)[120] 是随着人们对加密货币研究的深入以及技术的进步而产生的一项创新。2012 年 8 月，一个化名 Sunny King 的研究者推出了 Peercoin (PPC)[121]，前期采用工作量证明 (PoW) 机制发行新币，后期采用权益证明 (PoS)[122] 维护网络安全。首次将权益证明引入了加密货币领域。PoS 描述的是对一种挖出的"矿产"——虚拟币所有权的证明。在 PoW 中，各个节点协助创建和验证新的区块。奖励与贡献给整个网络的算力资源成正比。而 PoS 则与数字货币的持有量成正比，从而在能源消耗和算力集中上其问题得到有效的解决。

PoS 最被广为流传的优点是它不像 PoW 需要经过一个能源密集型的消耗过程。如果 PoS 系统可以具有与 PoW 系统相同的特性，则可以避免对环境的损害。PoS 系统的另一个关键优势是可能改善中心化。PoW 采矿有许多中心化的优势在 PoS 系统中是不适用的。此外，PoS 直接将共识代理人与加密货币的投资联系了起来，理论上来说投资者与共识代理人之间的利益是一致的。

同时 PoS 存在劣势，PoS 并不会消耗额外的算力，因此如果出现分叉，理性节点在所有链上同时 PoS 挖矿是没有利害关系的，即在主链和从链上进行 PoS 挖矿都会获得相应的权益。但每次分叉都会形成新的山寨币，所以必须要增加更多的机制，PoS 才能更好地应对分叉。

(2) PoSt

存储证明 (proof-of-storage, PoSt)[123] 是 Permacoin 中提出的一种共识机制。Permacoin 是微软研究院和美国马里兰大学联合提出的与比特币竞争的币种[122]，其特点主要在于，它的挖矿行为并非注释纯粹的工作量证明，除此之外必须加入一种有意义的担保，即对挖矿矿工的资格进行了某种限定。PoSt 将传统的 PoW 的无意义的电力消耗转化为矿工们必须分布式存储一个有意义且重要的大文件，才能实施挖矿行为，即在挖矿过程中证明自己确实帮忙存储了文件。

和标准的比特币挖矿不同，基于存储证明的挖矿行为在标准的基于工作量证明之外，还必须提供它确实存储了指定的文件子块这样的证据。这样在一定意义上使得 PoW 的算力得到了很好的使用。同时在 PoSt 机制下，矿工宁愿投资于存储而不是计算能力来并行化采矿计算，矿工提供存储并重新使用计算来证明数据被存储以参与共识。利用存储证明来产生共识，不用像比特币那样浪费计算资源和能源，并且能激励矿工投入更多的存储空间 (硬盘) 资源而不是计算和能源资源为网络做贡献，是非常环保高效的方式。

(3) PoSp

空间证明 (proof-of-space, PoSp) 是 BitTorrent 开发者 Bram Cohen 设想的一种 PoW 的替代方案[124]。其依赖于磁盘空间而不是计算能力作为挖掘的主要资源，创造了被认为是比较不具有生态破坏性和更经济的证明方式来替代 PoW。PoSp 带来的益处很多，当用户一次性付出硬盘空间后，后续挖矿便不需额外付出等。根据一些团队的测算，PoSp 里的用户行为可视作一种拓展性的博弈模型，随着时间增长，会有越来越多的用户加入进来。

9.1 区块链性能

PoSp 可认为是共识机制在 PoW 基础上的一大进步。但与此同时, PoSp 也存在一些问题: 因为增加了校验人角色, 系统的风险也随之增加; 因为存在少部分人可以垄断挖矿, 需要巨大财力来购置大量硬盘空间, 造成类 "51% 攻击" 等。中本聪 "一枚 CPU 芯片代表一个个体, 每个个体拥有平等挖矿机会"[1] 的构想, 仍然难以实现。

3. 区块确认时间问题解决方法

当前, 对于这一问题, 有以下几种解决方案: (1) Thunderella, 通过区分网络状态来实现加速; (2) Spectre[125], 通过 DAG 实现交易快速入链从而达到加速目的; (3) Algorand, 通过密码抽签的方式和拜占庭协议 BA 实现交易的快速确认。其具体方案介绍如下:

(1) Thunderella

来自康奈尔大学的 Elain Shi 等人[126] 提出了一种交易加速算法 Thunderella。该方案假设, 当网络中不低于 3/4 的节点或算力是诚实的时候, Thunderella 协议中的状态机实现快速异步处理, 在 1 秒内做出确认, 对交易几乎是瞬间响应。而当网络出现异常而无法达成一致, 比如由于恶意节点发送错误信息或者由于网络延迟造成共识失败, 则自动启动回滚机制切换到传统区块链共识 (慢速链), 保证网络的安全和可持续性, 并在网络恢复时自动切换回快速模式。由此, 可以实现绝大多数时间与情况下, 网络超过目前区块链 1000 倍的处理速度, 以及遇到问题时依旧可以通过慢速链抵御 49% 的恶意节点。

(2) Spectre

Spectre 协议[127] 是一个 DAG 协议, 和一般 DAG 协议不同的是, 它没有主链的概念, 不能为所有的交易提供一个全局的排序, 只能够判断两个块的先后顺序, 它是通过投票的方式来比较两个块的顺序。在 Spectre 协议中, 如果两笔交易发生的时间间隔较长, 那么它们的顺序可以被唯一确定, 而同时发生的交易无法确定顺序。为了减少确认时间, 它使用了这样一个设计: 当两笔交易发生冲突时, 如果相隔时间较长, 则接收第一笔交易; 如果相隔时间较短, 则两笔交易都不接受, 直接将输入锁死 (UTXO 模型)。这样做的目的是使双

---

[1] 见 Bitcoin: A Peer-to-Peer Electronic Cash System。

花的作恶者付出代价。这样,当一笔合法的交易被发送到网络中后,只要被节点打包,就可以瞬间确认,无须等待时间。

(3) Algorand

Algorand 主要是为了解决比特币区块链采用的 PoW 共识协议存在的算力浪费、扩展性弱、易分叉、确认时间长等不足,是 MIT 机械工程与计算机科学系 Silvio Micali 教授与合作者于 2016 年提出的一个区块链协议[128]。

Algorand 通过"即时提议与确认"(immediate propose and agree)来形成共识,这是一种"超快速拜占庭协议"(byzantine agreement, BA*)。同时,加密抽签的快速性以及小范围内委员会成员对区块的公证都将给 Algorand 区块链带来高吞吐量和交易确认时间的加速。

9.2 区块链隐私保护

现今,我们的隐私很容易被科技侵犯,个人或组织所做的大多数事情都属于公共领域,第三方会监控、存储并利用个人及组织的数据、模式、爱好和所参与的活动等。许多新兴商业模式依赖于收集、处理和转售我们的个人数据。

数据关联到个人变得更加容易,即使个人选择退出社交网络平台。例如,在面部识别技术上的突破,已经被广泛应用在商业和安全领域,尤其是在中国和俄罗斯。

区块链技术能在一定程度上降低隐私被侵犯的影响[129],但同时进行用户隐私保护时仍会泄露一些个人信息。比如,一个用户的个人信息可能会存储在区块链上,并公开该个人信息的部分临时信息来接受服务。比特币和其他基于区块链的数字货币已经表明,利用点对点分布式网络和公共账本技术可以实现可信且透明的计算。

9.2.1 当前存在的问题

分布式[130] 是区块链账本的特点,账本的存储与验证需要多个节点参与,而这往往会引起用户对账本隐私的担忧,尤其是对隐私保护更重要的金融行

9.2 区块链隐私保护

业[131]。区块链应用实施的主要障碍之一便是隐私问题。下文将介绍区块链应用现有主要的隐私保护方案。

9.2.2 常用解决方法

1. 链外存储[132]

要保护的隐私数据是链外存储的方式，分布式账本上存储可以公开的部分数据。

一种是链外存储原文，分布式账本上存储对应的摘要信息。摘要信息通过安全的哈希算法与这种策略结合而计算出，因此，原文无法通过摘要信息直接逆向推导出。但隐私泄露的问题在这样简单的处理中还有可能会发生，尤其是对于取值有限并且比较通用的数据，如身份证号、性别等，容易受到攻击者的字典攻击以及暴力破解。对于这类数据需要加上盐值 (SALT) 再进行哈希计算后上链。在数据存证领域通常使用对隐私保护较好的链外存储。但这种方法并非完美无缺，因为链上并不存储原文，故各方还需要花精力自行维护原文的安全存储。如果一方原文在举证的时候丢失，对手方会考虑自身经济利益而出现故意不提供原文的情况，因此无法做到真正存证和举证的效果。

还有一种是状态旁路 (state channel)[133]。分布式账本上只有粗粒度的"批发"可见，类似于出入备付金操作，分布式账本上不记录真正细粒度的双边或有限多边交易明细，只当作有争议事件发生时备查的"信息"单据，通过状态旁路的方式"曲线"执行的"闪电网络"是比特币体系下的状态旁路，当比特币脚本逻辑表达能力受到限制时借助"精巧"设计实现。这种策略不但能够保护交易隐私，还能提升交易处理能力。但分布式账本上仍存储部分数据，因此状态旁路也只能保护部分数据。

2. 账本隔离

账本隔离是在不同的分布式账本上记录不同的隐私需求。一种是多通道 (子链模式)[134] 隔离账本。账本隔离保护隐私性被 Fabric 利用多通道 (Channel) 机制实现[135]。Channel 代表私有的广播通道，消息的私密性和隔离性也被保证，不同的链码的执行交易和相关交易验证只有相关的主体知道，只有相关主体的广播请求和执行对相关主体的消息送达才能被共识服务接收，节点只记录与其相关的链码的状态。

多通道模式下的 Fabric，所有通道的所有交易数据被共识节点接收，共识节点需要适当的技术控制和安全管理，以防止信息泄露。不允许共识节点得到全部的账本数据是更好的做法，只将部分共识用到的信息提供出来，排序共识等功能通过与同态加密等技术结合实现，以防止隐私数据在共识节点中被泄露。

另一种是只有参与人接收业务数据，不进行全网传播，只有参与人的账本中有业务数据。

3. 加密保护

加密保护[136]是对账本数据利用密码学算法进行加密，只有相关方能够解密查看。用得比较多的策略便是加密保护，对应的加密算法包括对称加密（如 AES256、SM4）和非对称加密（如 RSA2048、SM2）。账本加密使用的算法要求加密强度高，尤其是金融行业需要支持国密算法。对称加密速度快，但相对容易破解，而非对称加密则相反。在实际应用中一般会结合使用对称加密和非对称加密算法。例如数字信封，将私密数据给多个对手方共享，并且只有这几个对手方能解密查看，其他人都无法获知数据明文。

不但账本存储需要加密，账本传送过程的加密也十分重要，只有端对端的加密才是最安全有效的，依赖于平台或中间节点完成加密的，节点可以获取隐私数据。为了防止密钥被盗而引起的隐私数据的丢失，密钥的安全性也必须慎重考虑。密钥文件可以保存在服务器、手机钱包、USBKey、加密机等中，安全性更高的设备一般只能使用密钥，不能对密钥进行读取。密钥的分布式管理服务，通过区块链和门限算法结合的方式实现，解决用户密钥丢失、无法解密账本的问题。使用的门限算法使得想要恢复出密钥就必须凑齐一定数量的密钥分片，对于个别的主体想要窃取密钥获取隐私数据的行为可以在一定程度上起到制止作用。

加密保护策略存在一定的局限性，一方面加密的安全性很难向非技术人员证明，另一方面随着技术的进步加密算法的安全级别将逐步降低。比如伴随着量子计算机的出现,将会有很多过去难以破解的密文被破解。但是量子计算机概念的出现也促使人们研究在量子计算机下仍然难以破解的密码学方案,比如目前的量子密码学与格密码学。

4. 部分明文

部分明文是对分布式账本数据进行划分,分为敏感部分与非敏感部分,并对敏感部分进行隐私保护。

Corda[2] 采用抽离部分敏感内容的类盲签名技术来保护隐私,该技术采用的方式是将敏感字段与非敏感字段分组哈希,再分层构建 Merkle 树,因此即使去掉敏感字段,剩余的 Merkle 树的树状结构仍然存在,并可针对非敏感字段进行验证,在其基础上仍可达到与盲签名类似的效果。也就是说需要交易对手方签名时,在给对手方发送交易时即使将某些他不需要了解的具体数据删除,仍不会影响他对整个交易的签名,因此交易隐私的保护可以从这个机制成功实现。那么,没有交易的全部数据是如何对整个交易进行签名的呢?Corda 将交易的签名结构做成一棵 Merkle 树,有一个保留了必要签名的分支,将这个分支发送给签名者,仍然能按照签名结构完成对整个交易的签名。同时一旦发生法律纠纷,如已去除的敏感字段内容被伪造,该 Merkle 树还可用来鉴别证据真伪。

5. 身份混淆

身份混淆是对区块链上交易的用户身份进行隐匿。Fabric 使用交易证书(TCerts)[137],即每个交易的短期证书,满足一次一密、不可伪造、无关联性和可跟踪性。不但组织了交易之间的关联性,还使得用户可以以匿名的方式参与到系统中。

还可以使用群签名进行身份匿名。群签名是指群体中的任何一个成员都可以代表整个群体并对消息以匿名的方式签名。群签名与其他数字签名一样可以公开验证,还可以只用单个群公钥来验证。

环签名可被看作特殊的群签名,环签名解决了使签名者完全匿名的问题,环签名允许一个成员代表一组人进行签名,而不泄漏签名者的信息。而群签名

---

[2]见 Corda 网站。

不能解决这个问题，因为群签名的生成需要群成员的合作，群管理者可以打开签名。对于验证者来说，签名者是完全正确匿名的。环签名的这种无条件匿名性在对信息需要长期保护的一些特殊环境中非常有用。

6. 其他方案

零知识证明 (zero-knowledge proof) 指的是证明者不提供任何有用信息给验证者的情况下，仍能使其相信某个论断是正确的。区块链隐私性能的提升可以通过使用"零知识证明"[138]来实现，这个验证方法不会透露除了声明的有效性的其他信息。这样的项目包括 Zcash，一个位于公共链上加密货币促进支付的开源系统，但是发送方、接收方以及交易的金额，这些信息都是保密的。

同态加密是基于数学计算复杂性理论的密码学技术。经过对同态加密[139]数据的处理得到一个输出，并对其解密，结果与用相同方法处理过的未加密的原始数据得到的输出一致。如果一种加密算法，不管是乘法和加法都可以找到对应的操作，就称其为全同态加密算法。但到现在为止真正可用的全同态加密算法仍未出现。

安全多方计算平台 (MPC) 保证多个参与方的数据无须先归集后分析，将数据保存在本地进行协同计算[140]。

基于属性加密 (ABE) 又称模糊的基于身份的加密 (fuzzy identity-based encryption)[141]，身份标识被它作为一系列的属性。IBE 中的解密者想要解密信息，只有自己的身份信息和加密者描述的信息一致，才能完成解密。和 IBE 不同的是，采用基于属性加密后，当用户拥有的属性超过加密者的预设门槛时，用户就可以解密，适用于某些特殊场合。

概括来说，理想的隐私保护策略，如零知识证明和同态加密等几乎全部基于较为复杂的密码学技术，目前在实际应用中有待进一步完善。

9.3 跨链技术

区块链的应用空间因为互通性受到了很大程度的限制。不论是从公有链出发还是从私有链出发，跨链技术[142]都是价值互联网实现的关键，跨链技

9.3 跨链技术

术既可以把区块链从孤岛中拯救出来,又可以作为区块链向外拓展和连接的桥梁。

9.3.1 当前存在的问题

跨链技术的难点以比特币和以太坊之间的跨链为例,它需要用户把比特币转入某个地址,锁定这部分比特币,然后在以太坊上发行比特币替代品,并转入用户在以太坊上的地址;赎回的时候,需要用户调用智能合约[143]销毁比特币替代品,然后在比特币网络上把锁定的比特币释放给用户。

不难发现,这其中唯一的难点就在于消息的互通。也就是说,当用户在比特币网络把比特币锁定后,只要以太坊能知道这件事,就可以在以太坊上铸币给用户;当用户在以太坊把替代品销毁后,只要比特币网络能知道这件事,就可以在比特币网络上释放比特币给用户。

那么消息的互通难在哪里? Cdot 的创始人刘毅认为,多链是一种更具生命力的系统,因此他和他的团队致力于链与链之间的联通。Cdot 已经为以太坊和 Flow 建立了跨链桥,也正在进行 Cosmos 与 Polkadot、Cosmos 与以太坊的跨链研发。

从 Blockstream 提出侧链概念以来,跨链技术一直是区块链技术的重点攻关方向。由于公链间底层技术实现的巨大差异给跨链技术带来的障碍,使得目前并没有被普遍认可的跨链机制。

跨链技术需要解决如下几个难点:

(1) 保证跨链信息真实可信

对于另一条链来说,原链上的交易信息是一个外部信息,对于整个跨链机制来说,如何保证这个外部信息正确地进入另一条链,是极其重要的一个环节。如果考虑到使用 PoW 机制的区块链上没终局状态,这个问题的复杂度会更高。

(2) 跨链交易要确保原链上的代币总量不会因为跨链而改变

数字资产的跨链转移是跨链技术的一个重要应用方向,如何保证数字资产能够从一条链安全地转移到其他链,又可以从其他链安全地返回主链是亟待解决的问题之一。对于数字资产的跨链转移来说，原链上代币总量减少的原因是当代币需要跨回原链时，原链无法产生新的代币，只能单向跨链。原链上代币增多是名义上的增多，实际上是本来已经跨链至另一个账本的代币在原链上被双重支付了，这种情况违背了精确记账的原则，是在任何时候都无法接受的。因此，当代币跨出原链时，原链上的代币必然需要进入"锁定"的状态，当代币跨回原链时，这些代币需要被解锁。如何通过去中心化的管理机制完成"锁定"和"解锁"的过程就成为跨链的关键。

(3) 保证整个跨链交易的原子性

交易的原子性[144]，即当交易处于正在处理的某个环节上停止时，能够进行整个交易的撤销，不会存在部分成功或失败的情况，若无法保证交易的原子性则会造成双重支付。在跨链技术中保证原子性的难点在于，跨链双方是两条独立的链，可能具有不同的共识机制、数据结构、交易处理逻辑等，造成交易最终没有被执行的原因也千差万别。

9.3.2 常用解决方法

目前主流的区块链跨链技术有公证人机制 (notary scheme)、侧链/中继 (sidechain/relay)、哈希锁定 (Hash-locking) 和分布式私钥控制 (distributed private key control)。

1. 公证人机制

在 2012 年，瑞波实验室提出了 Interledger 协议，目的是要在不同的区块链账本之间实现相互的协同和沟通，借此协议来打通全球各地不同的信息孤岛，实现信息在整个互联网的自由流通和传递。Interledger 协议适用于所有记账系统，能够包容所有记账系统的差异性，该协议的目标是要打造全球统一支付标准，创建统一的网络金融传输协议。

Interledger 协议使两个不同的记账系统相互自由地传输货币可以通过第三方"连接器"或"验证器"来实现。记账系统无须信任"连接器"，因为该协议为这两个记账系统创建资金托管的连接器采用的是密码算法，当所有参与方对交易达成共识时，便可相互交易。该协议移除了交易参与者所需的信任，连

9.3 跨链技术

接器不会丢失或窃取资金,这意味着,这种交易的门槛很低,因为无须得到法律合同的保护和过多的审核。同时,可以跟踪交易的只有参与其中的记账系统,还可以隐藏交易详情,"验证器"通过加密算法来运行,因此不会直接看到交易的详情。理论上,任何在线记账系统都可以被该协议兼容,从而使银行之间无须中央银行或代理银行就可直接交易。

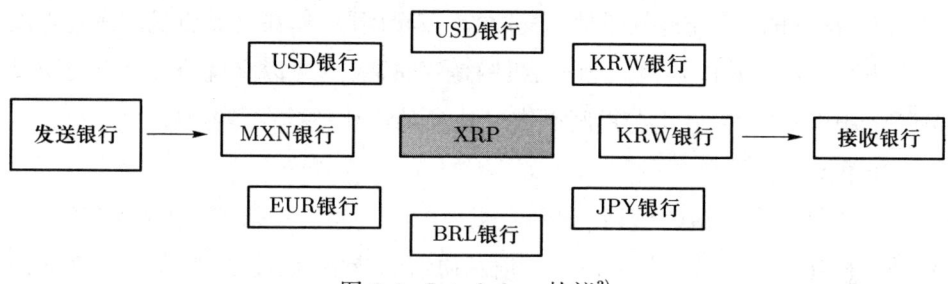

图 9.4　Interledger 协议[3]

公证人机制[145]便是基于 Interledger 协议创造的一种技术框架,Interledger 并不是一个公开的账本,也不需要寻求任何形式的共识,它更像是一个提供顶层加密托管系统的信任连接者,在 Interledger 的信任担保下,资金可以在各个区块链账本之间流动,不同的账本体系通过 Interledger 进行自由的货币交易。

Interledger 最大的作用是降低交易双方的信任成本,使交易双方在不需要进行信任确认的情况下完成交易、传递价值。

公证人机制包括如下几种:

(1) 单签名公证人机制

也叫中心化公证人机制,通常由单一指定的独立节点或者机构充当,它同时承担了数据收集—交易确认—验证的任务。

(2) 多重签名公证人机制

通常由多位公证人在各自账本上共同签名,达成共识后才能完成交易,多重签名公证人的每个节点都拥有自己的一个密钥,只有当达到一定的公证人签名数量或比例时,跨链交易才能被确认。

---

[3] 见世链财经网站。

(3) 分布式签名公证人机制

分布式签名公证人机制和多重签名公证人机制最大的区别在于签名方式不同,它采用了多方计算 (multi-party computation)[146] 的设计,安全性更高,实现也更复杂。

公证人机制是跨链技术中比较简单的一种,主要是充当中介方的角色,类似淘宝,解决的是"先付款还是先发货的"安全问题,解决思路就是由淘宝担任第三方担保和仲裁的角色。公证人机制是双向跨链,可以实现跨链资产交换及转移,利用智能合约在链与链间操作,比较容易操作,缺点是容易产生中心化。

2. 侧链/中继

中继是一个网络通信词,是两个交换中心之间的一条传输通路。侧链/中继是一种让不同主链之间可以进行信息通信的技术。在过去,每条主链上的信息只能在该条主链上流通,如果两条主链之间想要相互通信,让彼此的通证可以自由地流通,那么就需要一个桥梁把双方连接起来,就像传统的网络通信那样,两个人互通电话,就必须要利用中转站来传输通信信息,侧链/中继就是区块链中的中转站。

侧链/中继可以在多条主链中加入一个数据结构,基于这个数据结构,主链与主链之间就可以进行数据的交互。

当然,仅仅有数据通信还远远不够,我们调用一个属于主链上数据结构的 API 也是必需的,不但能够实现监听还可以同时验证另一条链上的交易,而这就是中继技术。如果连接这两条链的中间方还是一条区块链的话,那么这条链就是中继链 (relay chain)[147]。侧链/中继可以让被认证过的交易从一条链快速传达到另外一条链上,这让用户的交易更加便捷,也让信息的传递更加高效。使用中继技术后,数据的传输将会更为灵活,"中间人"仅仅充当数据收集者的角色,目标链收到发送链数据后由接收链自行验证,完成交易确认的工作。

自行验证的方式由于系统结构的不同而存在差异,例如 BTC-Relay 依赖于 SPV 证明,Cosmos 还依靠验证节点签名数量等。

侧链是以锚定某种原链上的代币为基础的新型区块链。比如,以太坊可以成为比特币的侧链,比特币作为以太坊的主链。但是主链不知道侧链的存在,

9.3 跨链技术

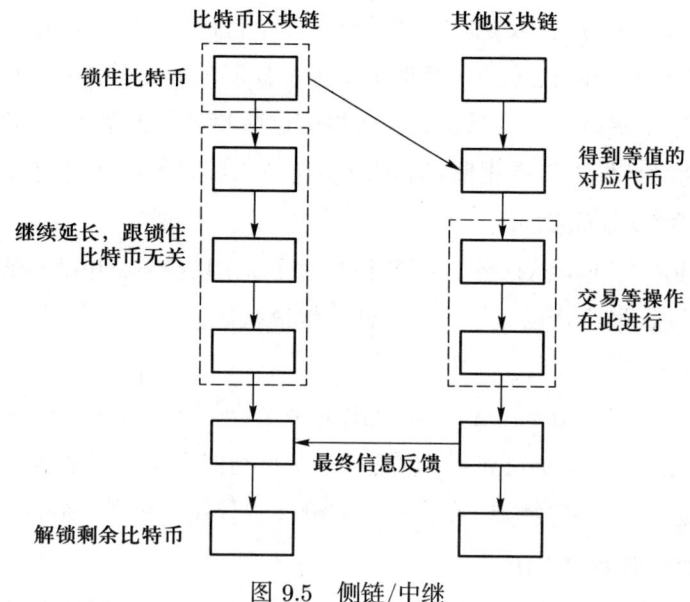

图 9.5 侧链/中继

侧链知道主链的存在，即侧链能读懂主链。

BTC-Relay

BTC-Relay 是专注于在以太坊上开发应用的创业公司 ConsenSys 于 2016 年发布的技术项目，是在以太坊基金会支持之下诞生并成长起来的，同时也被认为是区块链上的第一个侧链。

BTC-Relay 通过使用以太坊的智能合约将以太坊网络与比特币网络连接起来，使得用户对比特币交易的验证在以太坊上就能实现。它通过以太坊智能合约使一种小型版本的比特币区块链被创建，但智能合约需要获取比特币网络数据，这使得去中心化难以实现。BTC-Relay 迈出了跨区块链通信的伟大一步，不同区块链交流的通道就此打开。

Polkadot

Polkadot[148] 是由原以太坊主要核心开发者推出的公有链。它旨在解决当今妨碍区块链技术传播和接受的两大难题：即时拓展性和延伸性。Polkadot 计划在公有链的共识网络中融入私有链/联盟链，同时又能保有私有链/联盟链原有的特性，并将多个区块链相互连接。

从 Polkadot 出发，其他区块链都被看作平行链，Polkadot 可以通过中继链技术将原有链上的代币转入类似多重签名控制的原链地址中，并对其进行暂时锁定，在中继链上的交易是否生效将由这些签名人投票决定。它还引入了钓鱼人角色对交易进行举报监督。可以将比特币和以太币等都链接到 Polkadot 上，从而实现跨链通信。

Polkadot 实现与私有链的互联主要通过以太坊技术，并以其他公有链网络为升级目标，最终让以太坊直接与任何链进行通信。

Cosmos

Cosmos 是 Tendermint 团队推出的一个支持跨链交互的异构网络[149]。Cosmos 采用的 Tendermint 共识算法，是一个类似实用拜占庭容错共识引擎，具有高性能、一致性等特点，在其严格的分叉责任制保证下，能够防止怀有恶意的参与者做出不当操作。

Cosmos 上的第一个空间叫作 "Cosmos Hub"。Cosmos Hub 中心是一种多资产权益证明加密货币网络，网络的改动与更新可以通过简单的管理机制来实现，还可以通过连接其他空间来实现扩展。

Cosmos 网络通过区块链间通信 (inter-blockchain communication, IBC) 协议网络中心及各个空间都可以进行沟通，这种协议是针对区块链网络的，类似 UDP 或 TCP 网络协议。代币可以安全快速地从一个空间传递到另一个空间，两者之间无须体现汇兑流动性。相反，空间内部所有代币的转移都会通过 Cosmos 中心，它会记录每个空间所持有的代币总量。这个中心会将每个空间与其他故障空间隔离开。因为每个人都可以将新空间连接到 Cosmos 中心，所以 Cosmos 也可以兼容未来新的区块链。

这一架构解决了当今区块链领域面临的许多问题，包括应用程序互操作性、可扩展性以及无缝更新性。比如，从 Bitcoind、Go-Ethereum、Zcash 或其他区块链系统中衍生出来的空间，都可以接入 Cosmos 中心。这些空间允许 Cosmos 实现无限扩展，从而满足全球交易的需求。

3. 哈希锁定

在闪电网络中提出的一种全新的技术实现形式——哈希锁定，全称哈希

9.3 跨链技术

时间锁定合约 (Hash time lock contract[150])。其模式是在规定的时间段用户对哈希值的原值进行猜测来支付的一种机制。简单讲,就是在智能合约的基础上,双方资产均被锁定,如果双方在有限的时间内输入正确哈希值的原值,即可完成交易。

在这样的机制下可以实现闪电网络快速确认的目标,也就是小额支付的快速确认。

哈希时间锁定的实现

为了便于读者理解哈希时间到底是如何锁定的,这里用两个锁进行类比,哈希锁与时间锁。当哈希值上锁之后,只能利用使哈希值产生的原本值才能开锁,假设原来的数为 123,abc 为其哈希之后的值,通过 abc 上锁,如果不考虑哈希的碰撞,那么只能通过 123 解锁。时间锁要求在规定时间内输入哈希锁的密码。如果时间锁的锁定时间是 1 个小时,那么用户需要在 1 个小时内输入哈希锁的密码,如果晚于 1 个小时,时间锁将不会开启。

也就是说这两个锁能够同时开启的条件是,哈希值原本的值在规定的时间内被输入,上面的例子已经展示,只有在 1 个小时内输入 "123",两把锁才会都处于开启状态。

在哈希时间锁定机制中,锁定在系统中的代币将会在超过规定时间的情况下被收回。因为链与链之间在整个过程中不需要相互了解,从而使得交易速度加快。当交易失败时,哈希锁定不会收取额外的手续费。

闪电网络

闪电网络[151] 是一个可扩展的 BTC 微支付通道网络,它极大提升了比特币网络链外的交易处理能力。

交易双方若在区块链上预先设有支付通道,就可以多次、高频和双向地实现快速确认的微支付;双方若无直接的点对点支付通道,只要网络中存在一条连通双方的由多个支付通道构成的支付路径,闪电网络也可以利用这条支付路径实现资金在双方之间的可靠转移。

闪电网络的关键技术是哈希锁定技术,基本原理如下:用户 A 和 B 可以达成这样一个协议:协议将锁定 A 的 0.1BTC,在某个区块高度之前,若 A 能

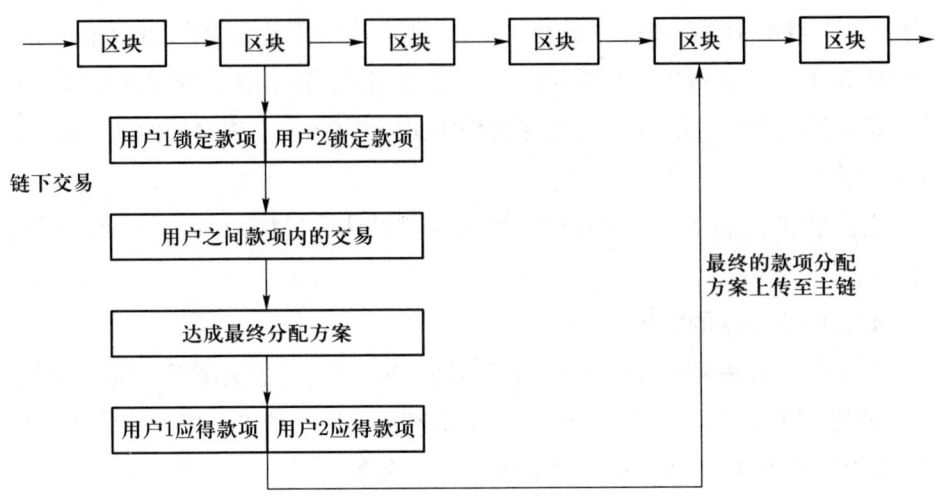

图 9.6 哈希锁定

够接收到 B 出示的一个正确暗语 (可以生成匹配的哈希值),使得暗语的哈希值与事先约定的值 H(暗语) 相等,B 就能获得这 0.1BTC;如果直到某个区块高度过后 B 仍然未能提供一个正确的暗语,这 0.1BTC 将自动解冻并归还 A。

4. 分布式私钥控制技术

分布式私钥控制[152] 是基于密码学里一个共享技术——多方计算和门限密钥,是通过私钥生成与控制技术,把加密货币资产映射到基于区块链协议的内置资产模板的链上,根据跨链交易信息部署新的智能合约,创建出新的加密货币资产。分布式私钥就是把一个区块链里的私钥分成了 N 份,再把它分给 N 个参与者,每个参与者就掌握了一部分私钥,只有集齐了其中的 $K(K \leqslant N)$ 个私钥后,才能恢复出这个完整的私钥,之后才能完成这个私钥上面的资产解锁。

原有加密资产被转移到跨链上时,跨链节点会在已有合约中为用户发放等值代币,为了原有链上的资产在跨链上仍然可以交易,原有链上的资产在跨链上进行分布式控制权管理的操作有锁定和解锁。锁定和解锁是对于链上资产的互逆操作。

锁定:就是对所有通过密钥控制的数字资产实现分布式控制权管理和资产映射的过程。需要委托去中心化的网络掌管用户的私钥,用户自己掌握跨链

9.3 跨链技术

上那部分代理资产的私钥。

解锁: 就是利用已经掌握的分布式私钥对于锁定的代币进行解锁操作, 使代币由原来的不可操作状态变成现在的可转移、可操作状态。

由于分布式私钥通过委托去中心化网络掌握用户私钥, 同时用户也掌握代理自身资产的部分私钥, 所以不存在第三方持有私钥。代表项目有万维链[4]和 Fusion[5]。

万维链

当完成在万维链 (WanChain) 上的注册时, 跨链交易也在主流公有链间被支持, 以确保万维链对该链的唯一识别。多方计算和门限密钥共享方案被万维链用于跨链交易。万维链节点有一个基于协议的内置资产模板, 当万维链接收一种原有链转移的未注册资产时, 新的智能合约会根据跨链交易信息部署并创建新的资产。当万维链接收一种原有链转移的已注册资产时, 万维链节点为了确保在万维链上原有链资产可以交易流通, 会为用户在已有合约中发放相应的等值代币。万维链区块链账本的价值交换及连接通过分布式的方式完成。不同区块链账本的连接及资产的跨账本转移, 通过采用通用的跨链协议以及记录跨链交易和链内交易的分布式账本、公有链、私有链以及联盟链实现。

Fusion

以一个加密金融平台 Fusion 为例, 假如用户要锁定其资产, 首先向 Fusion 提交请求, 从而生成一个可以锁定资产的私钥、地址。把这个地址发送给用户, 用户就可以在比特币网络里把资产转移到锁定的地址上。

对应的私钥是由 Fusion 网络里的多个用户或者说多个节点持有的, 单独某几个节点是没办法去动用这里面的资产的。只有在上面通过智能合约达成了共识之后, 如果他们都认为这个资产是可以解锁的, 就会把各自的私钥片段贡献出来, 集齐 K 个 ($K \leqslant N$) 就能够把这个私钥完整恢复, 继而解锁对应资产。

---

[4] 见万维链网站。

[5] 见 blackmagic design 网站。

9.4 本章小结

区块链从技术上来说是 P2P 网络、加密技术和分布式账本,从经济上来说,它是价值网络。而目前,由于不同链之间通信壁垒的存在,导致了区块链的价值网络呈割裂状态。区块链作为价值网络的基础设施部分,不应该局限于一个个"价值孤岛",更不能仅仅将价值圈定于一个个小的生态中。因此,需要跨链技术将不同的链之间进行链接和拓展,构建价值网络的高速公路。随着区块链技术的高效迭代和创新,相信跨链技术会越来越成熟,区块链价值网络的高速公路也终将会把一个个"孤岛"连接起来。

9.5 思考题

1. 区块链创新目前面临的困难有哪些?有哪些解决手段?
2. 区块链隐私保护的方法有哪几种?各有什么异同?
3. 跨链交易解决了区块链的哪些问题?

参 考 文 献

[1] 王兴国. 金融科技的核心是用技术驱动金融创新. 中国战略新兴产业, 2018(37): 88–90.

[2] Dudgeon N, Maina G. Distributed ledger technology: From blockchain to ICOs. Banking & Financial Services Policy Report, 2018, 37(2): 4–9.

[3] 李欢. 兰格与米塞斯社会主义大论战及当代启示. 山西青年, 2019(5): 99–100.

[4] Li W, Feng C, et al. A scalable multi-layer PBFT consensus for blockchain. IEEE Transactions on Parallel and Distributed Systems, 2021, 32(5): 1146–1160.

[5] Zhang R, Chan W K V. Evaluation of energy consumption in blockchains with proof of work and proof of stake. Journal of Physics: Conference Series. IOP Publishing, 2020, 1584(1): 012023.

[6] 程通. 基于区块链的供应链溯源平台关键技术研究. 桂林电子科技大学, 2021.

[7] 唐莎. 区块链技术下的 P2P 应用. 市场研究, 2020(7): 25–27.

[8] 赵殷豪. 基于区块链的匿名技术研究. 北京交通大学, 2019.

[9] 洪雷. 面向区块链的数据溯源技术分析. 信息系统工程, 2020(11): 80–81.

[10] Swan M. Blockchain economic networks: Economic network theory—systemic risk and blockchain technology. Palgrave Macmillan, 2019.

[11] Engelhardt M, Bain L J. On the asymptotic behavior of the mean time between failures for repairable systems. IEEE Transactions on Reliability, 1986, 35(4): 419–422.

[12] Sim S H, Endrenyi J. Optimal preventive maintenance with repair. IEEE Transactions on Reliability, 1988, 37(1): 92–96.

[13] 陈曦. 基于区块链的去中心化云存储技术的研究. 南京邮电大学, 2021.

[14] 陈玎乐. 区块链共识算法的比较研究. 软件, 2019, 40(4): 219–221.

[15] Vukoli M. The quest for scalable blockchain fabric: Proof-of-work vs. BFT replication. International Workshop on Open Problems in Network Security. Springer International Publishing, 2016: 112–125.

[16] Kiayias A, Russell A, David B, et al. Ouroboros: A provably secure proof-of-stake blockchain protocol. Annual International Cryptology Conference. Springer, 2017:

357–388.

[17] 张雄, 蒋德权. 联盟链、联盟网的模型构建及其控制权分析. 市场周刊 (理论研究), 2008(6): 20–21+28.

[18] Cai L, Sun Y, Zheng Z, et al. Blockchain in China. Communications of the ACM, 2021, 64(11): 88–93.

[19] 宋焘谊, 赵运磊. 区块链共识算法的比较研究. 计算机应用与软件, 2018, 35(8): 1–8.

[20] Jiang N, Liu X, Xu M. Evaluating blockchain technology and related policies in China and the USA. Science and Public Policy, 2021, 48(4): 562–575.

[21] 李剑锋. 基于拜占庭容错机制的区块链共识算法研究与应用. 郑州大学, 2018.

[22] Diffie W, Hellman M. New directions in cryptography. IEEE Transactions on Information Theory, 1976, 22(6): 644–654.

[23] 弗里德里希·冯·哈耶克. 货币的非国家化. 姚中秋, 译. 新星出版社, 2007.

[24] Rivest R L, Shamir A, Adleman L. A method for obtaining digital signatures and public-key cryptosystems. Communications of the ACM, 1978, 21(2): 120–126.

[25] Minoli D, Occhiogrosso B. Blockchain mechanisms for IoT security. Internet of Things, 2018, 1: 1–13.

[26] Andola N, Yadav V K, Venkatesan S, et al. Anonymity on blockchain based e-cash protocols—A survey. Computer Science Review, 2021, 40: 100394.

[27] Yadav, A K. Significance of elliptic curve cryptography in blockchain IoT with comparative analysis of RSA algorithm. 2021 International Conference on Computing, Communication, and Intelligent Systems (ICCCIS), 2021: 256–262.

[28] Back A. Hashcash—a denial of service counter-measure. 2002.

[29] 张守坤. 密码学货币及其在金融领域中的应用研究. 哈尔滨商业大学, 2016.

[30] Niranjanamurthy M, Nithya B N, Jagannatha S. Analysis of blockchain technology: Pros, cons and SWOT. Cluster Computing, 2019, 22(6): 14743–14757.

[31] 胡腾. 区块链分布式计算环境安全威胁研究. 电子科技大学, 2021.

[32] 徐飞. 区块链产业分布进入"3.0 时代". 中国建设信息化, 2019(23): 62–65.

[33] 戚学祥. 精准扶贫 + 区块链: 应用优势与潜在挑战. 理论与改革, 2019(5): 126–139.

[34] 陈伟利, 郑子彬. 区块链数据分析: 现状、趋势与挑战. 计算机研究与发展, 2018, 55(9): 1853–1870.

[35] 谭亦夫, 宋培非, 李子臣. 古典密码术. 2018(10): 18–21+34.

[36] Brittain J E. Electrical engineering hall of fame: Guglielmo marconi. Proceedings of the IEEE, 2004, 92(9): 1501–1504.

[37] Britannica T. Zimmermann Telegram. Encyclopedia Britannica, 1917.

[38] Shannon C E. Communication theory of secrecy systems. The Bell System Technical Journal, 1949, 28(4): 656–715.

[39] 龚琴, 孙学军. 基于区块链的物联网可撤销属性基加密算法. 计算机仿真, 2022, 39(2): 371–374+456.

[40] 王伟然, 刘志波. 密码学与加密技术的发展历程及提升路径. 数字技术与应用, 2022, 40(1): 237–239.

[41] Herzberg A, Mass Y, Mihaeli J, et al. Access control meets public key infrastructure, or: Assigning roles to strangers. Proceeding 2000 IEEE Symposium on Security and Privacy. S&P 2000. IEEE, 2000: 2–14.

[42] Winarno A, Harsari J, Ardianto B. Block-chain based e-voting for indonesia. Journal of Engineering and Science Research, 2018, 2(5): 13–17.

[43] Gentry C. Certificate-based encryption and the certificate revocation problem. Springer-Verlag, 2003.

[44] Maurer U. Modelling a public-key infrastructure. European Symposium on Research in Computer Security: Computer Security. Springer-Verlag, 1996.

[45] Surhone L M, Tennoe M T, Henssonow S F. Online certificate status protocol. Betascript Publishing, 2010.

[46] Bloom B H. Space/time trade-offs in hash coding with allowable errors. Communications of the ACM, 1970, 13(7): 422–426.

[47] Fontaine C, Galand F. A survey of homomorphic encryption for nonspecialists. EURASIP Journal on Information Security, 2007: 1–10.

[48] Rd D E E, Jones P E. US Secure Hash Algorithm 1 (SHA1), 2001.

[49] Regenscheid A, Scarfone K. Recommendations of the national institute of standards and technology. NIST Special Publication, 2011, 800: 155.

[50] Delfs H, Knebl H. Introduction to cryptography. Springer, 2002.

[51] Dolev D, Yao A. On the security of public key protocols. IEEE Transactions on Information Theory, 1983, 29(2): 198–208.

[52] Bellare M, Yee B. Forward-security in private-key cryptography. Cryptographers' Track at the RSA Conference. Springer, 2003: 1–18.

[53] 黄根, 邹一波, 徐云. 区块链中 Merkle 树性能研究. 计算机系统应用, 2020, 29(9): 237–243.

[54] Ousley R, Egan C, Dowling K, et al. Assessment of block height for satisfactory

spinal anaesthesia for caesarean section. Anaesthesia, 2012, 67(12): 1356–1363.

[55] Rolim J, Mueller F, Zomaya Y. Parallel and distributed processing. Lecture Notes in Computer Science, 1993, 5(3): 217–221.

[56] Gervais A, Karame G O, Wüst K, et al. On the security and performance of proof of work blockchains. Proceedings of the 2016 ACM SIGSAC Conference on Computer and Communications Security, 2016: 3–16.

[57] Yli-Huumo J, Ko D, Choi S, et al. Where is current research on blockchain technology?—A systematic review. PloS one, 2016, 11(10): e0163477.

[58] 邵奇峰, 金澈清, 张召, 等. 区块链技术: 架构及进展. 计算机学报, 2018, 41(5): 969–988.

[59] Pham H L, Tran T H, Phan T D, et al. Double SHA–256 hardware architecture with compact message expander for bitcoin mining. IEEE Access, 2020, 8: 139634–139646.

[60] Cohen R, Coretti S, Garay J, et al. Probabilistic termination and composability of cryptographic protocols. Journal of Cryptology, 2019, 32(3): 690–741.

[61] King S, Nadal S. PPCoin: Peer-to-peer crypto-currency with proof-of-stake. Computer Science, 2012, Corpus ID: 42319203.

[62] 谭超. 基于 DPoS 算法的区块链共识机制优化. 重庆邮电大学, 2020.

[63] Wester B, Cowling J A, Nightingale E B, et al. Tolerating latency in replicated state machines through client speculation. The 6th USENIX Symposium on Networked Systems Design and Implementation (NSDI'09), 2009: 245–260.

[64] Bashir I. Mastering blockchain. Packt Publishing Ltd, 2017.

[65] 欧阳丽炜, 王帅, 袁勇, 等. 智能合约: 架构及进展. 自动化学报, 2019, 45(3): 445–457.

[66] 张博. 数字加密货币的伦理问题研究——以比特币为例. 科技视界, 2019(5): 28–31.

[67] 郭雪梅. 基于区块链智能合约的网络威胁情报共享机制及实现. 北京邮电大学, 2019.

[68] 齐小刚, 杨伟, 刘立芳, 高蓉. 结构化 P2P 网络一致性维护策略. 控制与决策, 2018, 33(4): 577–590.

[69] Kaashoek M F, Karger D R. Koorde: A simple degree-optimal distributed hash table. International Workshop on Peer-to-Peer Systems. Springer, 2003: 98–107.

[70] Irigoin F, Triolet R. Supernode partitioning. Proceedings of the 15th ACM SIGPLAN-SIGACT Symposium on Principles of Programming Languages. 1988: 319–329.

[71] Ai S, Yang G, Chen C, et al. ESM: selfish mining under ecological foot-print. Infor-

mation Sciences, 2022(606): 601–613.

[72] Gervais A, Capkun S, Karame G O, et al. On the privacy provisions of Bloom filters in lightweight bitcoin clients. Proceedings of the 30th Annual Computer Security Applications Conference. 2014: 326–335.

[73] Micali S, Rabin M, Vadhan S. Verifiable random functions. 40th Annual Symposium on Foundations of Computer Science (cat. No. 99CB37039). IEEE, 1999: 120–130.

[74] Yao A C C. How to generate and exchange secrets. 27th Annual Symposium on Foundations of Computer Science (sfcs 1986). IEEE, 1986: 162–167.

[75] Even S, Goldreich O, Lempel A. A randomized protocol for signing contracts. Communications of the ACM, 1985, 28(6): 637–647.

[76] Dwork C. Differential privacy: A survey of results. International Conference on Theory and Applications of Models of Computation. Springer, 2008: 1–19.

[77] Dwork C, McSherry F, Nissim K, et al. Calibrating noise to sensitivity in private data analysis. Theory of Cryptography Conference. Springer, 2006: 265–284.

[78] Bennett C H, Brassard G, Ekert A K. Quantum cryptography. Scientific American, 1992, 267(4): 50–57.

[79] Chen H, Pendleton M, Njilla L, et al. A survey on ethereum systems security: Vulnerabilities, attacks, and defenses. ACM Computing Surveys (CSUR), 2020, 53(3): 1–43.

[80] Antonopoulos A M, Wood G. Mastering ethereum: Building smart contracts and dapps. O'Reilly Media, 2018.

[81] Thomas B. Digital marketplaces unleashed. Springer-Verlag, 2017: 169–184.

[82] Lee W M. Beginning ethereum smart contracts programming. With Examples in Python, Solidity and JavaScript. Apress Berkeley, CA, 2019.

[83] Dhillon V, Metcalf D, Hooper M. The hyperledger project. Blockchain Enabled Applications. Apress, Berkeley, CA, 2017: 139–149.

[84] Aggarwal S, Kumar N. Hyperledger. Advances in Computers. Elsevier, 2021, 121: 323–343.

[85] Mills D C, Wang K, Malone B, et al. Distributed ledger technology in payments, clearing, and settlement. Finance and Economics Discussion Series, 2016(95).

[86] 崔红蕊. 我国商业银行引入区块链技术的动因、场景及风险研究. 中国社会科学院研究生院, 2019.

[87] 张艳芬. 新一代业务系统上线奠基票据市场新发展格局. 上海证券报, 2022-06-

07(004).

[88] 李昂. 区块链技术在承兑汇票领域的应用研究. 北京邮电大学, 2019.

[89] 何定, 庄伟铭, 张荣. 浅析保交所区块链底层保交链发展现状. 上海保险, 2017(11): 45–47.

[90] 李秀芬. 区块链技术在区域性股权交易中的应用研究. 北京邮电大学, 2021.

[91] 王劲松, 韩彩珍, 韩克勇. 区块链技术在我国股权交易中的应用. 中国流通经济, 2018, 32(2): 83–90.

[92] 张云峰. 利用区块链技术促进区域性股权市场融合发展. 电子技术与软件工程, 2020(7): 200–203.

[93] Gelsomino L M, Mangiaracina R, Perego A, et al. Supply chain finance: A literature review. International Journal of Physical Distribution & Logistics Management, 2016, (46): 4.

[94] 中华人民共和国国家标准——物流术语. 交通建设与管理, 2007(10): 106–120.

[95] 刘沛佩. 证券异常交易行为监管问题研究. 金融发展研究, 2021(7): 84–89.

[96] 钱林浩. 保险监管延续从严态势整治市场乱象. 金融时报, 2021-12-01(009).

[97] 郭婧婷. 2182 张罚单透露了保险监管新走向. 中国经营报, 2022-01-24(B08).

[98] 丁玲, 段丹, 韩家平, 等. 区块链视角下个人征信指标体系与信息共享机制优化研究. 征信, 2022, 40(5): 1–7.

[99] Kokoris-Kogias E , Jovanovic P , Gasser L , et al. OmniLedger: A secure, scale-out, decentralized ledger via sharding. IEEE Symposium on Security & Privacy. IEEE Computer Society, 2018: 583–598.

[100] Xu Y, Li Q, Min X, et al. E-commerce blockchain consensus mechanism for supporting high-throughput and real-time transaction. Springer, 2016: 490–496.

[101] Gervais A, Karame G O, Wüst K, et al. On the security and performance of proof of work blockchains. CCS'16: Proceedings of the 2016 ACM SIGSAC Conference on Computer and Communications Security, 2016: 3–16.

[102] Stangl P. Block size-based measures of street connectivity: A critical assessment and new approach. Urban Design International, 2015, 20(1): 44–55.

[103] Chao L, Balaji P. Comparison of decentralization in DPoS and PoW blockchains. International Conference on Blockchain, 2020: 18–32.

[104] 高宪春. 论 Web 2.0 时代"去中心化"对网络文化的影响. 济宁学院学报, 2011, 32(4): 46–49.

[105] 武鑫宇. 物联网与区块链结合环境下对数据确认时间的研究. 内蒙古大学, 2019.

[106] Wang S, Li H, Chen J, et al. DAG blockchain-based lightweight authentication and authorization scheme for IoT devices. Journal of Information Security and Applications, 2022(66).

[107] 周杨一帆. 区块链分片策略的改进研究. 天津大学, 2019.

[108] Eyal I, Gencer A E, Sirer E G, et al. Bitcoin-NG: A scalable blockchain protocol. NSDI'16: Proceedings of the 13th Usenix Conference on Networked Systems Design and Implementation, 2016: 45–59.

[109] Rahmadika S, Siwan N, Lee K, et al. The dilemma of parameterizing propagation time in blockchain P2P network. Journal of Information Processing Systems, 2020, 16(3): 699–717.

[110] Taruna, Rishabh. Analysis of security issues in blockchain wallet. Proceedings of Second Doctoral Symposium on Computational Intelligence, 2021: 779–792.

[111] 雷颖. DoS/DDoS 攻击原理与防范. 微计算机信息, 2010, 26(24): 77–79.

[112] 朱彤, 王晓国, 张庆福, 李心雨. 引入空间坐标解决区块链分叉安全问题的研究. 信息网络安全, 2020(S2): 9–12.

[113] 李雯林. 以太坊吞吐量瓶颈分析与优化研究. 湘潭大学, 2020.

[114] Cherupally S R, Boga S, et al. Lightweight and Scalable DAG based distributed ledger for verifying IoT data integrity. International Conference on Information Networking, 2021: 267–272.

[115] Mao C, Golab W. Sharding techniques in the era of blockchain. 40th International Symposium on Reliable Distributed Systems, 2021: 343–344.

[116] Amiri M J, Agrawal D, El-Abbadi A. SharPer: Sharding permissioned blockchains over network clusters. SIGMOD/PODS'21: International Conference on Management of Data. 2021: 76–88.

[117] Liu Y Z, Liu J W, et al. Cross-shard transaction processing in sharding blockchains. International Conference on Algorithms and Architectures for Parallel Processing, 2020: 324–339.

[118] Mizrahi A, Rottenstreich O. Blockchain state sharding with space-aware representations. IEEE Transactions on Network and Service Management, 2021, 18(2): 1571–1583.

[119] 翟冉, 陈学斌. 区块链的共识机制研究. 数据与计算发展前沿, 2021, 3(3): 86–94.

[120] Saleh F. Blockchain without waste: Proof-of-stake. The Review of Financial Studies, 2021, 34(3): 1156–1190.

[121] Zhao W, Yang S, Luo X, et al. On peercoin proof of stake for blockchain consensus. ICBCT'21: 2021 The 3rd International Conference on Blockchain Technology, 2021: 129–134.

[122] Miller A, Juels A, Shi E, et al. Permacoin: Repurposing bitcoin work for data preservation. 2014 IEEE Symposium on Security and Privacy, 2014: 475–490.

[123] Kamara S. Proofs of storage: Theory, constructions and applications. International Conference on Algebraic Informatics, 2013: 7–8.

[124] Cohen B, Pietrzak K, Sorgente M. Methods for grinding-resistant consensus in a proof-of-space-based blockchain. U.S. Patent Application 2022.17/497, 699[P].

[125] Yonatan S, Lewenberg Y, Zohar A. SPECTRE: A fast and scalable cryptocurrency protocol. IACR Cryptol. ePrint Arch. 2016: 1159.

[126] Pass R, Shi E. Thunderella: Blockchains with optimistic instant confirmation. Annual International Conference on the Theory and Applications of Cryptographic Techniques. Springer, 2018: 3–33.

[127] Ingram E. From trade to empire in the near east—III: The uses of the residency at Baghdad, 1794—1804. Middle Eastern Studies, 1978.

[128] Chen J, Micali S. Algorand. ArXiv: 1607.01341, 2016.

[129] 高玉龙. 区块链的交易安全和隐私保护关键技术研究. 北京邮电大学, 2021.

[130] 白杨. 基于区块链的分布式系统研究与应用. 西安电子科技大学, 2019.

[131] 黎江, 何京汉. 区块链、分布式账本技术解读. 金融电子化, 2016(3): 56–58.

[132] Zyskind G, Nathan O, Pentland A S. Decentralizing privacy: Using blockchain to protect personal data. 2015 IEEE Security and Privacy Workshops, 2015: 180–184.

[133] Negka L D, Spathoulas G P, Blockchain state channels: A state of the art. IEEE Access, 2021(9): 160277–160298.

[134] Dziembowski S, Eckey L, Faust S, et al. Multi-party virtual state channels. Annual International Conference on the Theory and Applications of Cryptographic Techniques. Springer, 2019: 625–656.

[135] Martin C R. Fabric interconnection of fiber channel standard nodes. High-Speed Fiber Networks and Channels II. International Society for Optics and Photonics, 1993, 1784: 65–71.

[136] 王楠. 区块链中基于可搜索加密的隐私保护和公平性研究. 北方工业大学, 2021.

[137] Liang W, Tang M, Long J, et al. A secure fabric blockchain-based data transmission technique for industrial internet-of-things. IEEE Transactions on Industrial Infor-

matics, 2019, 15(6): 3582–3592.

[138] Goldreich O, Oren Y. Definitions and properties of zero-knowledge proof systems. Journal of Cryptology, 1994, 7(1): 1–32.

[139] 夏超. 同态加密技术及其应用研究. 安徽大学, 2013.

[140] Gao H, Ma Z, Luo S, et al. BFR-MPC: A blockchain-based fair and robust multi-party computation scheme. IEEE access, 2019, 7: 110439–110450.

[141] Sahai A, Waters B. Fuzzy identity-based encryption. Annual International Conference on the Theory and Applications of Cryptographic Techniques. Springer, 2005: 457–473.

[142] 徐卓嫣, 周轩. 跨链技术发展综述. 计算机应用研究, 2021, 38(2): 341–346.

[143] Szabo, N. Smart contracts: Building blocks for digital markets. Extropy Mag, 1996.

[144] Dwyer, B. Systems analysis and synthesis project management. Springer, 2016: 359–384.

[145] 蒋楚钰, 方李西, 章宁, 朱建明. 基于公证人组的跨链交互安全模型. 计算机应用, 2022-08-02: 1–9.

[146] Zhao C, Zhao S, Zhao M, et al. Secure multi-party computation: Theory, practice and applications. Information Sciences, 2019, 476: 357–372.

[147] Westerkamp M, Eberhardt J. Zkrelay: Facilitating sidechains using zksnark-based chain-relays. 2020 IEEE European Symposium on Security and Privacy Workshops (EuroS&PW). IEEE, 2020: 378–386.

[148] Burdges J, Cevallos A, Czaban P, et al. Overview of polkadot and its design considerations. ArXiv: abs/2005.13456, 2020.

[149] Kwon J, Buchman E. Cosmos whitepaper. A Netw. Distrib. Ledgers, 2019.

[150] Yu B, Kermanshahi S K, Sakzad A, et al. Chameleon hash time-lock contract for privacy preserving payment channel networks. International Conference on Provable Security. Springer, 2019: 303–318.

[151] Poon J, Dryja T. The bitcoin lightning network: Scalable off-chain instant payments. Draft version 0.5.9.2, 2016.

[152] Panda S S, Jena D, Mohanta B K, et al. Authentication and key management in distributed iot using blockchain technology. IEEE Internet of Things Journal, 2021, 8(16): 12947–12954.

索　引

B

Bitcoin-NG, 194
巴塞尔协议, 169
保兑仓融资模式, 156
保险行业, 170
比特币, 1

C

侧链技术, 194
超级账本, 99

D

多头管理, 169

F

反欺诈平台, 171
分布式数据库, 3
分布式系统, 46
分片技术, 194, 197
分业监管模式, 169
分组密码, 20

G

供应链管理, 155
共识层, 72
共识机制, 79, 107

H

哈希值, 52
黄皮书, 68

J

计算机技术, 19
记账, 1
记账科技, 1
脚本, 47
解锁脚本, 47
金融科技, 1
经济博弈原理, 50

K

科技创新, 1
可调控性, 2
跨境直联清算业务, 132

L

链码, 111

M

密码学, 19
敏感数据, 104

Q

区块链技术, 1
区块链金融, 1

去中心化, 2

R

容器技术, 109
融通仓融资模式, 156
融资, 155

S

闪电网络, 194
商业票据, 156
生命周期, 21
数字监管能力, 169
数字证书机制, 21
数字资产, 195
锁定脚本, 47

T

通货紧缩, 2
图灵完备, 48
图灵完备特性, 70
吞吐量, 193
吞吐率, 193

W

挖矿, 2

无线电通信时代, 19
物理身份, 45

X

现代密码学, 19
现代信息系统, 19
信贷业务, 170
信息共享机制, 170
信用风险, 45
序列密码, 20

Y

衍生品, 129
以太坊, 67
应收账款融资模式, 156
有向无环图技术, 194

Z

智能合约, 56, 70
中心化应用平台, 70
主权危机, 45
资源的错配, 157
字节码, 74

后 记

本书由复旦大学经济学院刘庆富教授及陈菁菁博士编写。刘教授基于近年来从事金融科技相关的研究工作成果,如上海国际金融中心建设"十四五"规划重大研究课题"区块链在金融行业的应用场景和监管框架研究"、浙江省博士后科研项目择优资助项目"区块链技术在金融票据业务的应用研究"等,结合多年的教学经验构建了本书的写作框架。两位作者以中本聪等开创者发表的相关论文为理论基础,以通俗易懂的语言介绍了区块链原理,以上海股票交易所、中国建设银行、信雅达科技股份有限公司等众多金融科技企业的应用现状为延伸,以丰富的案例组建了本书的写作内容。在此对以上单位的大力支持表示衷心的感谢,同时对徐鑫涛、李易筱、王小璐、李彩梦等在本书的编写过程中所做的贡献表示衷心的感谢。本书的编写始于 2022 年春季,时间较为匆忙,错漏难免,如有纰漏之处恳请各位读者来信批评指正。未来,我们将继续关注区块链金融发展实践和创新理论研究方法,以高质量的内容回馈读者。

刘教授是东南大学管理科学与工程专业博士、复旦大学金融学博士后、美国斯坦福大学访问学者,2017 年入选"上海市浦江人才"计划。现任复旦–斯坦福中国金融科技与安全研究院执行院长,复旦–中植大数据金融与投资研究院学术副院长,上海市金融大数据联合创新实验室副主任;兼任复旦大学大数据学院教授、北京雁栖湖应用数学研究院教授与珠海复旦创新研究院金融创新发展中心主任。主要研究领域包括量化投资、大数据金融、金融科技、绿色金融、衍生金融工具、科技监管以及不良资产处置。刘教授曾在 *Journal of Econometrics*、*Journal of International Money and Finance*、*Quantitative Finance* 等国内外重要期刊发表论文 100 余篇;出版《中国证券市场质量及其资本配置》、《中国期货市场的波动性及其风险控制研究》和《中国期货市场的信息结构及其风险管理研究》三部专著;主持"中国股市异常交易的形成机理及其智能监控研究"、"异常波动传导与异常交易风险识别与预警"、"重大风险事件对中国期货市场的冲击效应研究"等国家自然科学基金委、科技部、教育部课题20余项；参与"资本市场注册制下信息披露审核与监管关键技术研究"、"高维度和非结构化数据建模与预测研究"、"基于大数据技术的证券市场异常交易智能监察风控平台建设"、"基于绿色技术应用价值的智能评估系统构建"等国家级和省部级课题30余项。研究成果多次获得会议最佳论文奖或一等奖，学术观点和访谈也被多家主流媒体刊登和转载。

陈菁菁博士，毕业于香港浸会大学计算机系，高级工程师，瑞典皇家理工学院、隆德大学访问学者，复旦大学经济学院应用经济学博士后。曾担任信雅达系统工程股份有限公司大数据研究院研究员、总监，香港浸会大学高级助理研究员，复旦－斯坦福中国金融科技与安全研究院研究员。研究方向包括区块链应用（数字经济、供应链金融和电子政务）等。目前已发表三大检索（SSCI/SCI/EI）论文50余篇，主编专业书籍一本，取得软件著作权2项，提交发明专利10项。主持浙江省博士后择优资助项目1项、浙江省教育厅一般科研项目1项以及杭州市高层次留学回国人员创业创新资助项目1项。

郑重声明

高等教育出版社依法对本书享有专有出版权。任何未经许可的复制、销售行为均违反《中华人民共和国著作权法》，其行为人将承担相应的民事责任和行政责任；构成犯罪的，将被依法追究刑事责任。为了维护市场秩序，保护读者的合法权益，避免读者误用盗版书造成不良后果，我社将配合行政执法部门和司法机关对违法犯罪的单位和个人进行严厉打击。社会各界人士如发现上述侵权行为，希望及时举报，我社将奖励举报有功人员。

反盗版举报电话	(010) 58581999 58582371
反盗版举报邮箱	dd@hep.com.cn
通信地址	北京市西城区德外大街4号
	高等教育出版社知识产权与法律事务部
邮政编码	100120